高等学校应用型本科管理学"十三五"规划教材

中级财务会计

（第二版）

ZHONGJI CAIWU KUAIJI

主　编　周　峰

副主编　唐来全　党正磊　金爱卿

中国金融出版社

责任编辑：王效端　张菊香
责任校对：刘　明
责任印制：赵燕红

图书在版编目（CIP）数据

中级财务会计/周峰主编 . —2 版 . —北京：中国金融出版社，2019. 2
高等学校应用型本科管理学"十三五"规划教材
ISBN 978 – 7 – 5049 – 9917 – 7

Ⅰ. ①中… 　Ⅱ. ①周… 　Ⅲ. ①财务会计—高等学校—教材 　Ⅳ. ①F234. 4

中国版本图书馆 CIP 数据核字（2018）第 291325 号

中级财务会计
Zhongji Caiwu Kuaiji

出版
发行　中国金融出版社

社址　北京市丰台区益泽路 2 号
市场开发部　（010）63266347，63805472，63439533（传真）
网 上 书 店　http：//www. chinafph. com
　　　　　　（010）63286832，63365686（传真）
读者服务部　（010）66070833，62568380
邮编　100071
经销　新华书店
印刷　北京市松源印刷有限公司
尺寸　185 毫米 ×260 毫米
印张　18
字数　400 千
版次　2016 年 3 月第 1 版　2019 年 2 月第 2 版
印次　2019 年 2 月第 1 次印刷
定价　37. 00 元
ISBN 978 – 7 – 5049 – 9917 – 7
如出现印装错误本社负责调换　联系电话（010）63263947
编辑部邮箱：jiaocaiyibu@126. com

主编简介

周峰，女，生于1963年，齐鲁工业大学金融学院教学副院长，教授，主要研究方向为会计理论与应用，主讲"基础会计""财务会计""会计学"和"管理会计"等课程。主编教材6部：《基础会计》（第二版），主编，2015年9月中国金融出版社出版；《中级财务会计》，主编，2016年3月中国金融出版社出版；《会计学》，主编，2012年8月高等教育出版社出版；《管理会计与实训》，主编，2010年8月中国财政经济出版社出版；《新编基础会计与实训》，主编，2009年1月中国金融出版社出版；《管理会计》，主编，2007年3月中国金融出版社出版。副主编教材2部：《财务会计》（王宗江主编），2017年1月高等教育出版社出版；《基础会计》（田玉兰主编），2007年5月中国金融出版社出版。主持省级课题2项：山东省社会科学规划研究项目"企业实施新企业会计准则问题的研究——基于山东省企业准则实施的证据"，12CKJZ01，会计专项，项目负责人，2013结项；山东省社会科学规划研究项目"山东省商业服务业发展的国际比较"，11BSYJ01-5，项目负责人，2012年已结项。主持厅局级课题3项：济南市哲学社会科学规划项目2项："基于共生理论的济南工业经济问题研究"，14BJH11，重点项目，项目负责人，2015结项；"济南市现代服务业竞争力研究"，12CJH08，项目负责人，2013年结项；山东省统计局课题：人力资本对山东省经济增长贡献的测度研究，KT12026，重点项目，项目负责人，2012年8月16日至2013年6月。主持校级重点教研项目1项："地方金融应用型人才培养实验实践教学体系研究"，2018年结项。作为主研人员参与项目2项：山东省教育厅教研重点项目，"地方金融应用型人才产学研合作培养模式研究"，2015Z039，第二位，已结项；山东省软科学研究重点项目，山东半岛国家自主创新示范区科技金融体系建设研究，2016RZB01014，第二位，已结项。在省级及以上刊物发表论文20余篇。

第二版编写说明

本教材第一版于 2016 年 3 月出版,较好地适应了应用型大学经管类非会计专业本科学生学习会计知识的需要。2016 年我国税制进行了"营改增"的重大改革,经国务院批准,自 2016 年 5 月 1 日起,在全国范围内全面推开营业税改征增值税(即营改增)试点。财政部、国家税务总局印发了《营业税改征增值税试点实施办法》《营业税改征增值税试点有关事项的规定》《营业税改征增值税试点过渡政策的规定》和《跨境应税行为适用增值税零税率和免税政策的规定》四个重要文件;在会计改革方面,财政部于 2016 年 12 月 3 日印发了《增值税会计处理规定》,于 2017 年 4 月 28 日至 2017 年 7 月 5 日印发了《企业会计准则第 42 号——持有待售的非流动资产、处置组和终止经营》《企业会计准则解释第 9 号——关于权益法下投资净损失的会计处理》《企业会计准则解释第 10 号——关于以使用固定资产产生的收入为基础的折旧方法》《企业会计准则解释第 11 号——关于以使用无形资产产生的收入为基础的摊销方法》和《企业会计准则第 14 号——收入》等五个准则。为了使本教材的内容与现行会计准则相一致,更好地满足会计教学的需要,本着"与时俱进,开拓创新"的精神,对本教材内容进行了较全面的修订,改动了一些与现行会计准则和税制不符的地方,更正了第一版撰写中不够妥当之处,使本教材体系更趋合理、教材内容更加新颖。

本教材由齐鲁工业大学金融学院周峰教授担任主编,负责全书的审定;齐鲁工业大学金融学院唐来全、党正磊、金爱卿副教授担任副主编。具体分工是:第一、第二、第三、第四、第六、第八、第九、第十、第十一章由周峰编写并修改;第五章由党正磊编写并修改;第七章由金爱卿编写并修改;第十二章由唐来全编写并修改。本教材由齐鲁工业大学教材建设基金资助出版。

本教材的出版得到了中国金融出版社的大力支持,在此表示衷心的感谢!教材内容不足之处,敬请广大读者批评指正。

编者
2019 年 1 月

1

目　　录

第一章

总　论

【学习目标】

● 了解财务会计的概念、特点与目标；
● 理解会计基本假设、会计信息质量要求的内容；
● 熟练掌握会计要素的概念、特征、分类；
● 掌握会计要素的计量属性；
● 了解财务法规的内容。

第一节　财务会计概述

一、财务会计的概念及特点

财务会计是现代企业会计的重要组成部分，它是以财务会计法规为依据，以货币为主要计量单位，采用一系列专门的程序和方法，对企业、行政事业单位的经济活动进行确认、计量和报告，并向信息使用者提供对决策有用的财务信息的一种管理活动。

现代企业会计有两大分支，财务会计和管理会计。与管理会计相比，财务会计主要有以下特点：

1. 以企业外部的信息使用者作为直接的服务对象。财务会计主要服务于企业外部的信息使用者，使企业外部的信息使用者能够及时、准确地了解企业的经营成果和财务状况，以便切实保障他们的经济利益。所以财务会计又称为对外报告会计。

2. 有一系列的会计处理程序和方法。财务会计核算从填制和审核会计凭证、登记账簿，直至编制出会计报表，已形成了一套比较科学的、统一的、定型的会计处理程序和方法。这种比较稳定的会计处理程序和方法有助于会计信息的可比性，有助于信息使用者比较分析，以便作出正确的决策。

3. 必须遵循一系列财务法规。为信息使用者提供对决策有用的信息，是企业会计义不容辞的责任，为了保证企业对外提供的会计信息真实、可靠，财务会计信息必须受财务法规的约束。为此,我国制定了一系列财务会计规范。会计法规体系中权威性最高、最具法律效力的是《中华人民共和国会计法》(以下简称《会计法》),它对会计核算、会计监督、会计机构和会计人员、法律责任等作出了规定,是制定其他各层次会计法规的依据,是会计工作的基本法。依据《会计法》,财政部颁布了《会计基础工作规范》《企业会计准则》《企业会计准则——应用指南》等一系列部门规章和规范性文件。

4. 财务会计信息载体具有固定格式。财务会计的信息主要是以价值尺度反映的定量资料,也主要是向外部信息使用者输送信息,以使外部信息使用者了解企业的财务状况和经营成果,因此其载体必须是具有统一格式的凭证系统、账簿系统和报表系统,并且对财务报表的种类、内容、指标体系和编制方法也有统一规定。在报送时间上,财务会计要求按月份、季度和年度定期对外报送。

二、财务会计的目标

会计目标是会计工作所要达到的目的。现代企业会计根据其服务对象和目的不同,分为财务会计和管理会计两大分支,财务会计主要履行核算和监督职能,管理会计主要履行的是预测、决策、规划、控制和考核等职能作用。财务会计和管理会计两者缺一不可,任何企业都需要充分做好财务会计和管理会计工作,以服务于企业管理和市场经济发展的需要。财务会计的目标(又称财务报告的目标)主要包括以下两个方面。

（一）向信息使用者提供对决策有用的信息

会计的目标是向信息使用者提供对决策有用的信息。为满足会计信息使用者的需要,应当首先明确谁是会计信息的使用者,他们需要什么样的会计信息。企业会计信息的使用者主要包括以下几个方面:

1. 投资者。企业的投资者最关心企业的财务状况和经营成果,他们需要借助会计信息了解企业的经营情况,对企业过去的经营活动作出评价,并对企业的未来进行预测,以对今后的投资作出决策。如是否应该对企业投入更多的资金,是否应该转让在企业中的投资,企业管理当局是否实现了企业目标,企业的经营成果如何,企业的盈利分配政策怎样,等等。对于企业潜在的投资者来讲,主要是依赖会计信息作出是否参加企业投资的决策。向企业的投资者提供会计信息是财务会计的传统职责。定期编报是财务会计满足投资者对会计信息需求的重要手段和形式。

2. 债权人。企业的债权人对企业的偿债能力、信誉和企业的未来发展情况是非常关注的。具体而言,债权人需要的会计信息主要是:企业的财力是否充足,能否足以偿还其债务;企业的获利情况如何;是否应该贷给企业更多的资金;是否应该保持对企业的债权;等等。对于潜在的债权人来讲,主要是依赖会计信息作出是否贷给企业资金的决策。财务会计提供的财务会计报告是债权人了解企业经营情况的重要信息来源。

3. 政府及其有关部门。国家政府及有关机关部门履行职责开展工作需要企业提供的相关信息。国有企业必须向国家财政、审计机关提供财务会计报表,以便接受经济监督;税务机关需要企业提供向国家缴纳税款的信息等。上述各种信息主要来自财务会计定期编报的财务会计报告。

（二）反映企业管理层受托责任的履行情况

在现代公司制下，企业所有权和经营权相分离，企业管理层是受委托人之托经营管理企业及其各项财产，负有受托责任，即企业管理层所经营管理的企业各项财产基本上均为投资者投入的资本（或留存收益作为再投资）或者向债权人借入的资金形成的，企业管理者有责任妥善保管并合理、有效地运用这些资产。尤其是企业投资人和债权人等，需要及时或者经常性地了解企业管理层保管、使用资产情况，以便于评价企业管理层受托责任的履行情况和业绩情况，并决定是否需要调整投资或者信贷政策；是否需要加强企业内部控制和其他制度建设，是否需要更换管理层等。因此，会计提供的信息应当反映企业管理层受托责任的履行情况，以有助于评价企业的经营管理责任和资源使用的有效性。

三、会计核算的基本前提

会计核算的基本前提又称会计基本假设或会计基本假定。它是企业会计确认、计量和报告的前提条件，是对会计核算所处时间、空间环境等所作的合理设定。会计基本假设包括会计主体、持续经营、会计分期和货币计量。

（一）会计主体

会计主体是企业会计确认、计量和报告的空间范围。在会计主体假设下，企业应当对其本身发生的交易或事项进行确认、计量和报告，反映企业本身所从事的各项生产经营活动。明确界定会计主体是开展会计确认、计量和报告工作的重要前提。

首先，明确会计主体，才能划定会计所处理的各项交易或事项的范围。在会计工作中，只有那些影响企业本身经济利益的各项交易或事项才能加以确认、计量和报告，那些不影响企业本身经济利益的各项交易或事项不能加以确认、计量和报告。会计核算中涉及的资产、负债的确认，收入的实现、费用的发生等，都是针对特定会计主体而言的。

其次，明确会计主体，才能将会计主体的交易或者是事项同会计主体所有者的交易或者事项以及其他会计主体的交易或者事项区分开来。例如，企业所有者的经济交易或者事项是属于企业所有者主体所发生的，不纳入企业会计核算的范围，但是企业所有者投入企业的资本或者企业向所有者分配的利润，则属于企业会计主体所发生的交易或事项，应纳入会计核算的范围。

会计主体与法律主体是有区别的，两者并不是同一概念。一般来说，法律主体必然是会计主体。例如，一个企业作为一个法律主体，应当建立财务会计系统，独立反映其财务状况、经营成果和现金流量。但是，会计主体并不一定是法律主体。例如，母、子公司组成的企业集团，它是会计主体，但不是法律主体。母公司拥有若干个子公司，母、子公司虽然是不同的法律主体，但是母公司对子公司拥有控制权，为了全面反映企业集团的财务状况、经营成果和现金流量情况，有必要将企业集团作为一个会计主体，编制合并会计报表，在这种情况下，尽管企业集团不属于法律主体，但它却是会计主体。再如，由企业管理的证券投资基金，尽管不属于法律主体，但属于会计主体，应当对每项基金进行会计确认、计量和报告。

由此看出,会计主体可以是一个特定的企业,也可以是一个企业的某一特定部分(分厂、分公司等),也可以是由若干家企业通过控股关系组成的集团公司;会计主体可以是法人,如企事业单位,也可以是非法人,如独资或合伙企业。独资或合伙企业通常不具有法人资格,它们所拥有的财产和债务在法律上仍视为业主或合伙人的财产和债务,但在会计核算中则把它们作为独立的会计主体来对待。由若干具有法人资格的企业组成的集团公司在编制合并会计报表时,则把集团公司视为一个独立的会计主体。

【知识专栏1-1】

什么是母、子公司

根据《中华人民共和国公司法》的规定,母公司是拥有子公司50%以上的股份并且直接控制其经营的公司。子公司就是50%以上股份受母公司控制的公司。也就是说,子公司大部分财产受母公司控制,但子公司仍拥有属于子公司独立的法人财产。

子公司具有独立的法人人格,以其全部资产对其债务承担有限责任,母公司是以其出资方式或者所持有的股份为限对子公司承担责任。

(二)持续经营

持续经营是指在可以预见的将来,企业将会按当前的规模和状态继续经营下去,不会停业,也不会大规模削减业务。在持续经营前提下,会计确认、计量和报告应当以企业持续、正常的生产经营活动为前提。

企业是否持续经营,在会计原则、会计方法的选择上有很大差别。一般情况下,应当假定企业将会按照当前的规模和状态继续经营下去。明确这个基本假设,就意味着会计主体将按照既定的用途使用资产,按照既定的合约条件清偿债务,会计人员就可以在此基础上选择会计原则和会计方法。例如在持续经营假设下,就可以假定企业的固定资产会在持续经营的生产过程中长期发挥作用,固定资产的入账价值就可以根据其历史成本进行记录,并采用折旧的方法,将历史成本分摊到各个会计期间或相关产品的成本中。如果判断企业不会持续经营,固定资产就不应采用历史成本进行记录,并按期计提折旧。

(三)会计分期

会计分期是指将一个企业持续经营的生产经营活动划分为一个个连续的、长短相同的期间。会计分期的目的在于通过会计期间的划分,将持续经营的生产经营活动划分为连续、相等的期间,据以结算盈亏,按期编制财务报告,从而及时向财务报表使用者提供有关企业财务状况、经营成果和现金流量的信息。

根据持续经营假设,一个企业将按当前的规模和状态持续经营下去。但是,无论是企业的生产经营决策还是投资者、债权人等的决策,都需要及时的信息,都需要将企业持续的生产经营活动划分为一个个连续的、长短相同的期间，分期确认、计量和报告企业的财务状况、经营成果和现金流量。明确会计分期假设意义重大，由于会计分期，才产生了当期与以前期间、以后期间的差别，即本期与非本期的差别，继而出现了权责发生制，才使不同类型的会计主体有了记账的基准，进而出现了折旧、摊销等会计处理方法。

根据我国《企业会计准则》的规定，企业应当划分会计期间，分期结算账目和编制财务报告。会计期间分为年度和中期。中期是指短于一个完整的会计年度的报告期间，包括半年度、季度和月份。年度和中期均按公历起讫日期确定。

（四）货币计量

货币计量是指会计主体在进行会计确认、计量和报告时以货币计量，反映会计主体的生产经营活动。

在会计主体的确认、计量和报告过程中，之所以选择货币为基础进行计量，是由货币本身的属性决定的。货币是商品的一般等价物，是衡量一般商品价值的共同尺度，具有价值尺度、流通手段、储藏手段和支付手段等职能。其他计量单位，如重量、长度、容积、件等，只能从一个侧面反映企业的生产经营情况，无法在量上进行汇总和比较，不便于会计计量和经营管理，只有选择货币尺度进行计量，才能充分反映企业的生产经营情况，所以，基本准则规定，会计确认、计量和报告选择货币作为计量单位。

在有些情况下，统一采用货币计量也有缺陷，某些影响企业财务状况和经营成果的因素，如企业经营战略、研发能力、市场竞争等，往往难以用货币来计量，但这些信息对于使用者决策来讲也很重要，企业可以在财务报告中补充披露有关非财务信息来弥补上述缺陷。

第二节 会计信息质量要求

会计信息的质量要求是对企业财务报告中所提供的会计信息质量的基本要求，是使财务报告中所提供会计信息对使用者决策有用所应具备的基本特征，它主要包括可靠性、相关性、可理解性、可比性、实质重于形式、重要性、谨慎性和及时性等。其中，可靠性、相关性、可理解性和可比性是会计信息的首要质量要求，是会计信息所应具备的基本质量特征；实质重于形式、重要性、谨慎性和及时性是会计信息的次级质量要求，是对可靠性、相关性、可理解性和可比性等首要质量要求的补充和完善。

一、可靠性

可靠性要求企业应当以实际发生的交易或者事项为依据进行会计确认、计量和报告，如实反映符合确认和计量要求的各项会计要素及其他相关信息，保证会计信息真实可靠、内容完整。具体包括以下要求：

1. 企业应当以实际发生的交易或者事项为依据进行会计确认、计量和报告，不能以虚假的、没有发生的或尚未发生交易或事项为依据进行会计确认、计量和报告。

2. 企业应当如实反映其所应反映的交易或者事项,将符合会计要素定义及其确认条件的资产、负债、所有者权益、收入、费用和利润等如实反映在财务报表中,刻画出企业生产经营及其财务活动的真实面貌。

3. 企业应当在符合重要性和成本效益原则的前提下,保证会计信息的完整性,其中包括编制的财务报表及其附注内容等应当保持完整,不能随意遗漏或者缺少应予披露的信息,与使用者决策相关的有用信息都应当充分披露。

4. 包括在财务报告中的会计信息应当是中立的、无偏的。如果企业在财务报告中为了达到事先设定的结果或效果,通过选择或列示有关会计信息以影响决策和判断的,这样的财务报告信息就不是中立的。

二、相关性

相关性要求企业提供的会计信息应当与投资者等财务报告使用者的经济决策需要相关,有助于投资者等财务报告使用者对企业过去、现在或者未来的情况作出评价或预测。

会计信息是否有用,是否有价值,关键是看其与使用者的决策需要是否相关,是否有助于决策或者提高决策水平。相关的会计信息应当能够有助于使用者评价企业过去的决策,证实或者修正过去的有关预测,因而具有反馈价值。相关的会计信息还应当具有预测价值,有助于使用者根据财务报告所提供的会计信息预测企业未来的财务状况、经营成果和现金流量。例如区分收入和利得、费用和损失,区分流动资产和非流动资产、流动负债和非流动负债,以及适度引入公允价值等都可以提高会计信息的预测价值,进而提升会计信息的相关性。

会计信息质量的相关性要求,需要企业在确认、计量和报告会计信息的过程中,充分考虑使用者的决策模式和信息需要。但是,相关性是以可靠性为基础的,两者并不矛盾,不应将两者对立起来。也就是说,会计信息在可靠性前提下,尽可能地做到相关性,以满足投资者等会计信息使用者的决策需要。

三、可理解性

可理解性要求企业提供的会计信息应当清晰明了,便于投资者等财务报告使用者理解和使用。

企业提供会计信息的目的在于使用,而要使使用者有效使用会计信息,应当能让其了解会计信息的内涵,弄懂会计信息的内容,这就要求财务报告所提供的会计信息应当清晰明了,易于理解。只有这样,才能提高会计信息的有用性,实现财务报告的目标,满足向投资者等财务报告使用者提供对决策有用信息的要求。

会计信息毕竟是一种专业性较强的信息产品,在强调会计信息的可理解性要求的同时,还应假定使用者具有一定的有关企业经营活动和会计方面的知识,并且愿意付出努力去研究这些信息。对于某些复杂的信息,如交易本身较为复杂或者会计处理较为复杂,但与使用者的经济决策相关的,企业就应当在财务报告中予以充分披露。

四、可比性

可比性要求企业提供的会计信息应当相互可比，主要包括两层含义：

1. 同一企业不同会计时期可比。会计信息质量的可比性要求同一企业不同时期发生的相同或者类似的交易或事项，应当采用一致的会计政策，不得随意变更，防止会计主体通过会计程序和方法的变更，在会计核算中弄虚作假，粉饰财务报告。但是，满足会计信息可比性要求，并非表明企业不得变更会计政策，如果企业的经营情况、经营范围、经营方式或国家的有关政策发生了重大变化，按照规定或者在会计政策变更后可以提供可靠、更相关的会计信息的，则可以变更会计政策。有关会计政策的变更情况，应当在附注中予以说明，以防止会计信息使用者产生误解。

2. 不同企业相同会计期间可比。为了便于投资者等财务报告使用者评价不同企业的财务状况、经营成果和现金流量及其变动情况，会计信息质量的可比性要求不同企业同一会计期间发生的相同或者相似的交易或者事项，应当采用规定的会计政策，确保会计信息口径一致、相互可比，以使不同企业按照一致的确认、计量和报告要求提供有关会计信息。

五、实质重于形式

实质重于形式要求企业应当按照交易或事项的经济实质进行会计确认、计量和报告，不仅仅以交易或者事项的法律形式为依据。如果企业仅仅以交易或者事项的法律形式为依据进行会计确认、计量和报告，那么就容易导致会计信息失真，无法如实反映企业的生产经营状况。

在会计核算中，企业发生的交易或事项在多数情况下，其经济实质和法律形式是一致的。但在有些情况下，交易或事项的法律形式并不能真实地反映其实质内容。所以，要想使会计信息如实反映交易或事项，就必须根据交易或事项的经济实质来进行判断，而不能仅仅根据其法律形式。例如融资租入的固定资产，虽然从法律形式来讲，企业作为承租方并没有所有权，但是由于租赁合同中规定的租赁期限比较长，接近该资产的使用寿命，在租赁期内承租企业有权支配该资产并从中受益等，因此，从其经济实质上讲，企业能够控制融资租入资产所创的未来经济利益，所以在会计确认、计量和报告上，就应当以其经济实质作为依据，将以融资租赁方式租入的资产视为企业的资产，列入企业的资产负债表。

六、重要性

重要性要求企业提供的会计信息应当反映与企业财务状况、经营成果和现金流量有关的所有重要交易或者事项。

在会计实务中，如果会计信息的省略或者错报会影响投资者等财务报告使用者据此作出决策的，该信息就具有重要性。重要性的应用，在很大程度上取决于会计人员的职业判断，企业应当根据其所处环境和实际情况，从项目的性质和金额大小两方面加以判断。即重要性可以从质和量两个方面进行判断，从质的方面讲，只要该会计事项发生可能对决策有重大影响，则属于重要性事项；从量的方面讲，该会计事项发生达到总资产一定比例时，则认为是重要性事项。重要性要求在会计实务中，对某些重要的会计事项，应分别核算、分项反映、力求准确，并在财务报表中重点说明；对某些次要的会计事项，在不影响会计信息质量的前提下，可适当简化会计核算的手续，采用简便的会计处理方法，并在财务报表中合并反映。

坚持会计信息质量的重要性具有重要意义，如果向会计信息的使用者提供的会计信息不分主次、面面俱到，一则会有损于会计信息的使用价值，甚至影响决策；二则不分轻重主次、繁简详略，必将耗费过多的人力物力，增加不必要的工作量，降低工作效率，加大核算成本。

七、谨慎性

谨慎性要求企业对交易或事项进行会计确认、计量和报告应当保持应有的谨慎，不应高估资产或者收益、低估负债或者费用。

在市场经济环境下，企业的生产经营活动面临着许多风险和不确定性，如应收款项的可收回性、固定资产的使用寿命、售出存货可能发生的退货或者返修等。会计信息质量的谨慎性要求，需要企业在面临不确定因素的情况下作出职业判断时，应当保持应有的谨慎，充分估计到各种风险和损失，既不高估资产或者收益，也不低估负债或者费用。例如，要求企业对可能的资产减值损失计提资产减值准备、对售出商品可能发生的保修义务等确认预计负债等，就体现了会计信息质量的谨慎性要求。

谨慎性的应用也不允许企业设置秘密准备，如果企业故意低估资产或者收益，或者故意高估负债或者费用，将不符合会计信息的可靠性和相关性要求，损害会计信息质量，扭曲企业实际的财务状况和经营成果，从而对使用者的决策产生误导，这是会计准则所不允许的。

八、及时性

及时性要求企业对于已经发生的交易或事项，应当及时进行会计确认、计量和报告，不得提前或延后。

会计信息的价值在于帮助信息使用者作出经济决策，具有时效性。即使是可靠、相关的会计信息，如果不及时提供，就失去了时效性，对于使用者的效用就大大降低，甚至不再具有实际意义。在会计确认、计量和报告过程中贯彻及时性，一是要求及时收集会计信息，即在经济交易或者事项发生后，及时收集整理各种原始单据或者凭证；二是要求及时处理会计信息，即按照会计准则的规定，及时对经济交易或者事项进行确认或者计量，并编制财务报告；三是要求及时传递会计信息，即按照国家规定的有关期限，及时地将编制的财务报告传递给财务报告使用者，便于其及时使用和决策。

在实务中，为了及时提供会计信息，可能需要在有关交易或者事项的信息全部获得之前即进行会计处理，这样就满足了会计信息的及时性要求，但可能会影响会计信息的可靠性；反之，如果企业等到交易或者与事项有关的全部信息获得之后再进行会计处理，这样的信息披露可能会由于时效性问题，对于投资者等财务报告使用者决策的有用性将大大降低。这就需要在及时性和可靠性之间作相应权衡，以最好地满足投资者等财务报告使用者的经济决策需要为判断标准。

上述八项财务会计信息的质量要求，前四项是首要质量要求，是财务会计提供会计信息应具备的基本质量特征；后四项是次级质量要求，是对首要质量要求的补充和完善，尤其是对某些特殊交易或事项进行处理时，需要依据这些质量要求来把握。

【知识专栏1-2】
新中国成立后首次采用的复式记账法

1964年，我国首次试点推行增减记账法，它是复式记账法的一种形式。记账原理是：以"增"和"减"为记账符号，来表示资产、负债、所有者权益、收入和费用的增减变动。以"有增有减，同增同减"为记账规则，即当一项经济业务引起同类账户发生变动时，以相等的金额有增加的账户，有减少的账户；当一项经济业务引起不同类型的账户发生变动时，两类账户以相等的金额同时增加或同时减少。采用这种记账方法，首先要将全部账户划分为资产类账户和权益类账户。20世纪60年代中期至70年代后期，这种记账方法在我国得到广泛的使用，尤其在商品流通业使用时间最长。

第三节 会计要素

会计要素与会计对象密切相关，会计对象是指会计核算和监督的内容。由于各单位经济活动的特点不同，会计核算和监督的具体内容也不尽相同，就其一般而言，会计的对象是指企业、行政和事业等单位在社会再生产过程中能够用货币表现的经济活动，即社会再生产过程中的价值运动或资金运动。

会计要素是指按照交易或者事项的经济特征，对会计对象所作的基本分类，是会计对象的具体化。我国《企业会计准则》将会计所要核算和监督的内容按照其性质又具体分为资产、负债、所有者权益、收入、费用和利润六大会计要素。六大会计要素中，资产、负债和所有者权益要素侧重于反映企业的财务状况，收入、费用和利润要素侧重于反映企业的经营成果。会计要素的界定和分类可以使会计系统更加科学严密，并能为使用者提供更加有用的信息。它既是会计确认和计量的依据，也是确定财务报表结构和内容的基础。本教材主要以制造业为例，介绍六大要素的内容。

一、反映企业财务状况的会计要素

（一）资产

1. 资产的概念及特征。资产是指企业过去的交易或者事项形成的、由企业拥有或者控制的、预期会给企业带来经济利益的资源。包括各项财产物资、债权和其他权利。资产是企业从事生产经营活动的物质基础，它具有以下特征：

（1）资产是由过去的交易或事项形成的。企业过去的交易或者事项包括购买、生产、建造行为或其他交易或者事项，预期在未来发生的交易或者事项不形成资产。也就是说，资产必须是现实的资产，而不能是预期的资产。只有过去发生的交易或事项才能增加或减少企业的资产，而不能根据谈判中的交易或计划中的经济业务来确认企业资产的增加或减少。例如某企业以购买方式获得一项设备，买方已支付了设备的款项，卖方将设备转移到该企业，这一项交易行为实质上已经完成，该企业应将购入的设备确认为本企业的资产；但是如果企业只是有购买的意愿或者计划，而购买行为尚未发生，就不符合资产的定义，不能因此确认为企业的资产。

（2）资产必须为企业拥有或控制。一项资产作为企业的资产予以确认，企业应该对其享有所有权。对于一些特殊形式形成的资产，企业虽然对其不享有所有权，但能对其实施实际控制，也应作为企业的资产予以确认。例如企业融资租入的固定资产，尽管企业并不拥有其所有权，但是一般租赁期限相当长，接近于该资产的使用寿命，表明企业已控制了该资产的使用以及其所能带来的经济利益，应当将其作为企业的资产予以确认、计量和报告。

（3）资产预期能够给企业带来经济利益。预期会给企业带来经济利益，是指直接或者间接导致现金和现金等价物流入企业的潜力。资产预期能为企业带来经济利益是资产的重要特征。例如企业购入的原材料、固定资产等可以用于生产经营过程，制造商品或提供劳务，对外出售后收回货款，货款即为企业所获得的经济利益。如果某一项目预期不能给企业带来未来经济利益，那么就不能将其确认为企业的资产。

2. 资产的分类。资产在企业生产经营过程中形态多种多样，为了便于分析企业的财务状况，会计上一般按资产的流动性，即资产变现能力的大小，将其分为流动资产和非流动资产两大类。

（1）流动资产。流动资产是指可以在1年内（含1年）或者超过1年的一个营业周期内变现或耗用的资产，按其流动性顺序包括货币资金、交易性金融资产、应收及预付款项和存货等。货币资金包括库存现金和银行存款；交易性金融资产主要是指企业为了近期内出售而持有的金融资产，如企业以赚取差价为目的从二级市场购入的股票、债券等；应收及预付款项包括应收款项和预付款项，应收款项有应收账款和其他应收款等，预付款项是指预付账款；存货是指具有实物形态的流动资产，包括原材料、库存商品、在产品、包装物等。

由于有些企业经营活动比较特殊，其经营周期可能长于1年，如造船企业、大型机械制造企业等，其从购买原材料至建造完工，从销售实现到收回货款，周期比较长，往往超过 1 年，此时就不能以 1 年内变现作为流动资产的划分标准，而是将一个营业周期作为流动性资产的划分标准。

（2）非流动资产。非流动资产是指流动资产以外的其他资产，主要包括长期投资、固定资产、无形资产和其他资产。

长期投资是指持有时间准备超过 1 年（不含 1 年）的各种股权性的投资、不能变现或者不准备随时变现的债券投资以及其他债权投资等，如股票投资、债券投资等。

固定资产是指企业为生产商品、提供劳务、出租或经营管理等而持有的，使用寿命超过一个会计年度的有形资产。其特点是具有实物形态，能够多次参加生产过程，并在使用过程中保持原有的实物形态，其价值随着其磨损程度逐渐地、部分地转移到成本或费用中去，是企业生产经营的主要劳动资料。如企业的设备、厂房、运输工具和仪器仪表等。

无形资产是指企业拥有或者控制的没有实物形态的可辨认非货币性资产，包括专利权、非专有技术、商标权、著作权、特许权以及土地使用权等。非货币性资产包括存货、固定资产、无形资产、长期股权投资以及不准备持有至到期的债券投资等。

其他资产是指除上述资产以外的资产。如特殊储备的物资、冻结的银行存款等。

（二）负债

1. 负债的概念及特征。负债是指企业过去的交易或者事项形成的、预期会导致经济利益流出的现时义务。负债是企业筹集资金的重要渠道，是企业权益的重要组成部分。它具有以下特征：

（1）负债是由企业承担的现时义务。负债必须是企业承担的现时义务，这是负债的一个基本特征。现时义务是指企业在先行条件下已承担的义务。未来发生的交易或者事项形成的义务，不属于现时义务，不应当确认为负债。现时义务是法定的义务，它是指具有约束力的合同或者法律、法规规定的义务，通常在法律意义上需要强制执行。

（2）负债的清偿预期会导致经济利益流出企业。负债预期会导致经济利益流出企业也是负债的一个本质特征。只有企业在履行义务时会导致经济利益流出企业的，才符合负债的定义；如果不会导致企业经济利益流出的，就不符合负债的定义。在履行现时义务清偿负债时，导致经济利益流出企业的形式是多种多样的。例如用现金偿还或者以实物资产偿还，以提供劳务偿还，以部分转移资产、部分提供劳务形式偿还等。

（3）负债是由企业过去的交易或事项形成的。负债应当由企业过去的交易或事项所形成，过去的交易或事项包括购买货物、使用劳务、接受银行贷款等。即只有过去的交易或者事项才形成负债，企业将在未来发生的承诺、签订的合同等交易或者事项，不形成负债。

2. 负债的分类。负债的内容较多，为了便于分析企业的财务状况和偿债能力，会计上一般按负债的流动性，即偿还期限的长短，将其分为流动负债和非流动负债（长期负债）。

（1）流动负债。它是指将在 1 年内（含 1 年）或者超过 1 年的一个营业周期内要偿还的债务。主要包括短期借款、应付账款、其他应付款、预收账款、应付利息、应交税费等。流动负债是为了满足企业日常经营活动对资金的需要而产生的，需要用流动资产偿付。

（2）非流动负债。它是指偿还期在 1 年或者超过 1 年的一个营业周期以上的负债，包括长期借款、应付债券、长期应付款等。非流动负债主要是为了满足企业扩大经营规模、增加生产能力的需要而产生的长期资金来源。

（三）所有者权益

1. 概念及特征。所有者权益是指企业资产扣除负债后，由所有者享有的剩余权益。公司的所有者权益又称为股东权益。所有者权益反映企业投资者对企业净资产的所有权，是企业资产中扣除债权人权益后应由所有者享有的部分，它既可反映所有者投入资本的保值增值情况，又体现了保护债权人权益的理念。

所有者权益反映的是企业所有者对企业资产的剩余索取权，负债是企业债权人对企业资产的索取权，两者相比所有者权益具有如下特征：

（1）除非发生减资、清算或分派现金股利等情况外，企业所有者权益不需要偿还给投资者；

反映财务状况的会计要素
- 资产
  - 流动资产：货币资金、短期投资、应收及预付款项、存货
  - 非流动资产：长期投资、固定资产、无形资产、其他资产
- 负债
  - 流动负债：短期借款、应付账款、其他应付款、预收账款等
  - 非流动负债：长期借款、应付债券、长期应付款
- 所有者权益：实收资本、资本公积、盈余公积、未分配利润

图 1-1 反映财务状况的会计要素

（2）企业清算时，所有者权益只有在清偿所有的负债后才返还给投资者；

（3）所有者能够凭借所有者权益参与企业利润分配。

2. 所有者权益的构成。所有者权益的来源包括所有者投入的资本、企业资产增值及留存于企业的利润；从核算角度通常由股本（实收资本）、资本公积、其他综合收益、盈余公积和未分配利润等构成。

所有者投入的资本，是指所有者投入企业的资本部分，它既包括构成注册资本或股本的金额，也包括资本溢价或股本溢价，即投入资本超过注册资本或股本部分的金额。

其他综合收益，是指企业根据会计准则规定未在当期损益中确认的各项利得和损失扣除所得税影响后的净额。

留存收益，是指企业从历年实现的利润中提取或形成的留存于企业的内部积累，包括盈余公积和未分配利润。

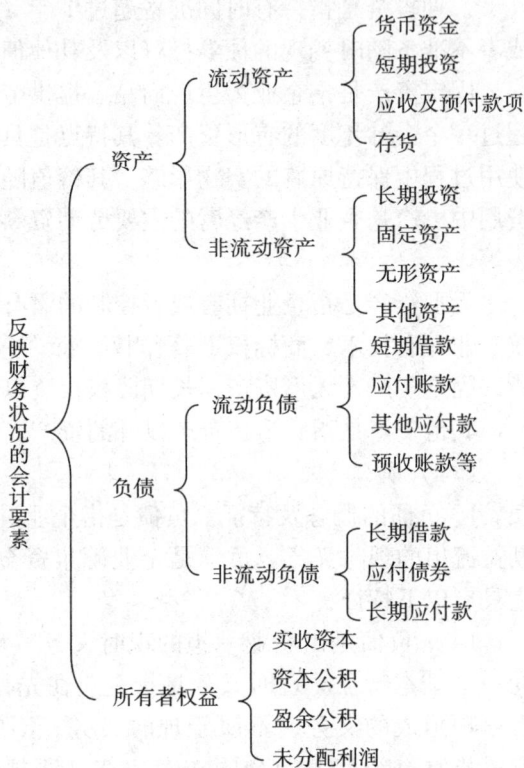

二、反映企业经营成果的会计要素

（一）收入

1. 收入的概念及特征。收入是指企业在日常活动中形成的、会导致所有者权益增加的、与所有者投入资本无关的经济利益的总流入。从其定义看，收入具有如下特征：

（1）收入是企业在日常活动中形成的，而不是从偶发的交易或事项中产生。日常活动是指企业为完成其经营目标而从事的经常性活动以及与之相关的活动，如工业企业制造并销售产品、商业企业从事的商品购销活动等。明确界定日常活动是为了将收入与利得相区分，因为企业非日常活动所形成的经济利益的流入不能确认为收入，而应当计入利得，例如企业接受捐赠资产属于非日常活动形成的经济利益的流入。企业有些活动虽不是经常发生的，但与日常活动有关，如工业企业出售原材料带来的经济利益的流入，也属于收入。

（2）收入会导致企业所有者权益的增加。与收入相关的经济利益的流入应当会导致所有者权益的增加，不会导致所有者权益增加的经济利益的流入不符合收入的定义，不应确认为收入。例如企业向银行借入款项，尽管也导致了企业经济利益的流入，但该流入并不导致所有者权益的增加，反而使企业承担了一项现时义务，企业因此所导致的经济利益的增加不应确认为收入，而应当确认为一项负债；企业为第三方或者客户代收的款项，如代收水电费、代收利息等，也不能确认为本企业的收入。

（3）收入是与所有者投入资本无关的经济利益的总流入。收入应当会导致经济利益的流入，从而导致资产的增加。例如企业销售商品应收到货币资金或者在未来有权收到货币资金，才表明该交易符合收入的定义。但是，经济利益的流入有时是所有者投入资本的增加所导致的，所有者投入资本的增加不应当确认为收入，应当将其直接确认为所有者权益。

2. 收入的分类。收入按其在企业经营活动中的重要性不同，可以分为主营业务收入和其他业务收入。主营业务收入是指企业为从事日常活动中的主要项目所取得的收入，如企业销售商品、提供工业性劳务等所取得的收入；其他业务收入是指企业从事主营业务以外的其他日常活动所取得的收入，如工业企业销售材料、出租固定资产和提供非工业性劳务等所取得的收入。通常所谓企业的营业收入即为主营业务收入和其他业务收入。

（二）费用

1. 费用的概念及特征。费用是指企业在日常活动中发生的、会导致所有者权益减少的、与向所有者分配利润无关的经济利益的总流出。从其定义看，费用具有以下特征：

（1）费用是企业在日常活动中形成的。费用应当是企业在日常活动中所形成的，而不是偶发的交易或事项发生的经济利益的流出。如工业企业采购原材料、商业企业采购商品等活动发生的经济利益的流出，属于费用。这些日常活动的界定与收入定义中涉及的日常活动相一致。日常活动中所发生的费用通常包括营业成本、营业税金及附加和期间费用等。将费用界定为日常活动中所形成的，目的是为了将其与损失相区分，企业非日常活动所形成的经济利益的流出不能确认为费用，应当计入损失。如企业罚款支出、公益性对外捐赠支出而引起的经济利益的流出不属于日常活动的费用，而应属于损失。

（2）费用会导致所有者权益减少。与费用相关的经济利益的流出应当会导致所有者权益的减少，不会导致所有者权益减少的经济利益的流出不符合费用的定义，不应确认为费用。

（3）费用是与向所有者分配利润无关的经济利益的总流出。费用的发生应当会导致经济利益的流出，从而导致资产的减少或者负债的增加。其表现形式包括现金的流出、存货及固定资产等的流出或消耗。鉴于企业向所有者分配利润也会导致经济利益的流出，而该经济利益的流出属于所有者权益的递减项目，不应确认为费用，应当将其排除在费用的定义之外。

2. 费用的分类。按照费用与收入的因果关系，费用可以分为营业成本、税金及附加和期间费用等。营业成本是指销售商品或提供劳务的成本。按照其销售商品或提供劳务在企业日常活动中所处地位的不同，营业成本可分为主营业务成本和其他业务成本，如已销产品的生产成本则为主营业务成本，已销原材料的采购成本则为其他业务成本。

税金及附加是指企业经营活动应负担的消费税、城市维护建设税、资源税、教育费附加及房产税、土地使用税、车船使用税、印花税等相关税费，它是企业为取得营业利润而发生的费用。

期间费用是指某一会计期间发生的不能直接归属于某种产品成本或某项劳务成本，而应直接计入当期损益的各项费用，包括管理费用、销售费用和财务费用。管理费用是指企业行政管理部门为组织和管理生产经营活动而发生的各种费用，如行政管理部门职工的工资、办公费、差旅费、业务招待费、诉讼费、排污费等；销售费用是指企业在销售商品过程中发生的各项费用，如包装费、搬运费、装卸费、广告费、产品展览费以及销售机构人员的工资、办公费等；财务费用是指企业为筹集生产经营所需资金而发生的各项费用，如借款利息支出等。

（三）利润

利润是指企业在一定会计期间的经营成果。通常情况下，若企业实现了利润，表明企业的所有者权益将增加，业绩得到了提升；反之，若企业发生了亏损（利润为负数），表明企业的所有者权益将减少，业绩下降了。利润往往是评价企业管理层业绩的一项重要指标，也是投资者等会计信息使用者进行决策的重要参考。反映企业利润的指标一般有营业利润、利润总额和净利润。

三、会计要素的计量

会计计量是为了将符合确认条件的会计要素登计入账，并列报于财务报表而确定其金额的过程。企业应当按照规定的会计计量属性进行计量，确定会计要素的入账金额。

反映经营成果的会计要素

- 收入
  - 主营业务收入
  - 其他业务收入
- 费用
  - 营业成本
    - 主营业务成本
    - 其他业务成本
  - 税金及附加
  - 期间费用
    - 管理费用
    - 销售费用
    - 财务费用
- 利润
  - 利润总额
  - 营业利润
  - 净利润

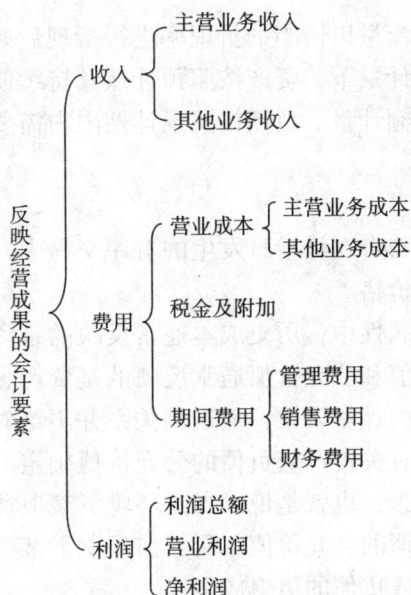

图 1－2 反映经营成果的会计要素

计量属性是指所计量的某一要素的特性方面，如桌子的长度、铁矿的重量、楼房的高度等，从会计的角度看，计量属性反映的是会计要素金额的确定基础，主要包括历史成本、重置成本、可变现净值、现值和公允价值等。

（一）历史成本

历史成本，又称为实际成本，是指取得或制造某项财产物资时所实际支付的现金或其他等价物。在历史成本计量下，资产按照其购置时支付的现金或者现金等价物的金额，或者按照购置资产时所付出的对价的公允价值计量。负债按照因承担现时义务而实际收到的款项或者资产的金额，或者承担现时义务的合同金额，或者按照日常活动中为偿还负债预期需要支付的现金或者现金等价物的金额计量。

（二）重置成本

重置成本又称现行成本，是指按照当前市场条件，重新取得同样一项资产所需支付的现金或现金等价物的金额。在重置成本计量下，资产按照现在购买相同或者相似资产所需支付的现金或者现金等价物的金额计量。负债按照现在偿付该项负债所需支付的现金或者现金等价物的金额计量。

（三）可变现净值

可变现净值，是指在正常生产经营中，以预计售价减去进一步加工成本和预计销售费用以及相关税费后的净值。在可变现净值计量下，资产按照其正常对外销售所能收到的现金或现金等价物的金额扣减该资产至完工时估计将要发生的成本、估计的销售费用以及相关税费后的金额计量。

（四）现值

现值，是指对未来现金流量以恰当的折现率进行折现后的价值，是考虑货币时间价值的一种计量属性。在现值计量下，资产按照预计从其持续使用和最终处置中所产生的未来净现金流入量的折现金额计量。负债按照预计期限内需要偿还的未来净现金流出量的折现金额计量。

（五）公允价值

公允价值，是指市场参与者在计量日发生的有序交易中，出售一项资产所能收到或者转移一项负债所需支付的价格。

在会计要素的各种计量属性中，历史成本通常反映的是资产或负债过去的价值，而重置成本、可变现净值、现值和公允价值通常反映的是资产、负债的现时成本或者现时价值，是与历史成本相对应的计量属性，但这种关系并不绝对。比如，资产或负债的历史成本有时就是根据交易时有关资产或负债的公允价值确定的，公允价值相对于历史成本而言，具有很强的时间概念，也就是说，当前环境下某项资产或负债的历史成本可能是过去环境下该项资产或负债的公允价值，而当前环境下某项资产或负债的公允价值也许就是未来环境下该项资产或负债的历史成本。

企业在对会计要素进行计量时，一般应当采用历史成本。采用重置成本、可变现净值、现值、公允价值计量的，应当保证所确定的会计要素金额能够取得并可靠计量。

【知识专栏 1 –3】

新中国第一个具体会计准则

随着我国证券市场的日益规范以及公众对上市公司会计信息需求程度的提高，为提高会计信息质量，保证会计信息的可靠性，提高会计信息的透明度就越来越受到重视。尤其"琼民源事件"发生后，社会公众以及证券监管部门对会计核算和信息披露提出了更高要求。为此，财政部于1997年发布了第一个具体会计准则——《关联方关系及其交易的披露》，目的在于规范关联交易的信息披露，增加关联交易的透明度，防止上市公司通过关联交易粉饰报表的行为。这一准则的发布，拉开了一系列具体会计准则相继出台的序幕。

第四节　财务会计法规

财务会计法规是指国家立法机构为管理会计工作而按立法程序制定和颁布的规范性文件的总称。会计法规体现了统治阶级的意志，并以国家强制力保证实施，它在所有会计规范中约束力最强，也最稳定，最具有普遍适用性。我国现行的财务法规体系包括以下层次和内容。

一、会计法律

会计法律是指调整我国经济生活中会计关系的法律总规范。如由国家最高权力机关——全国人民代表大会及其常务委员会制定的《中华人民共和国会计法》（以下简称《会计法》）。现行的《会计法》共分七章52条，是根据2017年11月4日第十二届全国人民代表大会常务委员会第三十次会议通过的《关于修改〈中华人民共和国会计法〉等十一部法律的决定》所做的修正，它主要对会计核算、会计监督、会计机构和会计人员、法律责任等作出了规定，是会计法规体系中权威性最高、最具法律效力的法律规范，它是制定其他各层次会计法规的依据，是会计工作的基本法。

《会计法》是我国会计工作的根本大法，是我国会计法规的母法。制定和实施《会计法》，有利于加强和规范会计行为，保证会计资料真实、完整，保障会计人员依法行使职权，充分发挥会计工作维护社会主义市场经济秩序，加强经济和财务管理，提高经济效益的作用。

二、会计行政法规

会计行政法规是指由国家最高行政机关——国务院制定的会计法律规范，它是根据《会计法》制定的，是对会计法律的具体化或某个方面的补充。如《企业财务会计报告条例》《总会计师条例》等。《企业财务会计报告条例》是国务院于2000年6月21日发布，主要是对企业财务会计报告的构成、编制、对外提供和法律责任等作出了规定。《总会计师条例》是国务院于1990年12月31日发布并于2011年1月8日修订，主要对总会计师的职责、权限、任免与奖惩作出了规定。

三、会计部门规章

会计部门规章是指国家主管会计工作的行政部门——财政部以及其他相关部委制定的会计方面的法律规范。制定会计部门规章必须依据会计法律和会计行政法规的规定。如《企业会计准则》《企业会计制度》《会计基础工作规范》《会计档案管理办法》等。

《会计基础工作规范》主要是就单位会计工作程序与组织作出统一的要求，《会计档案管理办法》是就企业会计资料的保管作出的统一要求。

我国现行的《会计法》中将国务院财政部门制定的会计部门规章称为"国家统一的会计制度"。它包括国家统一的会计核算制度、会计监督制度、会计机构和会计人员制度，以及会计工作的其他管理制度等。国家统一的会计核算制度主要包括会计准则和会计制度。

（一）会计准则

企业会计准则是规范会计确认、计量、记录和报告所依据的标准和规则。它是从技术方面对企业会计核算和财务报表编制的原则、程序和方法所作的规范，是会计人员进行会计活动所应遵循的规范和标准。我国《企业会计准则》于1992年11月颁布，1993年7月1日施行。随着经济体制改革和发展的需要，1997—2001年，财政部陆续出台了部分具体准则，2005 年财政部开始对《企业会计准则》进行修订，对原准则体系进行充实和完善。2006 年 2 月 15 日，财政部颁布了修订后的《企业会计准则——基本准则》和 38 项具体准则。10 月 30 日，财政部发布了《企业会计准则——应用指南》，自 2007年 1 月 1 日开始实施。2014 年，财政部颁布了《企业会计准则第 39 号——公允价值计量》《企业会计准则第 40 号——合营安排》《企业会计准则第 41 号——在其他主体中权益的披露》，修订了《企业会计准则第 2 号——长期股权投资》《企业会计准则第 9号——职工薪酬》《企业会计准则第 30 号——财务报表列报》《企业会计准则第 33号——合并财务报表》《企业会计准则第 37 号——金融工具列报》《企业会计准则——基本准则》。2017 年财政部又颁布了《企业会计准则第 42 号——持有待售的非流动资产、处置组和终止经营》，修订了《企业会计准则第 22 号——金融工具确认和计量》《企业会计准则第 23 号——金融资产转移》《企业会计准则第 24 号——套期会计》《企业会计准则第 37 号——金融工具列报》《企业会计准则第 16 号——政府补助》《企业会计准则第 14 号——收入》。企业会计准则是我国现阶段的财务会计框架，它既立足于中国国情，又努力实现了与国际会计惯例的趋同。我国现行企业会计准则体系主要由基本准则、具体准则、应用指南和解释四部分组成。

基本准则在整个准则体系中起统御作用，主要规范会计目标、会计假设、会计信息质量要求、会计要素的确认、计量和报告原则等。基本准则的作用是指导具体准则的制定和为尚未有具体准则规范的会计实务问题提供处理原则。

具体准则主要规范企业发生的具体交易或事项的会计处理，它又分为一般业务准则、特殊行业的特殊业务准则和报告准则三类。

应用指南主要包括具体准则解释和会计科目、主要账务处理等，为企业执行会计准则提供操作性规范。

解释是对具体准则实施过程中出现的问题、具体准则条款规定不清楚或者尚未规定的具体问题作出的补充说明。截至 2017 年底，我国共发布了 12 项企业会计准则解释。

这四项内容既相互独立，又互为关联，构成统一整体。我国颁布的企业会计准则是针对中国境内企业的，但是我国经济发展的现状决定了各种不同类型的企业在外部信息需求、企业管理水平等方面存在很大差距，因此，会计准则体系 2007 年在上市公司实行，2008 年推出符合条件的国有企业实行企业会计准则体系，2009 年后全面推开，所有大中型企业全面执行新准则体系。

（二）会计制度

会计制度是部门或行业根据会计准则制定的适应于本部门或行业会计工作的规则、方法和程序的总称。它有两层含义：一是具体企业或部门所应用的会计制度，它只是具体规范某一个企业的会计行为；二是指由国家统一制定、颁布实施，规范会计核算及会计工作的具体规范，称为宏观范围内的会计制度，如我国 2001 年初发布的《企业会计制度》，打破了行业和所有制的界限，对企业全部经济业务的会计确认、计量、记录和报告进行了详细规定。该制度的发布取代了行业和部门会计制度，其统一性强，具有实用性和可操作性的特点。

具体会计准则和会计制度都是规范企业会计核算的行为；都是为了确保企业据此进行会计核算，提供真实、完整的会计信息；都属于会计部门规章，对企业的会计核算具有约束作用。但二者在适用范围及规范范围等方面又有所不同。

现阶段会计准则和会计制度并存，但会计准则使用的范围逐步扩大。这是因为目前我国经济发展的现状决定了各种不同类型的企业在外部信息需求、企业管理水平等方面存在很大差距，具体会计准则的数量还有限，尚未构成完善的核算体系，仅用来规范企业的会计核算行为是不够的。财政部在现有具体会计准则的基础上，必然会对其进一步完善，具体会计准则将最终取代行业会计制度，使我国的会计管理工作与国际惯例接轨。

【本章小结】

财务会计主要是运用财务会计理论与方法体系对某一会计主体的会计事项进行确认、计量、记录和报告。财务会计分为初级财务会计、中级财务会计和高级财务会计，中级财务会计所处理的会计事项是以会计主体、持续经营、会计分期和货币计量四项基本假定为基础的一般事项，即企业经营过程中通常存在的会计事项；而对于特殊环境下出现的特殊事项，如企业无法持续经营而面临破产清算时，对清算期间会计事项的处理则属于高级财务会计的内容。中级财务会计依托于基本会计假定，对资产、负债、所有者权益、收入、费用和利润六个会计要素以及每一要素下的具体项目的确认、计量、记录和报告进行阐述。

财务会计的目标主要是向外部信息使用者提供对决策有用的会计信息，并反映企业管理层受托责任的履行情况。财务会计作为现代企业会计的一个分支，与管理会计相比，主要有以下特点：财务会计以企业外部的信息使用者作为直接的服务对象；会计核算有一系列的会计处理程序和方法，必须遵循一系列财务法规；财务会计信息载体具有固定的格式。

对于信息使用者来讲，会计信息首先应具备可理解性，在此前提下做到信息的可靠性和相关性，以满足信息使用者的需要。为便于报表使用者对会计信息进行对比分析，会计信息还应具备可比性。因此，会计信息应在先达到可理解的条件下，做到可靠、相关和可比。可理解性、可靠性、相关性和可比性是会计信息的首要质量要求，是会计信息所应具备的基本质量特征；实质重于形式、重要性、谨慎性和及时性是会计信息的次级质量要求，是对可靠性、相关性、可理解性和可比性等首要质量要求的补充和完善。

本章重点是会计要素的概念、特征及分类，难点是会计假定和会计信息量要求的内容。

【思考题】

1. 财务会计的特点有哪些？
2. 什么是财务会计报告的目标？包括哪些内容？
3. 什么是会计核算的基本前提？如何理解？
4. 会计信息的质量要求有哪些？每一个信息质量要求的具体内容是什么？
5. 什么是会计要素？有哪些内容？

6. 资产、负债具有哪些特征？

7. 收入和直接计入损益的利得如何区分，费用和损失如何区分？

8. 企业会计准则由几部分内容构成？

【技能训练】

一、单项选择题

1. 会计核算的主要计量尺度是（　　）。

A. 货币计量　　　　B. 劳动计量　　　　C. 实物计量　　　　D. 三者均是

2. 下列流动性最不强的资产是（　　）。

A. 库存现金　　　　B. 应收及预付款项　C. 存货　　　　　　D. 固定资产

3. 下列流动性最强的资产有（　　）。

A. 长期投资　　　　B. 无形资产　　　　C. 流动资产　　　　D. 固定资产

4. 下列不属于流动负债的有（　　）。

A. 短期借款　　　　B. 应交税费　　　　C. 预付账款　　　　D. 应付账款

5. 下列属于负债的有（　　）。

A. 银行存款　　　　B. 应收账款　　　　C. 存货　　　　　　D. 预收账款

6. 下列属于资产的有（　　）。

A. 应付账款　　　　B. 预付账款　　　　C. 预收账款　　　　D. 应交税费

7. 企业提供的会计信息应与信息使用者的需要相关联，这符合（　　）的要求。

A. 明晰性　　　　　B. 谨慎性　　　　　C. 客观性　　　　　D. 相关性

8. 在会计信息的质量要求中，要求不高估资产或收益，也不低估负债或费用的是（　　）。

A. 重要性　　　　　B. 及时性　　　　　C. 谨慎性　　　　　D. 明晰性

9. 在企业会计核算的基本前提中，（　　）是企业选择会计处理方法和程序保持稳定的条件。

A. 货币计量　　　　B. 持续经营　　　　C. 会计主体　　　　D. 会计分期

10. 企业计提固定资产折旧依据的是（　　）会计假定。

A. 会计分期　　　　B. 持续经营　　　　C. 货币计量　　　　D. 会计主体

11. 在会计信息的质量要求中，同一会计主体在不同会计期间应尽可能采用相同的会计处理方法和程序，这符合（　　）的要求。

A. 可比性　　　　　B. 相关性　　　　　C. 重要性　　　　　D. 客观性

12. 导致权责发生制产生的直接前提是（　　）。

A. 会计主体　　　　B. 会计分期　　　　C. 货币计量　　　　D. 持续经营

二、多项选择题

1. 下列属于会计核算基本前提的有（　　）。

A. 历史成本　　　　B. 持续经营　　　　C. 会计主体　　　　D. 会计分期

2. 下列属于会计信息质量要求的是（　　　）。

A. 会计主体　　　B. 可靠性　　　C. 谨慎性　　　D. 相关性

3. 会计期间有（　　　）几种形式。

A. 年度　　　B. 半年度　　　C. 季度　　　D. 月份

4. 反映企业财务状况的会计要素有（　　　）。

A. 资产　　　B. 收入　　　C. 负债　　　D. 所有者权益

5. 反映企业经营成果的会计要素有（　　　）。

A. 费用　　　B. 收入　　　C. 负债　　　D. 利润

6. 下列属于流动资产的有（　　　）。

A. 预付账款　　　B. 应收账款　　　C. 机器设备　　　D. 存货

7. 负债按其流动性可分为（　　　）。

A. 非流动负债　　　B. 长期借款　　　C. 短期借款　　　D. 流动负债

8. 下列属于存货的有（　　　）。

A. 库存商品　　　B. 原材料　　　C. 机器设备　　　D. 在产品

9. 期间费用包括（　　　）。

A. 制造费用　　　B. 销售费用　　　C. 财务费用　　　D. 管理费用

10. 收入按其业务主次可分为（　　　）。

A. 主营业务收入　　　B. 商品销售收入　　　C. 材料销售收入　　　D. 其他业务收入

11. 企业所有者权益包括的内容有（　　　）。

A. 收到投资人投入的资本　　　B. 资本公积

C. 提取的盈余公积　　　D. 未分配利润

12. 属于会计计量属性的有（　　　）。

A. 历史成本　　　B. 公允价值　　　C. 重置成本　　　D. 现值

三、判断题（正确的打"√"，错误的打"×"）

1. 货币是会计核算的唯一计量尺度。（　　）

2. 营业成本就是主营业务成本。（　　）

3. 流动资产就是可以流动的资产，如汽车。（　　）

4. 资产是指具有实物形态的财产物资。（　　）

5. 存货是有实物形态的流动资产。（　　）

6. 期间费用是与一定的会计期间相关联的，所以发生时要计入某会计期间的损益。（　　）

7. 明确会计主体可确定会计核算的空间范围。（　　）

8. 会计对象是对会计要素的内容所作的基本分类。（　　）

9. 资产包括流动资产和固定资产。（　　）

10. 持续经营假定使企业会计处理程序和方法能够保持稳定性。（　　）

11. 在会计信息的质量要求中，可比性意味着企业一旦选定某一会计处理方法，则以后不能改变。（　　）

12. 在会计信息的质量要求中，可比性仅指同一会计主体在不同的会计期间尽可能地采用相同的会计处理方法和程序，以便使不同会计期间的会计信息能够纵向比较。
（　　）

13. 权责发生制是以收入和费用的归属期为标准来确认收入和费用的一种方法。
（　　）

14. 预收账款是资产，预付账款是负债。（　　）

15. 会计要素中的收入要素是指营业收入。（　　）

16. 会计准则规定，历史成本是资产要素的唯一计量属性。（　　）

【案例分析】

××公司由李明、王宏共同出资创建，近期发生了下列业务，同时会计作了相应的处理：

1. 12月8日，李明从公司出纳那里拿了500元给自己家买了打印纸，会计将该支出列入了公司的办公费用。理由是：李明是公司合伙人，公司的钱也有李明的一部分。

2. 12月15日，会计根据本月1～15日发生的经济业务汇总编制了半个月的资产负债表和利润表。

3. 12月20日，销售产品一批，售价50 000元，款项未收。会计未将其列为本月收入。

4. 12月22日，公司发生设备修理费5 600元，款项未付。会计未将其列为本月费用。

5. 12月30日，预付下年度报刊费400元，会计将其作为12月的管理费用处理。

6. 12月30日，预收红星公司购货款5 000元，会计将其作为12月的收入处理。

案例要求：根据上述资料，分析该公司的会计在处理这些经济业务时是否完全正确，若有错误，主要是违背了哪些会计原则？

第二章

货币资金

【学习目标】

● 了解货币资金内部控制的内容、各种银行转账结算方式；
● 熟悉银行存款开户管理、库存现金内部控制的内容；
● 熟练掌握库存现金、银行存款的清查方法；
● 掌握库存现金、银行存款和其他货币资金的核算。

第一节　货币资金概述

一、货币资金的概念及范围

货币资金是指企业在生产经营过程中以货币形态存在的那部分资产，是企业资产中流动性较强的一种资产。企业用货币资金可以直接购买货物、支付劳务报酬和偿还债务等，它是企业进行生产经营活动必不可少的基本条件，按其存放地点和用途的不同，货币资金分为库存现金、银行存款及其他货币资金。

二、货币资金的内部控制

货币资金的内部控制是指单位内部为了保护其货币资金的安全完整和有效运用，保证货币资金收付的真实和合法，在分工基础上建立起来的相互制约的管理体系。加强货币资金的管理，能保证企业生产经营活动的正常进行，提高货币资金的周转速度和使用效益，能够保障企业资产的安全完整，能有效地防止不法行为的发生。

为了加强对单位货币资金的内部控制和管理，保证货币资金的安全，财政部于2001年6月22日发布了《内部会计控制规范——货币资金（试行）》。该规范规定单位负责人对本单位货币资金内部控制的建立健全和有效实施以及货币资金的安全完整负责。具体内容包括以下几个方面。

（一）职责分工和职权分离制度

单位应当建立货币资金业务的岗位责任制，明确相关部门和岗位的职责权限，确保办理货币资金业务不相容岗位的相互分离、制约和监督。单位不得由一人办理货币资金业务的全过程。

货币资金收支应由出纳人员和会计人员分工负责、分别办理，职责分明、职权分离。应设置专职出纳员，负责货币资金的收支和保管、收支原始凭证的保管和签发、日记账的登记。会计不得兼任出纳；出纳不得兼任稽核、会计档案保管，不得兼管收入、费用、债券债务账目的登记工作。并且所有现金和银行存款的收付，都必须通过经办会计在审核原始凭证无误后填制记账凭证，然后由出纳员检查所附原始凭证是否完整后办理收付款，并在原始凭证上加盖"收讫"或"付讫"戳记。

办理货币资金业务的人员应当具备良好的职业道德，忠于职守，廉洁奉公，遵纪守法，客观公正，不断提高会计业务素质和职业道德水平。并根据单位具体情况实行定期轮换岗位，以减少货币资金管理与控制中产生舞弊的可能性，及时发现有关人员的舞弊行为。

（二）授权和批准制度

单位应当对货币资金业务建立严格的授权批准制度，明确审批人对货币资金业务的授权批准方式、权限、程序、责任和相关控制措施，规定经办人办理货币资金业务的职责范围和工作要求。

审批人应当根据货币资金授权批准制度的规定，在授权范围内进行审批，不得超越审批权限。

经办人应当在职责范围内，按照审批人的批准意见办理货币资金业务。对于审批人超越授权范围审批的货币资金业务，经办人员有权拒绝办理，并及时向审批人的上级授权部门报告。

（三）货币资金支付业务的程序

单位应当按照规定的程序办理货币资金支付业务：

1. 支付申请。单位有关部门或个人用款时，应当提前向审批人提交货币资金支付申请，注明款项的用途、金额、预算、支付方式等内容，并附有效经济合同或相关证明。

2. 支付审批。审批人根据其职责、权限和相应程序对支付申请进行审批。对不符合规定的货币资金支付申请，审批人应当拒绝批准。

单位对于重要货币资金支付业务，应当实行集体决策和审批，并建立责任追究制度，防范贪污、侵占、挪用货币资金等行为。

3. 支付复核。复核人应当对批准后的货币资金支付申请进行复核，复核货币资金支付申请的批准范围、权限、程序是否正确，手续及相关单证是否齐备，金额计算是否准确，支付方式、支付单位是否妥当等。复核无误后，交由出纳人员办理支付手续。

4. 办理支付。出纳人员应当根据复核无误的支付申请，按规定办理货币资金支付手续，及时登记现金和银行存款日记账。

（四）安全制度

对货币资金必须有健全的保护措施，有专人负责保管，有专人进行内部监督。货币资金收付和保管只能由出纳员负责，严禁未经授权的机构或人员办理货币资金业务或直接接触货币资金。

出纳员应对购入票证及时登记、统一编号、妥善保管。开具时必须按编号顺序连续使用，对已经使用和作废的支票要在登记簿上作详细记录，作废票证应加盖"作废"章，全份保存，并详细登记，由领用人员签名作证。银行预留印鉴分别由两人掌管，财务专用章由出纳员保管，公司总经理私章由财务部指定专人保管。建立复核制度，定期审查有关凭证的填制、记账及算账工作。

（五）监督检查制度

单位应当建立对货币资金业务的监督检查制度，明确监督检查机构或人员的职责权限，定期和不定期地进行检查。货币资金监督检查的内容主要包括：

1. 货币资金业务相关岗位及人员的设置情况。重点检查是否存在货币资金业务不相容职务混岗的现象。

2. 货币资金授权批准制度的执行情况。重点检查货币资金支出的授权批准手续是否健全，是否存在越权审批行为。

3. 支付款项印章的保管情况。重点检查是否存在办理付款业务所需的全部印章交由一人保管的现象。

4. 票据的保管情况。重点检查票据的购买、领用、保管手续是否健全，票据保管是否存在漏洞。

对监督检查过程中发现的货币资金内部控制中的薄弱环节，应当及时采取措施，加以纠正和完善。

第二节　库存现金

一、库存现金的概念

现金的概念有狭义和广义之分。狭义的现金是指企业的库存现金，库存现金是指通常存放于企业财会部门，由出纳人员经管的货币，包括人民币现金和外币现金。广义的现金是指货币资金。本章所指的现金是狭义的现金。库存现金是流动性最强的资产，企业应当严格遵守国家有关现金管理规定，正确进行现金收支的核算，监督现金使用的合法性与合理性。

二、库存现金的内部控制

（一）库存现金限额的核定

库存现金限额是指为保证各企业日常零星支出的需要，按规定允许企业留存的现金的最高数额。库存现金的限额，由开户银行根据开户单位的实际需要和距离银行远近等情况核定。其数额一般根据企业 3~5 天日常零星开支所需现金确定。远离银行或交通不便的企业，银行最多可以根据企业 15 天的日常开支需要量来核定库存现金限额。日常开支需要量不包括企业每月发放工资和不定期差旅费等大额现金支出。库存限额一经核定，要求企业必须严格遵守，不能任意超过，超过限额的现金应及时存入银行，库存现金低于限额时，可以签发现金支票从银行提取现金，补足限额。

（二）现金收支的规定

开户单位现金收支应当遵循下列规定：

1. 企业收入的现金应于当日送存开户银行，当日送存有困难的，由开户银行确定送存时间。

2. 企业需要支付现金，可以从单位库存现金限额中支付或从开户银行提取，不得从现金收入中直接支付，即不得坐支现金。企业因特殊情况需要坐支现金的，应当事先报经开户银行审查批准，由开户银行核定坐支范围和限额。未经银行批准，企业不得擅自坐支现金。同时收支的现金必须入账。

3. 企业从开户银行提取现金时，应如实写明提取现金的用途，由本单位财会部门负责人签字盖章，并经开户银行审查批准后予以支付。

4. 因采购地点不确定、交通不便、抢险救灾以及其他特殊情况必须使用现金的单位，应向开户银行提出书面申请，由本单位财会部门负责人签字盖章，并经开户银行审查批准后予以支付。

此外，不准用不符合国家统一会计制度的凭证顶替库存现金，即不得"白条顶库"；不准谎报用途套取现金；不准用银行账户代替其他单位和个人存入或支取现金；不准用单位收入的现金以个人名义存入储蓄；不准保留账外公款，即不得"公款私存"，不得设置"小金库"；等等。银行对于违反上述规定的单位，将按照违规金额的一定比例予以处罚。

（三）库存现金的使用范围

按照国务院颁发的《现金管理暂行条例》的规定，允许企业使用现金支付的范围是：（1）支付给职工的工资、津贴；（2）个人劳务报酬，包括稿费及其他专门工作报酬；（3）根据国家规定颁发给个人的科学技术、文化艺术、体育等各种奖金；（4）各种劳保、福利费用以及国家规定的对个人的其他支出；（5）向个人收购农副产品和其他物资的价款；（6）出差人员必须随身携带的差旅费；（7）1 000 元以下的零星支出；（8）中国人民银行确定需要支付现金的其他支出。

符合库存现金使用范围的支出，企业可以根据需要向银行提取现金予以支付；不属于库存现金使用范围的款项支付，一律通过银行进行转账结算。

三、库存现金的核算

库存现金的核算包括序时核算和总分类核算。为了反映企业库存现金的增减变化及结存情况，应设置"库存现金"账户，该账户属于资产类，借方登记库存现金的增加额，贷方登记库存现金的减少额，期末余额在借方，反映企业库存现金的结存数。

✪【例2-1】甲公司职工李红出差预借差旅费3 500元，以库存现金支付。根据审核批准的借款单，填制现金付款凭证，编制会计分录如下：

借：其他应收款——李红　　　　　　　　　　　　　　　　　3 500
　　贷：库存现金　　　　　　　　　　　　　　　　　　　　　　　3 500

✪【例2-2】甲公司财会人员用库存现金支付产品包装费900元。填制现金付款凭证，编制会计分录如下：

借：销售费用——产品包装费　　　　　　　　　　　　　　　　900
　　贷：库存现金　　　　　　　　　　　　　　　　　　　　　　　900

✪【例2-3】甲公司李红出差归来报销差旅费2 000元，余款退回。编制会计分录如下：

借：管理费用——差旅费　　　　　　　　　　　　　　　　　2 000
　　库存现金　　　　　　　　　　　　　　　　　　　　　　1 500
　　贷：其他应收款——李红　　　　　　　　　　　　　　　　　3 500

✪【例2-4】甲公司用库存现金购买厂部办公用品800元。编制会计分录如下：

借：管理费用　　　　　　　　　　　　　　　　　　　　　　800
　　贷：库存现金　　　　　　　　　　　　　　　　　　　　　　800

四、库存现金的清查

库存现金的清查是通过实地盘点的方法，确定库存现金的实存数，并与现金日记账的余额进行核对，以查明账实是否相符。

库存现金的清查除了平时由出纳人员每日清点库存现金实有数，并与现金日记账余额核对之外，还要由清查小组进行定期或不定期的清查。清查结束后，应根据清查结果，填制"库存现金盘点报告表"。该表既是反映现金实存数的原始凭证，也是查明账实发生差异的原因和调整账簿记录的依据。

为了核算企业在财产清查中各项财产物资的盘盈、盘亏和毁损及处理情况，应设置"待处理财产损溢"账户。该账户是资产类账户，借方登记清查中发生的待处理财产的盘亏、毁损数和结转经批准处理的财产盘盈数；贷方登记清查中发生的待处理财产的盘盈数和转销已批准处理的财产盘亏及毁损数。期末若有借方余额，表示尚未处理的各种财产净损失；若有贷方余额，则表示尚未处理的各种财产净溢余。在该账户下应设置"待处理固定资产损溢"和"待处理流动资产损溢"两个明细账户，进行明细分类核算。

（一）库存现金的盘亏

在财产清查中发现库存现金短缺，在报经批准前，应根据"库存现金盘点报告表"，将短缺的金额借记"待处理财产损溢——待处理流动资产损溢"账户，贷记"库存现金"账户。待查明原因后，再根据不同情况进行相应的处理：属于应由责任人或保险公司赔偿的部分，计入"其他应收款"账户；属于无法查明的原因，应根据管理权限，经批准后计入"管理费用"账户。

❂【例2-5】某公司在库存现金清查中，发现短缺1 800元，原因待查。

审批前编制会计分录如下：

借：待处理财产损溢——待处理流动资产损溢 　　　　　　　　　　　1 800

　　贷：库存现金　　　　　　　　　　　　　　　　　　　　　　　　　1 800

经确定，上述库存现金的短缺无法查明原因，经批准计入管理费用。编制会计分录如下：

借：管理费用　　　　　　　　　　　　　　　　　　　　　　　　　　1 800

　　贷：待处理财产损溢——待处理流动资产损溢　　　　　　　　　　　1 800

（二）库存现金的盘盈

在库存现金清查中发现溢余，在报经批准前，计入"待处理财产损溢——待处理流动资产损溢"账户。待查明原因后，再根据不同情况进行相应的处理：属于应支付给有关人员或单位的，应计入"其他应付款"账户；属于无法查明原因的现金溢余，经批准后转作营业外收入。

❂【例2-6】某公司在库存现金的清查中，发现溢余1 600元，原因待查。

审批前编制会计分录如下：

借：库存现金　　　　　　　　　　　　　　　　　　　　　　　　　　1 600

　　贷：待处理财产损溢——待处理流动资产损溢　　　　　　　　　　　1 600

库存现金的溢余经查明，属于工作人员疏忽，少付客户李洪1 600元。编制会计分录如下：

借：待处理财产损溢——待处理流动资产损溢　　　　　　　　　　　　1 600

　　贷：其他应付款——李洪　　　　　　　　　　　　　　　　　　　　1 600

五、备用金

备用金是指企业财会部门按有关制度，拨付给企业内部职能管理部门或职工个人用于日常零星开支的备用现金。

企业建立备用金制度是为了有效地进行现金的内部控制。备用金实际上也是现金，其使用必须严格遵守现金管理制度。使用部门应指定专人管理，按规定用途和开支权限使用备用金，同时接受企业财会部门的监督，定期报账。备用金的管理有定额备用金和非定额备用金两种模式。

备用金的核算，企业可单独设置"备用金"账户进行核算。企业备用金业务不多的也可不设置"备用金"账户，其核算并入"其他应收款"账户中进行。

（一）定额备用金

定额备用金管理模式下，先根据使用备用金部门的实际需要核定备用金数额，由财会部门将备用金一次拨付给使用部门，同时规定其用途和报销期限，待使用部门实际使用备用金后，凭有效单据向财会部门报销，财会部门根据报销数用现金补足备用金定额。这种方法便于企业对备用金的使用进行控制，并可减少财会部门日常的核算工作，一般适用于有经常性费用开支的内部用款部门。

☆【例2-7】甲公司总务科实行定额备用金制度，财会部门根据核定的备用金定额5 000元，开出现金支票拨付。编制会计分录如下：

借：备用金——总务科   5 000
 贷：银行存款   5 000

☆【例2-8】甲公司总务科购买办公用品3 200元，经审核同意报销并付现金补足定额。编制会计分录如下：

借：管理费用——办公费   3 200
 贷：库存现金   3 200

（二）非定额备用金

非定额备用金是指根据业务需要逐笔领用备用金，使用后凭有关单据向财会部门报销，多退少补，逐笔结清备用金。

☆【例2-9】甲公司业务部因工作需要领用备用金3 000元，以现金支付。编制会计分录如下：

借：备用金——业务部   3 000
 贷：库存现金   3 000

☆【例2-10】甲公司业务部凭有关单证报销办公用品费用2 500元，交回现金500元。编制会计分录如下：

借：管理费用——办公费   2 500
  库存现金   500
 贷：备用金——业务部   3 000

【知识专栏2-1】

中国古代的民间兼职会计

在西周奴隶主庄园里已有了兼职会计工作的管家。一个名叫"限"的奴隶主贵族经营着一个庄园。他手下有两个管家，一个是外管家，对外，他负责联系业务，签订合同，以及从事商品交换的活动；对内，他负责保管马匹之类的财物。另一个是内管家，一方面他负责保管丝之类的财物，另一方面兼任"书计"。这是现在我们能够知道的最早的一种兼职会计。

到了春秋时代，私商们往来贩运，投机取利，家累千金，富比王侯。这些人不仅在经营上有一套法术，而且也有了一套核算法术；同时随着经营的复杂化，也开始出现聘请会计的情形。孔子就曾受聘于鲁国的季氏，做过仓库会计。

到了战国，私商势力更为活跃，出现了许多贱取贵卖、靠投机食利的富商。被后世富贾奉为祖师的魏人白圭，就是靠经营粮食、丝帛、葛麻等农副产品取利的。他兼任会计，十分精于计利之术。

第三节 银行存款

一、银行存款的概念

银行存款是指企业存入银行或其他金融机构的款项。根据中国人民银行《人民币银行结算账户管理办法》的规定，每个企业都必须在银行或其他金融机构开立存款账户，以办理存款、取款和结算业务。企业除可以在规定限额内保存少量现金外，其余必须存入银行；企业的款项收付，除在规定范围内采用现金结算外，其余都必须通过银行办理转账结算。

二、银行存款开户管理

企业在银行开立的存款账户按其用途不同分为基本存款账户、一般存款账户、临时存款账户和专用存款账户四种。

1. 基本存款账户是企业的主办账户。企业日常经营活动的资金收付及其工资、奖金和现金的支取，应通过该账户办理。

2. 一般存款账户用于办理企业借款转存、借款归还和其他结算的资金收付，该账户可以办理现金缴存，但不得办理现金支取。

3. 临时存款账户用于办理企业临时机构以及临时经营活动发生的资金收付，临时存款账户的有效期最长不得超过 2 年。

4. 专用存款账户用于办理企业各项专用资金的收付。

一个企业只能选择一家银行的一个营业机构开立一个基本存款账户，不得在多家银行机构开立基本存款账户；不得在同一家银行的几个分支机构开立一般存款账户。

三、银行转账结算方式

企业在生产经营过程中，除按规定可以使用现金外，都要通过银行办理转账结算。转账结算是企业通过银行划拨款项进行往来结算。根据《人民币银行结算账户管理办法》和《中华人民共和国票据法》的规定，目前企业采用的转账结算方式主要有以下几种：

1. 银行汇票。银行汇票是汇款人将款项交存当地出票银行，由银行签发汇票给汇款人持往异地办理转账结算或支取现金的票据。银行汇票有效期为 1 个月，采用记名方式，可以背书转让。

2. 银行本票。银行本票是银行签发的，承诺自己在见票时无条件支付确定的金额给收款人或者持票人的票据。银行本票可以用于转账，注明"现金"字样的银行本票可以用于支取现金，银行本票的有效期最长不得超过 2 个月，银行本票分为定额本票和不定额本票，一律采用记名方式，可以背书转让，适用于同城结算。

3. 商业汇票。商业汇票是由付款人或收款人签发的，由承兑人承兑，委托付款人在指定日期无条件支付确定的金额给收款人或者持票人的票据。在银行开立存款账户的法人以及其他组织之间必须具有真实的交易关系或债权债务关系，才能使用商业汇票。采用记名方式，可以背书转让，并可以办理贴现。最长不得超过 6 个月。同城或异地均可使用。

商业汇票按承兑人的不同，分为商业承兑汇票和银行承兑汇票。商业承兑汇票是指由收款人签发、付款人承兑，或由付款人签发并承兑的票据。商业承兑汇票的承兑人是付款人，也是交易中的购货单位。银行承兑汇票是指由收款人或承兑申请人签发，由承兑银行承兑的商业票据。银行承兑汇票的承兑人和付款人是购货企业的开户银行，承兑银行应在汇票到期日支付票款。

商业承兑汇票以付款人的信誉为担保，银行承兑汇票以银行的信誉为担保。对收款企业来讲，银行承兑汇票的风险远低于商业承兑汇票。

4. 支票。支票是出票人签发的、委托办理支票业务的银行在见票时无条件支付确定的金额给收款人或者持票人的票据。支票分为现金支票、转账支票和普通支票三种。支票上印有"现金"字样的为现金支票，现金支票只能用于支取现金；支票上印有"转账"字样的为转账支票，转账支票只能用于转账。支票上未印有"现金"或"转账"字样的为普通支票，普通支票可以用于支取现金，也可以用于转账。在普通支票左上角划两条平行线的，为划线支票，划线支票只能用于转账，不得支取现金。支票的有效期10 天，单位和个人的各种款项结算，均可以在全国范围内使用支票。

5. 汇兑。汇兑是汇款人委托银行将其款项支付给收款人的结算方式。按款项划转方式的不同，可分为信汇和电汇两种。汇兑结算方式适用于异地各单位之间的商品交易、劳务供应等款项的结算。

6. 托收承付。托收承付是根据购销合同由收款人发货后委托银行向异地付款人收取款项，并由付款人向银行承认付款的结算方式。收款人办理托收必须提交商品确已发运的证件，收付双方办理托收承付结算，必须重合同、守信用。托收承付结算每笔的金额起点为 10 000 元。

7. 委托收款。委托收款是收款人委托银行向付款人收取款项的结算方式。委托收款按结算款项划回方式的不同，分为邮寄和电报两种，同城异地均可以适用，且不受金额限制。

8. 信用卡。信用卡是指商业银行向个人和单位发行的，凭以在特约单位购物、消费和向银行存取现金，且具有消费信用的特制载体卡片。信用卡按使用对象的不同分为单位卡和个人卡。单位卡不得用于 10 万元以上的商品交易、劳务供应款项的结算，不得支取现金，不得出租或转借信用卡。信用卡在规定限额和期限内允许善意透支，透支期限最长为 60 天。

四、银行存款的核算

★【例 2 - 11】某公司开出转账支票一张，购买厂部办公用品 5 000 元。编制会计分录如下：

借：管理费用 ——办公费　　　　　　　　　　　　　　　5 000

贷：银行存款 5 000

☻【例2－12】某公司用银行存款支付产品展览费30 000元。编制会计分录如下：

借：销售费用——产品展览费 30 000

    贷：银行存款 30 000

☻【例2－13】某公司销售商品一批，售价10 000元，增值税税率16%，款项全部收存银行。编制会计分录如下：

借：银行存款 11 600

    贷：主营业务收入 10 000

        应交税费——应交增值税（销项税额） 1 600

五、银行存款的清查

为了保证企业银行存款账实相符，及时纠正银行存款账目可能发生的差错，企业应对银行存款进行定期的清查。银行存款的清查主要是采取与银行核对账目的方法来进行。即将银行每月发来的对账单与本单位银行存款日记账逐笔核对，以查明账实是否相符。在核对前，首先要将本单位银行存款账目认真核实，并根据未入账的银行存款收、付款凭证逐笔登计入账，结出余额，以保证本单位银行存款日记账的完整性，然后再与银行送来的对账单逐笔核对。

一般情况下，企业银行存款日记账余额与银行对账单余额不一致，其原因不外乎有两个：一是企业或银行在账务处理上有错误；二是存在"未达账项"。所谓"未达账项"是指同一项经济业务，由于结算凭证在传递过程中时间上的差异，导致企业和银行的记账时间不同，形成一方已登计入账，而另一方尚未登计入账的会计事项。未达账项一般有以下四种类型：

（1）企业已收款记账，而银行尚未收款记账；

（2）企业已付款记账，而银行尚未付款记账；

（3）银行已收款记账，而企业尚未收款记账；

（4）银行已付款记账，而企业尚未付款记账。

上述任何一种未达账项的发生，都会使企业银行存款日记账余额与银行对账单余额不一致，为确定其不一致的原因，应根据未达账项编制"银行存款余额调节表"，编制方法一般是：在双方账面余额的基础上，各自加上对方已收而本方未收的款项，减去对方已付而本方未付的款项。用公式表示为

$$\frac{企业银行存款}{日记账余额} + \frac{银行已收企业}{未入账的款项} - \frac{银行已付企业}{未入账的款项}$$

$$= \frac{银行对账}{单余额} + \frac{企业已收银行}{未入账的款项} - \frac{企业已付银行}{未入账的款项}$$

若双方调节后的余额一致，说明双方账务处理没有差错，企业银行存款日记账余额与银行对账单余额不符的原因是由未达账项引起的；否则，说明企业和银行一方或两方账务处理上有差错，应进一步查明原因，予以更正。

☀【例2－14】某企业2018年4月30日银行存款账面余额是18 000元，银行对账单上账面余额是19 600元，经逐笔核对发现有下列未达账项：

（1）企业于月末存入购货企业开出的转账支票1 700元，企业已记收款，而银行尚未入账。

（2）企业于月末开出现金支票300元购买厂部办公用品，企业已记付款，而银行尚未入账。

（3）企业委托银行收回销货款5 000元，银行已记收款，而企业尚未入账。

（4）银行代企业支付电费2 000元，银行已记付款，而企业尚未收到银行付款通知，因而未入账。

根据上述资料，编制银行存款余额调节表见表2－1。

表2－1　　　　　　　　　　　银行存款余额调节表

2018年4月30日　　　　　　　　　　　　　单位：元

项目	金额	项目	金额
企业银行存款账面余额	18 000	银行对账单账面余额	19 600
加：银行已收而企业尚未入账的销货款	＋5 000	加：企业已收而银行尚未入账的销货款	＋1 700
减：银行已付而企业尚未入账的电费	－2 000	减：企业已付而银行尚未入账的现金款	－300
调节后企业银行存款余额	21 000	调节后银行对账单上存款余额	21 000

调节后的余额均是21 000元，说明双方账务处理没有差错，而企业银行存款日记账余额与银行对账单余额不一致的原因是由未达账项引起的。

需要说明的是，调节后的余额既不是企业银行存款日记账的月末余额，也不是银行对账单的月末余额。企业不能根据该余额调整账簿记录，而应在收到未达账项的有关结算凭证后再据以入账。

【知识专栏2－2】
19—20世纪中国十大会计名家

谢霖（1885—1969），中国第一位会计师，率先在中国使用借贷记账法。

潘旭伦（1893—1985），被美国人称为"中国会计之父"，1927年在上海开设潘旭伦会计师事务所，次年更名为立信会计师事务所。

徐永祚（1891—1959），创办《会计杂志》，出版《改良中式会计》，其所创收付记账法，在新中国成立后的税算会计、商业会计中沿用了很长时间。

雍家源（1898—1975），现代政府会计制度的设计者，著有《中国政府会计论》，是影响很大的预算会计理论。

奚玉书（1902—1982），敢于挑战洋会计师，努力维护民族利益，敢于挺身与外国同行"拗手瓜"，创办《公信会计月刊》达九年之久。

赵锡禹（1901—1970），被誉为最早介绍西方现代会计理论的学者。

余肇池 （1892—1968），在移植苏联国营企业会计中起很大作用。

安绍云 （1900—1976），主管全国会计事务的首位官员。

顾准 （1915—1974），19 岁写出第一本著作《银行会计》，随后自著或与潘旭伦合著作品甚多，1950 年曾任上海市财政局局长兼税务局局长。

杨纪琬 （1917—1999），被誉为"新中国会计界公认的一代名师"，为中国会计制度和会计准则的建设，会计理论、会计教育和注册会计师事业的发展，贡献毕生精力，作出了巨大而杰出的贡献。

第四节　其他货币资金

一、其他货币资金的内容

其他货币资金是指因存放地点和用途不同，区别于库存现金、银行存款以外的货币资金，包括外埠存款、银行汇票存款、银行本票存款、信用卡存款、信用证保证金存款和存出投资款等。其他货币资金从某种意义上讲也是一种银行存款，是具有专门用途的存款。所以其性质和库存现金、银行存款一样，均属于货币资金。

二、其他货币资金的核算

为了核算企业各种其他货币资金的增减变动和结存情况，企业应设置"其他货币资金"账户。该账户属于资产类，借方登记其他货币资金的增加数，贷方登记其他货币资金的减少数，期末余额在借方，反映其他货币资金的结存数。该账户应按其他货币资金的种类设置明细账。

（一）外埠存款

外埠存款是指企业到外地进行临时或零星采购时，汇往采购地银行开立采购专户的款项。企业在采购时，通过采购专户结算货款，采购结束后有余款的，将其退回汇款企业开户银行。

★【例 2 – 15】某公司派采购员到外地某市采购甲材料，委托当地开户银行汇款 60 000元到采购地开立采购专户。根据收到的银行汇款回单，编制会计分录如下：

借：其他货币资金——外埠存款　　　　　　　　　　　　　　　　　60 000

　　贷：银行存款　　　　　　　　　　　　　　　　　　　　　　　　　　60 000

上述采购完成，收到采购员交来供应单位发票账单，共支付甲材料买价 50 000 元，增值税税率为 16%，材料验收入库。根据收到的有关账单，编制会计分录如下：

借：原材料——甲材料　　　　　　　　　　　　　　　　　　　　　50 000

　　应交税费——应交增值税（进项税额）　　　　　　　　　　　　　 8 000

　　贷：其他货币资金——外埠存款　　　　　　　　　　　　　　　　　58 000

退回其他货币资金 2 000 元时，根据银行转来的收款通知，编制会计分录如下：

借：银行存款   2 000

 贷：其他货币资金——外埠存款   2 000

（二）银行汇票存款

银行汇票存款是指企业为取得银行汇票按规定存入银行的款项。企业将款项交存开户银行取得银行汇票后，可持往异地办理转账结算或支取现金，汇票使用后，如有多余款或因汇票超过付款期未付出的，将其退回企业开户银行。

企业在填送"银行汇票申请书"并将款项交存银行，取得银行汇票后，根据银行盖章退回的申请书存根联，借记"其他货币资金——银行汇票存款"账户，贷记"银行存款"账户。企业使用银行汇票后，根据购货发票等原始凭证，借记"材料采购"或"原材料""应交税费——应交增值税（进项税额）"等账户，贷记"其他货币资金——银行汇票存款"账户。收到多余款项时，根据银行转来的多余款收账通知，借记"银行存款"账户，贷记"其他货币资金——银行汇票存款"账户。

★**【例 2 - 16】**某公司向银行提交"银行汇票申请书"，并将款项 90 000 元交存开户银行，委托银行办理银行汇票。公司取得银行汇票后编制会计分录如下：

借：其他货币资金——银行汇票存款   90 000

 贷：银行存款   90 000

公司持汇票往异地采购甲材料，实际使用汇票支付材料价款 70 000 元，增值税税率为 16%。根据发票账单等有关凭证，编制会计分录如下：

借：原材料——甲材料   70 000

 应交税费——应交增值税（进项税额）   11 200

 贷：其他货币资金——银行汇票存款   81 200

银行汇票多余款 8 800 元已退回企业开户银行。根据开户银行转来的银行汇票多余款收账通知，编制会计分录如下：

借：银行存款   8 800

 贷：其他货币资金——银行汇票存款   8 800

（三）银行本票存款

银行本票存款是指企业为取得银行本票按规定存入银行的款项。企业将款项交存开户银行取得银行本票后，可在同一票据交换区域内办理转账结算或取得现金。如企业因本票超过付款期等原因未曾使用的，可要求银行退款。其账务处理与银行汇票相同。

★**【例 2 - 17】**企业向银行提交"银行本票申请书"，并将款项 3 000 元交存银行。取得银行本票，根据银行盖章退回的申请书存根联，编制会计分录如下：

借：其他货币资金——银行本票存款   3 000

 贷：银行存款   3 000

企业使用本票购买办公用品 3 000 元。根据发票账单等有关凭证，编制会计分录如下：

借：管理费用   3 000

　　　　贷：其他货币资金——银行本票存款　　　　　　　　　　　　　　3 000

（四）信用卡存款

信用卡存款是指企业为取得信用卡，按照规定存入银行的款项。企业的信用卡存款一律从基本账户转账存入，持卡人可持信用卡在特约单位购货、消费，但不得支取现金。

企业在取得信用卡时，应按规定填制申请表，连同支票和有关资料一并送交发卡银行，根据银行退回的进账单，借记"其他货币资金——信用卡存款"账户，贷记"银行存款"账户。企业用信用卡购物或支付有关费用，借记有关账户，贷记"其他货币资金——信用卡存款"账户。

★【例 2 - 18】企业申请信用卡，将信用卡申请表连同 50 000 元的支票一并送交发卡银行。根据银行盖章退回的进账单，编制会计分录如下：

　　借：其他货币资金——信用卡存款　　　　　　　　　　　　　　50 000
　　　　贷：银行存款　　　　　　　　　　　　　　　　　　　　　　　50 000

企业用信用卡支付费用共 28 000 元。根据银行转来的付款凭证及所附发票账单，经核对无误后，编制会计分录如下：

　　借：管理费用　　　　　　　　　　　　　　　　　　　　　　　28 000
　　　　贷：其他货币资金——信用卡存款　　　　　　　　　　　　　28 000

（五）存出投资款

存出投资款是指企业已存入证券公司但尚未转为金融资产或投资的款项。

企业向证券公司存入资金时，应按实际存入的金额，借记"其他货币资金——存出投资款"科目，贷记"银行存款"科目；购买股票、债券时，按公允价值或实际投资金额，借记"交易性金融资产"等科目，贷记"其他货币资金——存出投资款"科目。

★【例 2 - 19】某企业向证券公司存入资金 150 000 元，5 天后用该项存款购买甲企业的股票 85 000 元，该股票不准备长期持有。编制会计分录如下：

存入证券公司款项时：

　　借：其他货币资金——存出投资款　　　　　　　　　　　　　150 000
　　　　贷：银行存款　　　　　　　　　　　　　　　　　　　　　150 000

【本章小结】

本章主要讲述了货币资金内部控制的内容、库存现金的管理规定及核算、银行存款开户管理、转账方式、清查及核算，以及其他货币资金的范围及核算。货币资金是企业拥有的以货币形态存在的那部分资金，它包括库存现金、银行存款和其他货币资金。由于货币资金是流动性最强的资产，企业在经营活动中必须遵守国家有关现金及银行存款等的管理规定，建立内部控制制度，加强货币资金的管理与控制对企业来讲至关重要。本章的重点是货币资金的内部控制、库存现金管理的内容、银行存款的清查方法及其他货币资金的核算。难点是未达账项的含义、银行存款余额调节表的编制及实际应用。

【思考题】

1. 货币资金内部控制的规定有哪些？
2. 库存现金的内部控制包括哪些内容？
3. 企业在银行应开设哪些账户？
4. 转账方式有哪些？
5. 如何进行银行存款的清查核对？
6. 什么是未达账项，包括哪几种类型？如何编制银行存款余额调节表？
7. 其他货币资金包括哪些内容？应如何核算？

【技能训练】

一、单项选择题

1. 企业一般不得从现金收入中直接支付现金，因特殊情况需要坐支现金的，应当事先报经（　　）审查批准。

A. 上级部门　　　　　B. 工商行政管理部门　　C. 税务部门　　　　　D. 开户银行

2. 按照《人民币银行结算账户管理办法》的规定，企业办理日常结算和现金收付的账户，只能通过（　　）。

A. 基本存款账户　B. 一般存款账户　　　　C. 临时存款账户　D. 专业存款账户

3. 企业对无法查明原因的现金溢余，经批准后应转入（　　）科目。

A. 主营业务收入　B. 其他业务收入　　　　C. 其他应付款　　　D. 营业外收入

4. 对于银行已入账而企业未入账的未达账项，企业应当（　　）。

A. 根据"银行对账单"入账　　　　　　　B. 根据"银行存款余额调节表"入账

C. 根据对账单和调节表自制凭证入账　　　D. 待有关结算凭证到达后入账

5. 下列各项经济业务中，不能用库存现金结算的是（　　）。

A. 支付给职工的工资　　　　　　　　　　B. 出差人员随身携带的差旅费

C. 向个人收购农产品的支出　　　　　　　D. 上交税金 56 000 元

6. 下列结算方式中，只能用于同城结算的是（　　）结算方式。

A. 银行汇票　　　　B. 银行本票　　　　　　C. 委托收款　　　　　D. 托收承付

7. 下列结算方式中，同城和异地均可以使用的是（　　）。

A. 托收承付　　　　B. 银行本票　　　　　　C. 银行汇票　　　　　D. 委托收款

8. 在支票结算中，既可用于转账，也可用于支取现金的是（　　）。

A. 现金支票　　　　B. 转账支票　　　　　　C. 商业汇票　　　　　D. 普通支票

9. 下列（　　）不通过"其他货币资金"科目核算。

A. 银行汇票存款　B. 银行本票存款　　　　C. 备用金　　　　　　D. 存出投资款

二、多项选择题

1. 下列存款中，应在"其他货币资金"科目核算的有（　　）。

A. 外埠存款　　　　B. 银行汇票存款　　　　C. 信用卡存款　　　D. 商业汇票

E. 存出投资款

2. 现金管理的内容有（　　）。

A. 核定现金库存限额
B. 规定现金使用范围
C. 不准携带现金到外地采购
D. 账款分开管理
E. 不准坐支现金

3. 下列结算方式中，可用于异地结算的方式有（　　）。

A. 银行汇票结算方式
B. 银行本票结算方式
C. 汇兑结算方式
D. 委托收款结算方式
E. 托收承付结算方式

4. 下列结算方式中，可用于同城结算的方式有（　　）。

A. 商业承兑汇票结算方式
B. 汇兑结算方式
C. 银行本票结算方式
D. 委托收款结算方式
E. 托收承付结算方式

5. 关于支票结算方式表述正确的有（　　）。

A. 印有现金字样的为现金支票
B. 现金支票可以转账
C. 支票上印有转账字样的为普通支票
D. 普通支票可以提取现金
E. 以上四种说法都对

6. 下列行为中，不符合结算有关规定的有（　　）。

A. 用现金支付出差人员的差旅费
B. 用现金支付向个人采购的农副产品款
C. 用信用卡结算 10 万元以上的商品交易款项
D. 签发的支票金额超过企业的银行存款余额
E. 用现金颁发个人的科学技术奖

7. 库存现金短缺，查明原因后，可能借记的账户有（　　）。

A. 其他应付款　　B. 其他应收款　　　C. 管理费用　　　D. 营业外支出
E. 营业外收入

8. 下列经济业务中能用现金支付的有（　　）。

A. 支付职工奖金 65 000 元
B. 出差人员预借差旅费 1 200 元
C. 购买办公用品 520 元
D. 购买机器一台 56 000 元
E. 支付外地材料采购款

9. 银行存款日记账余额与银行对账单余额不一致时，产生的原因有（　　）。

A. 银行会计人员记账有误
B. 企业会计人员记账有误
C. 销售产品银行已记收款企业尚未记账
D. 企业开出转账支票已记账但持票人尚未到银行办理转账
E. 企业和银行双方都未记账

三、判断题（正确的打"√"，错误的打"×"）

1. 企业货币资金包括库存现金、银行存款和其他货币资金。 （　　）

2. 企业一律不准坐支现金。 （　　）

3. 每日终了，企业必须将库存现金日记账的余额与库存现金的实际库存数进行核对，做到账实相符。 （　　）

4. 每个企业只能在银行开立一个基本存款账户，企业的工资、奖金等现金的支取只能通过该账户办理。 （　　）

5. 银行存款余额调节表是企业调整银行存款余额的原始凭证。 （　　）

6. 企业每天保留库存现金的数额可自行确定。 （　　）

7. 企业向供销社收购农副产品 10 000 元可以使用现金。 （　　）

8. 实行定额备用金制度的企业，报销补充备用金时，应贷记"备用金"科目。 （　　）

9. 企业的出纳员负责现金的收付，会计人员负责现金日记账的登记。 （　　）

10. 企业的各种款项支付都可以使用现金。 （　　）

11. 未达账项的存在，导致企业银行存款日记账和银行对账单核对不符。 （　　）

12. 银行和企业要根据未达账项进行账务处理，从而使企业银行存款日记账与银行账目核对相符。 （　　）

四、实务题

实务操作（2-1）

（一）目的：练习库存现金、银行存款的核算。

（二）资料：甲公司 2018 年 6 月发生下列经济业务：

1. 开出现金支票一张，向银行提取现金 6 000 元。

2. 收到乙公司交来的转账支票一张，金额 54 000 元，用于归还上月所欠货款，支票已送存银行。

3. 开出转账支票一张，归还前欠丙公司货款 20 000 元。

4. 将库存现金 8 000 元送存银行。

5. 收到银行转来的收款通知，丁公司前欠的货款 58 500 元已收妥。

6. 行政管理部门购买办公用品 2 000 元，开出转账支票支付款项。

7. 企业在库存现金清查中，发现现金短缺 200 元，原因待查。

8. 上述现金短缺原因已查明，系出纳员工作失职造成，当即交回现金 200 元，用于赔偿。

（三）要求：根据以上经济业务编制会计分录。

实务操作（2-2）

（一）目的：练习银行存款余额调节表的编制。

（二）资料：甲公司 2018 年 6 月 30 日"银行存款日记账"账面余额为 176 600 元，"银行对账单"余额为 219 300 元。经核对存在未达账项如下：

1. 6月12日，企业销售产品一批，金额为23 400元，收到转账支票一张，企业已收款记账，而银行尚未入账。

2. 6月18日，企业开出转账支票支付购买材料款58 500元，企业已付款记账，而银行尚未收到转账支票。

3. 6月21日，银行代收销货款24 000元，企业尚未收到收款通知。

4. 6月30日，银行代付水电费16 400元，企业尚未收到付款通知。

（三）要求：根据以上资料编制"银行存款余额调节表"。

实务操作（2-3）

（一）目的：练习其他货币资金的核算。

（二）资料：大华公司发生如下经济业务（增值税税率为16%）：

1. 公司派采购员张山到外地B市采购材料，委托银行汇款80 000元，到B市开立采购账户。

2. 委托银行开出银行汇票60 000元，有关手续已办妥，采购员张洪持汇票到外地A市采购材料。

3. 张洪在A市采购结束，增值税专用发票标明材料价款为50 000元，增值税为8 000元，共计款项58 000元，材料已验收入库。同时收到银行收账通知，多余款2 000元已退回。

4. 张山在B市的采购结束，增值税专用发票标明，材料款为80 000元，增值税为12 800元，款项共计92 800元，材料已验收入库。用外埠存款支付80 000元，差额12 800元采用银行存款补付。

5. 委托银行开出银行本票，票面金额20 000元，有关手续已办妥。

（三）要求：根据以上经济业务编制会计分录。

【案例分析】

案例一： 刘某所在的化肥厂是个县办小厂，年利润仅500万元，但刘某竟然连续四年贪污人民币累计1 000万元以上，而且连年被评为先进工作者。刘某是财务科长又兼做出纳员。其惯用的手法是用转账支票进行贪污，有一次竟用转账支票将150万元的巨款顺利汇出。用刘某自己的话说："如果有严格的汇款审批制度，这笔款是汇不出去的，因为这笔款既无合同，又没有取得对方的实物和供货证明。"如果该企业建立了定期将银行存款日记账与银行对账单进行核对的制度，刘某也不能直接用这种方法进行贪污。刘某曾从一个800万元的工程项目中一次就贪污了200万元，竟没有引起企业领导和有关人员的察觉。

讨论题： （1）对刘某的屡次贪污行为没有被察觉的现象中，我们感悟到了什么？

（2）该企业在货币资金的内部管理上存在哪些问题，应如何改善？

案例二： 尚华会计师事务所对海南公司的货币资金进行了审计，发现了下列情况：

（1）海南公司部分原始凭证的复核和记账凭证的编制没有经过会计人员，由出纳人员王某直接收付。

（2）出纳员王某由于生病住院，休病假两个月。在此期间，公司未另行指定专人代替她的工作，而是由会计李某兼任。

（3）海南公司的支票签收手续不健全，支票印章都由出纳王某一人保管，签收手续也是王某一人执行。

（4）海南公司丢失了3月和5月由建设银行市分行邮寄的银行对账单。尚华会计师事务所对海南公司进行审计时已经是12月，但是海南公司10月和11月的银行存款余额调节表尚未编制。

（5）对海南公司的库存现金进行实际盘点后，发现实际库存现金数为4 379.18元，而现金日记账上账面余额为5 728.10元；库存现金中，有四张公司职工私人借款的欠条，合计697.90元。按财务制度规定，海南公司的库存现金余额为1 500.00元。

案例分析：（1）海南公司的货币资金管理制度存在什么问题？

（2）如何完善海南公司的货币资金管理制度？

第三章

应收及预付款项

【学习目标】

● 了解应收款项的性质、范围;
● 熟练掌握应收账款总价法下的核算、坏账损失的核算;
● 熟练掌握应收票据发生、到期以及贴现的核算;
● 熟练掌握其他应收款的内容以及预付账款、其他应收款的核算。

第一节 应 收 账 款

一、应收账款的性质

应收账款是指企业因销售商品、产品或提供劳务等原因应向购货单位或接受劳务的单位收取的款项,包括销售货物或提供劳务的价款、增值税销项税以及代垫的运杂费等。

会计上所指的应收账款有其特定的范围:

1. 应收账款是指因销售或提供劳务活动形成的债权,不包括非购销活动中产生的应收款项,如不包括应收职工欠款、应收股利、应收利息、各种应收赔款以及罚款等其他原因形成的债权。

2. 应收账款是指流动资产性质的债权,不包括长期的债权。

3. 应收账款仅指本企业应收客户的款项,不包括本企业付出的各类存出保证金、租入包装物押金等。

二、应收账款的确认与计价

(一) 应收账款的确认时间

应收账款是指与商品的销售或提供劳务直接有关的,因此确认应收账款的入账时间通常应与确认收入的时间一致,即应收账款应于收入实现时予以确认,也就是以收入确认日作为入账时间。关于收入实现的具体条件将在本书第十一章中介绍。

（二）应收账款的计价

应收账款的计价就是确定应收账款的入账金额。通常情况下，应收账款应按其实际发生额计价入账。应收账款的实际发生额包括销售商品产品的售价，或提供劳务的价款、应收的销项税和代垫的运杂费等。在有销售折扣的情况下，对应收账款的计价还需要考虑商业折扣和现金折扣的因素。

1. 商业折扣。商业折扣是指企业为促进销售而在商品标价上给予的扣除。它是企业最常用的促销手段。例如，企业为鼓励买主购买更多的商品而规定购买 10 件以上者给予 10% 的折扣，或"买十送一"等；再如企业为尽快出售一些陈旧次品等商品，以降低价格的方式促销，也属于商业折扣。

商业折扣一般在交易发生时实际已确定，它仅仅是确定发票价格（即实际销售价格）的一种手段，不需要在买卖双方任何一方的账上反映，所以商业折扣对应收账款的入账价值没有实质性的影响。因此，在存在商业折扣的情况下，企业应收账款入账金额应按扣除商业折扣以后的实际售价确认。

2. 现金折扣。现金折扣是指债权人为鼓励债务人在规定的期限内提前付款，而向债务人提供的债务扣除。现金折扣通常发生在以赊销方式下销售商品及提供劳务的交易中。企业为了鼓励客户提前偿付款，通常与债务人达成协议，债务人在不同的期限内付款可享受不同比例的折扣。现金折扣一般用符号"折扣/付款期限"表示。例如，符号"2/10，1/20，N/30"表示买方在 10 天内付款可按售价给买方 2% 的折扣；在第 11 天至第 20 天内付款按售价给予 1% 的折扣；在第 21 天至第 30 天内付款，则不给予折扣。

在存在现金折扣的情况下，应收账款入账金额的确定有两种方法：

（1）总价法。指将未减去现金折扣前的金额作为实际售价，记作应收账款的入账价值。现金折扣只有客户在折扣期内支付货款时才予以确认。在这种方法下，销售方把给予客户的现金折扣视为融资的理财费用，会计上作为财务费用处理。

（2）净价法。指将扣减最大现金折扣后的金额作为实际售价，据以确认应收账款的入账价值。这种方法是把客户取得折扣视为正常现象，认为客户一般都会提前付款，而将由于客户超过折扣期限而多收入的金额，视为提供信贷获得的收入，在会计上作为利息收入冲减财务费用。

按我国现行会计准则规定，应收账款采用总价法计价。

3. 现金折扣与商业折扣的区别。

第一，目的不同。现金折扣是为鼓励客户提前付款给予的债务扣除；商业折扣是为促进销售而给予的价格扣除。

第二，发生折扣的时间不同。现金折扣在商品销售后发生，企业在确认销售收入时不能确定相关的现金折扣，销售后现金折扣是否发生应视买方的付款情况而定；而商业折扣在销售时即已发生，企业销售实现时，只要按扣除商业折扣后的净额确认销售收入即可。

第三，客户享受的商业折扣不需要作账务处理，客户享受的现金折扣需要进行账务处理。

三、应收账款的核算

为了核算应收账款的增减变动及期末情况，企业应设置"应收账款"账户。该账户借方反映应收账款的增加金额，贷方反映应收账款的减少金额，余额一般在借方，表示期末企业尚未收回的款项。该账户按客户名称设置明细账户进行明细核算。

（一）不存在销售折扣时

在没有商业折扣和现金折扣的情况下，按应收账款的实际发生额入账。

❋【例3-1】2018年3月1日，大强公司销售给甲公司商品10 000件，每件商品标价20元（不含税），增值税税率为16%，商品已发出款项未收。编制会计分录如下：

借：应收账款——甲公司　　　　　　　　　　　　　　　　　　232 000
　贷：主营业务收入　　　　　　　　　　　　　　　　　　　　200 000
　　　应交税费——应交增值税（销项税额）　　　　　　　　　　32 000

（二）有商业折扣时

商业折扣在销售时已经发生，并不构成最终成交价格。企业销售商品涉及商业折扣的，应当按照扣除商业折扣后的金额确定销售商品收入。

❋【例3-2】承【例3-1】，若大强公司给予购货方10%的商业折扣，商品已发出款项未收。

该公司确认的销售商品收入金额为：$20 \times 10\,000 \times (1 - 10\%) = 180\,000$（元）

编制会计分录如下：

借：应收账款——甲公司　　　　　　　　　　　　　　　　　　208 800
　贷：主营业务收入　　　　　　　　　　　　　　　　　　　　180 000
　　　应交税费——应交增值税（销项税额）　　　　　　　　　　28 800

（三）有现金折扣时

在有现金折扣的情况下，应收账款应以未减去现金折扣前的金额作为入账价值。

❋【例3-3】承【例3-1】，若大强公司在销售合同中规定现金折扣条件为2/10，1/20，N/30；甲公司于3月9日付款。假定计算现金折扣时考虑增值税。

3月1日销售时，编制会计分录如下：

借：应收账款——甲公司　　　　　　　　　　　　　　　　　　232 000
　贷：主营业务收入　　　　　　　　　　　　　　　　　　　　200 000
　　　应交税费——应交增值税（销项税额）　　　　　　　　　　32 000

购货方3月9日付款，10天内付款享受的现金折扣额为

$$232\,000 \times 2\% = 4\,640（元）$$

编制会计分录如下：

借：银行存款　　　　　　　　　　　　　　　　　　　　　　227 360

　　财务费用　　　　　　　　　　　　　　　　　　　　　　　　　4 640
　　　贷：应收账款——甲公司　　　　　　　　　　　　　　　　232 000

【知识专栏 3-1】

即期票据与远期票据

　　票据按是否立即兑付，分为即期票据和远期票据。即期票据是见票即付的票据，远期票据指必须到指定的付款日到期时才能兑付的汇票。

承兑与承兑人

　　承兑就是承诺付款的意思。承兑人是指在承兑汇票上承诺汇票到期日支付汇票金额的付款人，也可以是垫款人。

第二节　应收票据

一、应收票据概述

（一）应收票据的概念与分类

　　应收票据是指企业因销售商品、产品或提供劳务等而收到的商业汇票。在我国除商业汇票外，大部分票据都是即期票据，持票人可以即刻收款或存入银行成为货币资金，不需要作为应收票据核算。因此，我国的应收票据是指企业的商业汇票。

　　商业汇票是由收款人或付款人（或承兑申请人）签发，由承兑人承兑，并于到期日向收款人或被背书人支付款项的票据。商业汇票适用于具有真实交易关系或债权人债务关系，在银行开立存款账户的法人以及其他组织之间的结算。商业汇票的期限最长不超过 6 个月。

　　商业汇票按承兑人的不同，分为商业承兑汇票和银行承兑汇票。商业承兑汇票是指由收款人签发，经付款人承兑，或由付款人签发并承兑的商业票据。商业承兑汇票的承兑人是付款人，也是交易中的购货企业。商业承兑汇票到期时，购货单位的开户银行将票款划给销货单位。如果付款人的存款不足以支付票款，银行不负责付款，由购销双方自行处理。银行承兑汇票是指由收款人或承兑申请人签发，由承兑银行承兑的商业票据。商业承兑汇票以付款人的信誉为担保，银行承兑汇票以银行的信誉为担保。对收款企业来讲，银行承兑汇票的风险远低于商业承兑汇票。

（二）应收票据的计价

　　按现行制度规定，企业收到开出、承兑的商业汇票，应按应收票据的票面金额入账（即面值）。应收票据的票面金额包括销售商品产品的售价或提供劳务的价款、应收的销项税和代垫的运杂费等。

二、应收票据的核算

为了反映和监督企业应收票据的取得和收回情况，应设置"应收票据"账户。该账户属于资产类，借方登记收到商业汇票的票面金额；贷方登记到期收回、票据贴现等减少的商业汇票的票面金额；借方余额反映未到期商业汇票的票面金额。企业要按商业汇票的种类设置明细账，进行明细分类核算。

（一）应收票据取得的核算

企业因销售商品、产品、提供劳务等而收到的商业汇票，按其票面金额入账。

⭐【例3-4】大强公司销售给乙公司一批产品，增值税专用发票列示产品价款10 000元，增值税税率为16%，收到银行承兑汇票一张，票面金额为11 600元，期限为2个月。编制会计分录如下：

借：应收票据——银行承兑汇票　　　　　　　　　　　　　　　　　11 600

　　贷：主营业务收入　　　　　　　　　　　　　　　　　　　　　　10 000

　　　　应交税费——应交增值税（销项税额）　　　　　　　　　　　1 600

（二）应收票据到期的核算

商业汇票到期如数收回票款，借记"银行存款"账户，贷记"应收票据"账户；商业承兑汇票到期若付款人无力付款，收款人应将应收票据转为应收账款，借记"应收账款"账户，贷记"应收票据"账户。

⭐【例3-5】【例3-4】中的银行承兑汇票到期收到票款11 600元。编制会计分录如下：

借：银行存款　　　　　　　　　　　　　　　　　　　　　　　　　11 600

　　贷：应收票据——银行承兑汇票　　　　　　　　　　　　　　　　11 600

（三）应收票据贴现的核算

企业持有的应收票据在到期前，如果出现资金短缺，可以持未到期的商业汇票向其开户银行申请贴现获得资金。所谓"贴现"，就是指票据持有人将未到期的票据在背书后转让给银行，银行受理后从票据到期值中扣除按银行贴现率计算确定的贴现利息，将余额付给持票人的业务活动。票据贴现实质上是企业融通资金的一种形式，所以向银行支付的贴现利息应计入财务费用。

贴现利息＝票据的面值×贴现率×贴现天数

贴现天数＝贴现日至票据到期日实际天数－1

贴现净额＝票据的面值－贴现利息

贴现期限按贴现天数计算，是指票据贴现日至票据到期日的时间间隔。通常贴现日和到期日两天中只计算其中的一天，即"算头不算尾"或"算尾不算头"。因此，在确定贴现天数时，首先要确定商业票据的到期日。应收票据的期限一般有按"天数"表示和按"月数"表示两种。

票据的期限按"天数"表示时，统一按票据的实际天数计算，但通常签发日和到期日只能算其中的一天（即算头不算尾或算尾不算头）。如 3 月 30 日签发的期限为 60 天的票据，其到期日为 5 月 29 日。

票据的期限按"月数"表示时，不考虑各月份实际天数多少，统一按次月对日为整月计算。即以到期月份中与签发日相同的那一天为票据的到期日（即对月对日）。如 2 月 6 日签发的期限为 3 个月的商业汇票，到期日为 5 月 6 日；如果是月末签发的票据，不论月份大小，统一以到期月份的最后一天为到期日。如 2 月 29 日签发的期限为 1 个月的商业汇票，其到期日为 3 月 31 日。

★【例 3 - 6】大强公司因急需资金，于 2018 年 8 月 1 日以丙公司 2018 年 6 月 1 日签发并承兑的 3 个月到期、票面金额为 100 000 元的商业汇票向银行申请贴现，贴现率为 9%。编制会计分录如下：

贴现天数 = 31 天

贴现利息 = 100 000 × 9% ÷ 360 × 31 = 775（元）

贴现净额 = 100 000 - 775 = 99 225（元）

该企业从银行取得资金 99 225 元。

借：银行存款   99 225

  财务费用   775

 贷：应收票据   100 000

【知识专栏 3 - 2】

"帐""账"的由来

"帐"字本身与会计核算无关，在商代，人们把帐簿叫做"册"；从西周开始又把它更名为"籍"或"籍书"；战国时代有了"簿书"这个称号；西汉时，人们把登记会计事项的账册称为"簿"。据现有史料考察，"帐"字引申到会计方面起源于南北朝。

南北朝时期，皇帝和高官显贵都习惯到外地巡游作乐。每次出游前，沿路派人张记帏帐，帐内有各种生活必需品及装饰品，奢侈豪华，供其享用，此种帏帐称为"供帐"。供帐内所用之物价值均相当昂贵，薪费数额巨大，为了维护这些财产的安全，指派专门官吏掌管并实行专门核算，在核算过程中，逐渐把登记这部分财产及供应之费用的簿书称为"簿帐"或"帐"，把登记供帐内经济事项称为"记帐"。以后"簿帐"或"帐"之称又逐渐扩展到整个会计核算领域，后来的财计官员把登记日用款目的簿书统称做"簿帐"或"帐"，又写做"账簿"或"账"。此后，"帐""账"就取代了一切传统名称。现在又统一改做"账"。

第三节 预付账款与其他应收款

一、预付账款

预付账款是指企业按照购货合同规定，预先支付给供货方的款项。它是被供货单位占用的资金，是企业的一项短期债权，需要对方以其实物来偿付。

为了反映和监督企业预付账款的增减变动情况，应设置"预付账款"账户。该账户属于资产类，企业预付给供货单位款项时计入该账户的借方；收到所购的物资，根据发票账单列明的金额计入该账户的贷方；借方期末余额反映企业未收到货物的预付账款金额。企业应按供应单位设置明细账，进行明细分类核算。

✪【例3-7】大强公司向乙公司采购材料10 000千克，每千克5元。根据购货合同规定向乙公司预付材料款的50%，通过银行转账。验收货物时补付其余款。编制会计分录如下：

借：预付账款——乙公司 25 000

贷：银行存款 25 000

✪【例3-8】接【例3-7】，大强公司收到乙公司发来的材料10 000千克，已经验收入库，增值税专用发票列明材料价款50 000元、增值税税率为16%，共计58 500元。编制会计分录如下：

借：原材料 50 000

应交税费——应交增值税（进项税额） 8 000

贷：预付账款——乙公司 58 000

通过银行转账补付乙公司材料款33 000元，编制会计分录如下：

借：预付账款——乙公司 33 000

贷：银行存款 33 000

预付款项不多的企业，可以不设置"预付账款"账户，将预付的款项直接计入"应付账款"账户的借方。

二、其他应收款

其他应收款是指企业除应收票据、应收账款、预付账款、应收股利、应收利息等以外的各种应收、暂付款项。通常包括：应收未收的各种赔款、罚款，以及存出保证金、企业的备用金、应向职工收取的各种垫付款项等。

企业应设置"其他应收款"账户，用于核算其他应收款的增减变动情况。该账户属于资产类，借方登记发生的各种应收、暂付款项，贷方登记偿还或转销的各种应收、暂付款项，期末借方余额，反映企业应收未收的其他应收款项。该账户应当按照其他应收款的项目和对方单位（或个人）设置明细账户，进行明细核算。

❂【例3-9】大强公司总务科实行定额备用金制度，财会部门给总务科拨付备用金3 000元。编制会计分录如下：

借：其他应收款——总务科　　　　　　　　　　　　　　　　3 000
　贷：银行存款　　　　　　　　　　　　　　　　　　　　　　3 000

❂【例3-10】接【例3-9】，总务科用备用金购买厂部办公用品后来报销1 800元。编制会计分录如下：

借：管理费用——办公费　　　　　　　　　　　　　　　　　1 800
　贷：库存现金　　　　　　　　　　　　　　　　　　　　　　1 800

第四节　应收款项的减值

一、应收款项减值概述

应收及预付款项是指企业在日常生产经营活动中发生的各项债权。它包括在购销商品、产品或提供劳务业务中所形成的应收票据、应收账款，以及在非商品购销业务中所形成的其他应收款、应收股利和应收利息等债权。

商业信用的产生与发展，为企业之间的商品交易提供了广阔的空间，但由于企业外部环境的变化，不可避免地为应收款项的收回带来了风险，企业的应收款项可能会因购货人拒付、破产、死亡等原因而无法收回。这类无法收回或收回可能性极小的应收款项称为坏账。由于发生坏账而产生的损失，称为坏账损失。坏账损失的存在实质使企业的应收款项发生了减值。

按照我国现行会计制度的规定，企业的应收及预付款项在符合下列条件之一时，应确认为坏账：（1）因债务人破产或死亡，以其破产财产或遗产清偿后，仍然无法收回的应收款项；（2）因债务人逾期未履行其偿债义务超过3年，且有明显迹象表明无法收回的应收款项。

二、应收款项减值的核算

为了核算企业由于发生坏账而产生的损失，应设置"资产减值损失"账户，该账户属于损益类；各项资产发生减值形成的损失数计入该账户的借方；已计提减值准备的相关资产的价值又得以恢复的数额以及期末将本账户的余额转入"本年利润"账户时计入该账户的贷方，结转后本账户无余额。该账户应按资产减值损失的项目设置明细账，进行明细分类核算。

应收款项减值的核算有直接转销法和备抵法两种。

（一）直接转销法

直接转销法是指在实际发生坏账时，确认坏账损失，计入当期损益，同时注销该笔应收款项。

在坏账实际发生时，借记"资产减值损失"账户，贷记"应收账款""应收票据"

49

"预付账款""其他应收款"等账户。如果已确认的坏账又收回时,先冲销发生坏账时的分录,再按正常程序反映应收款项的收回。

●【例3–11】2018年5月6日,大强公司应收乙公司的销货款30 000元已超过三年,屡催无效,确认该笔货款确实已无法收回,经批准将该笔应收账款转作坏账损失处理。编制会计分录如下:

借:资产减值损失 30 000
  贷:应收账款——乙公司 30 000

若该笔应收款项于当年12月6日又收回,编制如下会计分录:

借:应收账款——乙公司 30 000
  贷:资产减值损失 30 000
同时,借:银行存款 30 000
    贷:应收账款 30 000

直接转销法在转销坏账损失的前期,对坏账不作任何处理,会使企业发生大量的坏账、呆账,长年挂账得不到处理,应收账款的可实现价值被夸大,虚增了企业利润。同时,直接转销法也不符合权责发生制会计基础的要求。我国《企业会计准则》规定企业应采用备抵法核算应收款项的减值。

(二)备抵法

备抵法是按期估计坏账损失,形成坏账准备,当某一应收及预付款项全部或者部分被确认为坏账时,根据坏账损失金额冲减坏账准备,同时转销相应的应收及预付款项。采用备抵法将预计不能收回的应收及预付款项作为坏账损失,及时计入当期损益,符合谨慎性会计信息的质量要求,较好地贯彻了权责发生制,避免企业虚增利润,真实地反映了企业的资产情况。

采用备抵法核算坏账损失要设置"坏账准备"账户,该账户是"应收账款""应收票据""预付账款""其他应收款"账户的备抵账户。提取坏账准备时计入该账户的贷方;发生坏账损失冲销坏账准备时计入该账户的借方;期末贷方余额反映已经提取但尚未冲销的坏账准备;期末借方余额表示本期坏账的实际发生额大于本期提取坏账准备的差额。

采用备抵法核算坏账损失,首先要按期估计坏账损失的数额。估计坏账损失的方法,主要有应收款项余额百分比法、账龄分析法和销货(赊销额)百分比法。采用何种方法由企业自行确定。

1. 应收款项余额百分比法。应收款项余额百分比法,是指按照应收款项年末余额的一定百分比计提坏账准备的一种方法。这种方法比较简明实用,但只能根据经验数据估计坏账损失占应收款项余额的百分比。计算公式为

$$\text{本年应计提的坏账准备} = \text{应收款项年末余额} \times \text{坏账提取比率} - (+) \text{"坏账准备"账户贷(借)方余额}$$

上列公式计算结果为正数,则应计提坏账准备;计算结果为负数,则应冲销已提坏账准备。

提取坏账准备时借记"资产减值损失"账户,贷记"坏账准备"账户;冲销时作相

反会计分录。应收款项的账面价值等于其借方余额减去"坏账准备"账户的贷方余额。

大强公司发生以下经济业务：

★【例3-12】大强公司2017年12月31日应收账款余额为800 000元，提取坏账准备的比例为5%，"坏账准备"账户余额为零。编制会计分录如下：

大强公司应提坏账准备=800 000×5%=40 000（元）

借：资产减值损失 40 000

    贷：坏账准备 40 000

★【例3-13】2018年2月3日，大强公司认定乙公司前欠货款30 000元确实无法收回，确认为坏账。编制会计分录如下：

借：坏账准备 30 000

    贷：应收账款——乙公司 30 000

★【例3-14】2018年4月13日，大强公司已作为坏账冲销乙公司的应收账款30 000元又收回。编制会计分录如下：

借：银行存款 30 000

    贷：应收账款——乙公司 30 000

同时，借：应收账款——乙公司 30 000

    贷：坏账准备 30 000

★【例3-15】2018年12月31日，大强公司应收账款余额600 000元，提取坏账准备的比例为5%。编制会计分录如下：

大强公司应提坏账准备=600 000×5%-40 000=-10 000（元）

冲销多提的坏账准备：

借：坏账准备 10 000

    贷：资产减值损失 10 000

2. 账龄分析法。账龄分析法是根据应收账款入账时间的长短来估计坏账损失的方法。要按照应收账款时间的长短，分析确定可能发生坏账的比率，以计提坏账准备。账龄分析法可以通过编制应收账款账龄分析表来进行。

★【例3-16】大强公司2018年12月31日应收账款账龄分析及估计坏账损失如表3-1所示。

表3-1 应收账款账龄分析表

2018年12月31日 单位：元，%

应收账款账龄	应收账款金额	估计损失	估计损失金额
未到期	60 000	0.5	300
过期6个月	6 000	1	60
过期12个月	8 000	2	160
过期18个月	4 000	3	120
过期24个月以上	2 000	8	160
合计	80 000		800

根据表 3-1, 应计提的坏账准备为 800 元。编制会计分录如下:

借: 资产减值损失 　　　　　　　　　　　　　　　　　　 800
　　贷: 坏账准备 　　　　　　　　　　　　　　　　　　　　 800

3. 销货百分比法。销货百分比法是指根据赊销金额的一定百分比估计坏账损失的方法。基本方法是根据上一年度坏账损失额占赊销净额的比率, 乘以本年度实际的赊销净额, 作为当期的坏账准备提取数。

★【例 3-17】大强公司本年度的赊销净额是 300 000 元, 上一年度坏账损失占赊销净额的比率为 1%。编制会计分录如下:

本年计提坏账准备数额 = 300 000 × 1% = 3 000 (元)

借: 资产减值损失 　　　　　　　　　　　　　　　　　　 3 000
　　贷: 坏账准备 　　　　　　　　　　　　　　　　　　　　 3 000

【本章小结】

应收及预付款项是指企业在日常生产经营活动中发生的各项债权, 包括应收款项和预付款项。应收款项是指企业在购销商品、产品或提供劳务业务中所形成的应收票据、应收账款, 以及在非商品购销业务中所形成的其他应收款、应收股利和应收利息等债权; 预付款项是企业在购货过程中因预付给供货单位款项而形成的债权。应收款项是企业重要的流动资产, 能否及时、如数收回, 直接影响企业资产的完整和资金周转速度。应收款项按实际发生额计价, 应收票据按面值计价。本章主要介绍了应收账款、应收票据、预付账款和其他应收款的内容。

本章的重点是应收及预付款项的内容、计价及核算。难点是在有现金折扣的情况下应收账款按总价法核算、应收票据贴现期限的确定、计提坏账准备的意义以及坏账损失的核算。

【思考题】

1. 应收及预付款项包括哪些内容?
2. 什么是坏账, 企业确认坏账损失的条件有哪些? 坏账损失如何核算?
3. 简述"应收账款""应收票据"账户的用途和结构。
4. 什么是贴现? 应收票据贴现时, 如何计算贴现利息和贴现净额?
5. 应收票据的到期日如何计算?
6. 在总价法下, 销售企业对发生的现金折扣如何进行账务处理?
7. 什么是商业折扣和现金折扣? 它们对应收账款的入账金额有何影响?
8. 什么是备抵法? 在备抵法下, 确认坏账损失的方法有哪几种?
9. 预付账款如何进行核算?

【技能训练】

一、单项选择题

1. 下列项目中，不属于应收账款范围的是（　　　）。

A. 应向购货单位收取的货款　　　　B. 代购货单位垫付的运杂费

C. 职工出差预借的差旅费　　　　　D. 因销售商品应收的增值税

2. 企业在销售产品时，若存在现金折扣，其应收账款的入账金额有不同的方法可供选择，我国现行会计实务中采用的是（　　　）。

A. 总价法　　　B. 净价法　　　C. 备抵法　　　D. 直接法

3. 总价法是将（　　）作为实际售价，作为应收账款的入账价值。

A. 未扣减商业折扣前的金额　　　　B. 未扣减现金折扣前的金额

C. 扣减现金折扣后的金额　　　　　D. 扣减商业折扣和现金折扣后的金额

4. 企业在采用总价法入账的情况下，发生的现金折扣应作为（　　　）处理。

A. 营业收入的抵减　B. 营业外支出　　C. 财务费用　　D. 销售费用

5. 预付货款业务不多的企业，可以不单独设置"预付账款"账户，将预付的货款计入"（　　　）"账户。

A. 应付账款　　　B. 应收账款　　　C. 其他应收款　　D. 其他应付款

6. 某企业销售产品一批，售价为 100 万元，增值税税率为 16%，给予的现金折扣条件为"2/10，N/30"。按照我国会计实务中的做法，应收账款的入账金额为（　　　）。

A. 98 万元　　　B. 100 万元　　　C. 114.66 万元　　D. 116 万元

7. 企业某项应收账款 100 000 元，现金折扣条件为"2/10，1/20，N/30"，客户在第 10 天内付款，该企业实际收到的款项金额为（　　　）。

A. 98 000 元　　B. 98 500 元　　C. 99 000 元　　D. 100 000 元

8. 有一张三个月期限的商业汇票，其出票日为 3 月 20 日，到期日为（　　　）。

A. 6 月 18 日　　B. 6 月 19 日　　C. 6 月 20 日　　D. 6 月 21 日

9. 商业承兑汇票到期时，若付款人无力兑付货款，应编制的会计分录为（　　　）。

A. 借记"短期借款"账户，贷记"银行存款"账户

B. 借记"应收账款"账户，贷记"应收票据"账户

C. 借记"应收票据"账户，贷记"短期借款"账户

D. 借记"应收票据"账户，贷记"应付账款"账户

10. 企业按规定提取的坏账准备，应计入（　　　）。

A. 管理费用　　　B. 财务费用　　　C. 资产减值损失　　D. 营业外支出

11. 下列各项中，应计入"坏账准备"账户贷方的有（　　　）。

A. 过去已确认并转销的坏账的收回　　B. 确认坏账损失

C. 转销无法支付的应付账款　　　　　D. 冲销多提的坏账准备

12. "坏账准备"账户期末贷方余额，反映的内容是（　　　）。

A. 本期提取的坏账准备

B. 实际发生的坏账损失

C. 收回以前已经确认并转销的坏账准备

D. 已计提尚未转销的坏账准备

二、多项选择题

1. 应收款项包括（　　　）。

A. 应收票据　　　B. 预收账款　　　C. 应收账款　　　D. 预付账款

E. 其他应收款

2. 下列项目中，不能作为应收账款核算的有（　　　）。

A. 销售产品尚未收到的货款　　　　　　B. 预收购货单位的货款

C. 预付给供货单位的购货款　　　　　　D. 应收的增值税销项税额

E. 职工预借的差旅费

3. "应收票据"账户的核算内容包括（　　　）。

A. 支票　　　　　B. 商业承兑汇票　C. 银行承兑汇票　D. 银行本票

E. 银行汇票

4. "应收票据"账户的贷方登记的有关内容，包括（　　　）。

A. 销售商品收到应收票据　　　　　　　B. 应收票据到期收回的票面金额

C. 已办理贴现的票面金额　　　　　　　D. 应收票据到期无法收回

E. 持有的应收票据的票面金额

5. 下列内容应通过"其他应收款"账户核算的是（　　　）。

A. 应收保险公司或其他单位和个人的各种赔款

B. 职工出差预借差旅费　　　　　　　　C. 备用金的核算

D. 销售商品尚未收到的款项　　　　　　E. 存出保证金

6. 商业汇票贴现时，影响贴现息计算的因素包括（　　　）。

A. 商业汇票的种类　B. 承兑人　　　　C. 票据面值　　　D. 贴现期

E. 贴现利率

7. 企业将未到期的商业汇票向银行申请贴现，可能会导致（　　　）。

A. 应收票据减少　B. 应收账款减少　C. 财务费用增加　D. 财务费用减少

E. 银行存款增加

8. "预付账款"账户登记的内容包括（　　　）。

A. 借方登记预付给供应单位的款项

B. 借方登记补付给供应单位的款项

C. 贷方登记收到预购的物资价款及退回多付的货款

D. 借方余额表示企业预付的货款

E. 贷方余额表示企业尚未补付的货款

9. 采用备抵法核算坏账损失的企业，下列各项中不计提坏账准备的项目有（　　　）。

A. 应收账款　　　B. 预收账款　　　　C. 其他应付款　　D. 预付账款

E. 其他应收款

10. 下列情况可以确认为坏账的有（   ）。

A. 债务人死亡，以其遗产清偿后仍然无法收回的应收账款

B. 债务人破产，以其破产财产清偿后仍然无法收回的应收账款

C. 债务人较长时间内未履行其偿债义务的应收账款

D. 因债务人逾期未履行其偿债义务超过 3 年，且有明显迹象表明无法收回的应收款项

11. 应收款项计提坏账准备采用备抵法进行会计处理，下列说法正确的是（   ）。

A. 符合历史成本的要求　　　　　　B. 体现谨慎性的要求

C. 避免虚增利润　　　　　　　　　D. 符合权责发生制的要求

E. 真实反映资产的价值

12. 采用备抵法核算坏账时，以前确认的坏账又收回时，应作如下会计处理（   ）。

A. 借：应收账款　贷：坏账准备　　B. 借：坏账准备　贷：资产减值损失

C. 借：银行存款　贷：应收账款　　D. 借：银行存款　贷：坏账准备

E. 借：坏账准备　贷：应收账款

13. 关于"坏账准备"账户，以下说法正确的是（   ）。

A. 该账户借方登记提取的坏账准备

B. 该账户贷方登记提取的坏账准备

C. 该账户借方登记收回以前已确认并转销的坏账损失

D. 该账户借方登记已确认的坏账损失

E. 该账户是应收款项的抵减账户

三、判断题（正确的打"√"，错误的打"×"）

1. 应收账款通常按实际发生额入账。　　　　　　　　　　　　　　　（   ）

2. 在存在商业折扣的情况下，企业应收账款入账金额应按未扣除商业折扣以前的实际售价确认。　　　　　　　　　　　　　　　　　　　　　　　　　（   ）

3. 现金折扣符号"2/10，1/20，N/30"表示的意思是：买方在 10 天以后 20 天内付款，享受 1% 的优惠；20 天以后 30 天内付款，则应全额付款不享受优惠。（   ）

4. 采用总价法时，销售方给予买方的现金折扣，会计上应作为财务费用处理。
　　　　　　　　　　　　　　　　　　　　　　　　　　　　　　　（   ）

5. 一张商业汇票的期限为 90 天，出票日为 7 月 15 日，其到期日为 10 月 15 日。
　　　　　　　　　　　　　　　　　　　　　　　　　　　　　　　（   ）

6. 企业收到开出、承兑的商业汇票，应按票据的票面价值入账。　　　（   ）

7. 应收票据（银行承兑汇票）到期时，若付款人无力支付票款，应将应收票据的票面金额转入应收账款。　　　　　　　　　　　　　　　　　　　　　（   ）

8. 票据贴现实际上是企业融通资金的一种形式。　　　　　　　　　　（   ）

9. 预付账款不多的企业，也可以不设"预付账款"科目，而将预付账款业务在"应付账款"科目核算。　　　　　　　　　　　　　　　　　　　　　　　　（   ）

10. 企业收回已转销的坏账，应借记"银行存款"账户，贷记"坏账准备"或"管

理费用"账户。   （   ）

11. 企业在期末计提坏账准备时，计提的依据应包括应收票据在内。   （   ）

四、实务题

实务操作（3-1）

（一）目的：练习应收账款业务的核算。

（二）资料：甲公司为一般纳税人，2018年6月发生部分经济业务如下（增值税税率为16%）：

1. 2日，向A公司销售产品一批，货款50 000元，增值税8 000元，采用委托收款结算方式结算，在产品发运时，以转账支票支付代垫运杂费400元，已向银行办妥委托收款手续。

2. 3日，赊销给B公司商品一批，货款24 000元，增值税税额为3 840元，其现金折扣条件为"2/10，1/20，N/30"。

3. 13日，向D公司赊销产品一批，货款100 000元，增值税税额为16 000元，付款条件为"2/10，1/20，N/30"。

4. 15日，接到银行通知，应收A公司的货款58 400元已收妥入账。

5. 18日，D公司交来转账支票一张，支付货款113 680元。

6. 30日，收到银行通知，应收B公司的商品货款及增值税税额27 840元，已全部收妥入账。

（三）要求：根据上述经济业务编制会计分录。

实务操作（3-2）

（一）目的：练习应收票据业务的核算。

（二）资料：甲公司为一般纳税人，2018年7月发生部分经济业务如下：

1. 3日，向A公司销售产品一批，价款200 000元，增值税税额为32 000元。收到A公司交来一张已经由银行承兑的、期限为2个月的商业汇票，票面价值为232 000元。

2. 10日，经协商将应收B公司的货款180 000元改用商业汇票方式结算。已收到B单位交来一张期限为6个月、票面价值为180 000元的银行承兑汇票。

3. 13日，应收D公司一张期限3个月的银行承兑汇票已到期，该票据票面金额为150 000元，款项已收存银行。

4. 18日，企业将3月13日收到的C公司一张期限一个月的商业承兑汇票委托银行收款。现接银行通知，因C公司银行账户存款不足，到期票款没有收回，该票据的票面金额为90 000元。

5. 25日，甲公司将持有的一张面值为232 000元、期限为2个月、不附追索权的商业汇票到银行办理贴现，该商业汇票的出票日为3月3日，贴现率为10%，贴现款已收存银行。

6. 30日，甲公司售给乙公司商品一批，价款160 000元，增值税税额为25 600元，收到乙公司开出的期限为3个月的商业承兑汇票一张；5月31日甲公司将该商业承兑汇票到银行办理贴现，贴现率为 7.2% ，该商业承兑汇票附带追索权。

（三）要求：根据上述经济业务编制会计分录。

实务操作（3-3）

（一）目的：练习预付账款、其他应收款的核算。

（二）资料：甲企业采用预付款项的方式采购材料，2018 年 6 月发生部分经济业务如下：

1. 3 日，向丙企业采购材料，开出转账支票一张，预付材料款 100 000 元。

2. 20 日，甲企业供销部领用备用金 15 000 元。

3. 25 日，收到丙企业的材料及有关结算单据，材料价款为 100 000 元，增值税税额为 16 000 元，材料已验收入库。同时开出转账支票一张，补付材料款 16 000 元。

4. 28 日，职工李亮出差回来报销差旅费 2 200 元，原借款 2 000 元。

（三）要求：根据上述经济业务编制会计分录。

实务操作（3-4）

（一）目的：练习应收款项减值的核算。

（二）资料：某公司采用应收账款余额百分比法计提坏账准备，坏账准备的提取比例为 5% ，2017 年初，"坏账准备"账户贷方余额为 1 115 元，其他资料如下：

1. 2017 年末应收账款余额为 122 500 元。

2. 2018 年 7 月，经有关部门批准确认一笔坏账损失，金额为 14 000 元。

3. 2018 年 11 月，上述已核销的坏账又收回 6 000 元。

4. 2018 年 12 月末，应收账款余额为 80 000 元。

（三）要求：根据上述资料，计算各年应提的坏账准备，并编制有关的会计分录。

【案例分析】

案例一：大华股份有限公司 2018 年度的财务会计报告中显示当年亏损 300 万元。对于应收款项采用应收账款余额百分比法计提坏账。其聘请的 M 会计师事务所的李枫注册会计师认为，大华公司把一笔 400 万元的应收账款全额计入坏账损失是不对的，这笔业务发生在 2017 年，是销售给其子公司 A 的一笔货款，并且没有可靠证据证明子公司 A 无法偿还此项货款，如果调整过来，该公司 2018 年度是有利润的。但大华公司会计刘其的解释是："因为货款已有一年没有收回，本着稳健性原则才全额计提的，如果以后收到这笔款项再冲转回来就是了，没什么大问题。"假设除此之外该公司无其他需要调整的事项，上述交易的结果对公司损益的影响额有限。

要求分析：（1）大华公司的做法是否可行，在什么情况下应收账款可以全额计入坏账损失？

（2）如果大华公司不接受注册会计师的意见而拒绝调整，那么李枫对该公司应出具哪种审计报告？

案例二：注册会计师孙华在审计大华公司坏账准备项目时发现以下问题：

1. 原万德公司欠款 2 000 万元，万德公司因财务状况不佳，多年不能偿还，上年度已经董事会决定作坏账处理，并报经有关部门审核批准。万德公司经营状况好转后，偿还原欠款中的 700 万元，大华公司会计处理为：借记"银行存款"，贷记"坏账准备"。

2. 已逾期 7 年，对方无偿债行为且近期无法改善财务状况，或对方单位已停产，近期无法偿还所欠债务共 1 600 万元。大华公司在确定计提坏账比例时，按 30% 计提坏账准备。

要求分析：（1）以我国企业会计准则为依据，你认为大华公司对上述事项的会计处理是否恰当？请说明理由。

（2）如果上述事项处理不当，请给出更合理的建议。

第四章

存　货

【学习目标】

● 了解存货的概念、范围及分类；
● 熟练掌握外购存货的计价与发出存货的各种计价方法；
● 熟练掌握原材料的实际成本核算法和计划成本核算法；
● 掌握委托加工材料、低值易耗品、包装物的核算方法；
● 掌握存货的清查、减值的核算。

第一节　存货概述

一、存货的概念及特点

存货是指企业在日常活动中持有以备出售的产成品或商品、处在生产过程中的在产品、在生产过程或提供劳务过程中耗用的材料和物料等。产品制造业的存货主要包括：产成品、在产品、半成品、原材料、包装物、周转材料等。存货是企业从事生产经营活动的必要物质条件，要加强对存货的核算和管理。存货具有以下特点：

1. 企业持有存货的目的在于准备在正常经营过程中予以出售，如商品、产成品及某些半成品等；或者将在生产或提供劳务的过程中耗用，制成产成品后再予以出售，如材料、包装物等；或者仍然处在生产过程中，如在产品、半成品等。存货的这一特征，使其与企业储存的用于工程建设的各种工程物资相区别。

2. 存货属于有形资产，具有物质实体。存货的这一特征，使其与企业的许多其他无实物形态的资产相区别，如应收账款、无形资产、交易性金融资产等。同时也将现金和银行存款排除在存货的范围之外。

3. 存货属于流动资产，具有较大的流动性，但其流动性又低于现金、应收账款等其他流动资产。存货的这一特征，使其区别于企业其他各种有物质实体存在的资产，如固定资产、在建工程等。企业的低值易耗品由于价值较低、易损坏、使用期限较短、具有较大的流动性，因此，将其列入存货的范围之内。

4. 存货具有实效性和发生潜在损失的可能性。在正常的生产经营活动过程中，存货将能够转换为货币资产或其他资产。但长期不能销售的商品或耗用材料，有可能变为积压物资或者需降价销售，从而造成企业的损失。

二、存货的分类

存货的构成内容很多，各种存货的具体特点和管理要求不同，为了有效地组织存货核算，有必要对存货进行科学分类。其主要的分类有以下几种。

（一）按存货的经济内容分类

1. 原材料，指企业在生产过程中经加工改变其形态或性质，并构成产品主要实体的各种原料及主要材料、辅助材料、外购半成品或外购件、修理用备件、燃料、包装材料等。

2. 在产品，指企业尚未加工完成，需进一步加工且正在加工的在制品。

3. 自制半成品，指企业已完成一定生产过程的加工任务，且验收合格入库，但需进一步加工的中间产品。

4. 库存商品，指企业已完成全部生产过程并已验收合格入库，可以按照合同规定的条件送交订货单位，或可以作为商品对外销售的产品。

5. 代销商品，指企业委托其他单位代销的商品以及企业接受其他单位委托代销的商品。

6. 周转材料，指企业能够多次使用、逐渐转移其价值但仍然保持原来形态、不确认为固定资产的材料，如包装物和低值易耗品。包装物是指企业为包装本企业产品而储存的各种包装容器，如桶、箱、袋等。低值易耗品是指不符合固定资产确认条件的各种用具物品，如工具、管理用具、玻璃器皿、劳动保护用品等。

7. 外购商品，指企业购入的不需要任何加工即可对外销售的商品。

（二）按存货的存放地点分类

1. 库存存货，指所有权属于企业并已验收入库的各种材料、商品以及已验收入库的自制半成品和产成品等。

2. 在途存货，包括运入在途存货和运出在途存货。运入在途存货是指企业已经支付货款，正在运入途中或已运到企业但尚未验收入库的各种存货。运出在途存货是指企业按合同规定已经发出或送出，尚未确认销售收入的存货。

3. 加工中的存货，指处于企业自行生产加工中或委托外单位加工中的各种存货。

4. 委托代销存货，指企业已经委托外单位代销，但按合同规定尚未办理代销货款结算的存货。

5. 寄存的存货，指产权属于企业所有，暂时存放在外单位的存货。

（三）按存货的来源渠道分类

1. 外购存货，指企业从外部购入的存货，如工业企业的外购材料、商品流通企业的外购商品等。

2. 自制存货，指企业自己制造的各种存货，如工业企业的自制原材料和自制半成品等。

3. 委托加工存货，指企业通过支付加工费的方式委托外单位加工生产的各种存货。

另外，有些企业还可能有接受投资的存货、接受捐赠的存货和盘盈的存货等。

【知识专栏 4-1】

存货成本流转假设

《企业会计准则第 1 号——存货》中规定，"企业应当采用先进先出法、加权平均法或者个别计价法确定发出存货的实际成本"，该条款表明企业可以在多个发出存货的计价方法中进行选择。

在生产经营过程中，存货流转包括实物流转和成本流转两个方面。理论上，存货的成本流转与其实物流转应当一致，也就是说，购置存货时所确定的成本应当随着该项存货的销售或耗用而结转。但在实际工作中，由于企业的存货进出量很大，存货的品种繁多，存货的单位成本多变，使得成本流转和实物流转一致的情况非常少见。再者，同一种存货尽管单价不同，但均能满足生产和销售的需要，在存货被销售或耗用后，无须逐一辨别哪一批实物被发出，哪一批实物被留作库存，这样成本流转顺序和实物流转顺序就可以分离，只要按照不同的成本流转程序确定已发出存货的成本和库存存货的成本即可。而且从全部存货的发出来看，不会影响企业利润的总额，只会影响利润在各个期间的分配，为了分期核算利润，就出现了存货成本流转假设。所以为了解决存货实物流转与成本流转的不一致，必须采用某种存货成本流转假设，在期末存货与发出存货之间分配成本，运用不同的成本流转假设，便会产生不同的发出存货计价方法。

三、存货的计价

存货的计价是指确定取得和发出存货的入账价值，它是存货核算的关键问题之一。

（一）取得存货的计价

《企业会计准则》规定，取得存货应当按照实际成本进行计量。存货成本包括采购成本、加工成本和其他成本。不同的存货其成本构成内容不同。原材料、商品等通过购买而取得的存货的成本由采购成本构成。产成品、在产品、委托加工物资等通过进一步加工而取得的存货的成本由采购成本、加工成本以及使存货达到目前场所和状态所发生的其他成本构成。

1. 外购存货。存货的采购成本是指企业存货从采购到入库前所发生的全部支出，包括存货的购买价款和采购费用。购买价款指企业购入材料或商品时发票账单上列明的价格，但不包括按规定可以抵扣的增值税税额。采购费用包括以下几部分：

（1）运杂费，指从购入到送达企业仓库前所发生的各项费用，包括运输费、包装费、装卸费、保险费、仓储费等。

（2）运输途中的合理损耗。

（3）入库前发生的挑选整理费用，包括整理挑选中发生的人工费支出和必要的损耗等。

（4）按规定应计入存货成本的相关税费。相关税费包括进口关税和其他税费。进口关税是指从中华人民共和国境外购入的货物和物品，根据相关税法规定交纳的进口关税。其他税费是指企业购买、自制或委托加工存货发生的消费税、资源税和不能从销项税额中抵扣的增值税进项税额以及相应的教育费附加等。

商品流通企业购入的商品，按照进价和按规定应计入商品成本的税金作为采购成本。采购过程中发生的运输费、装卸费、包装费、保险费等采购费用、运输途中的合理损耗、入库前的挑选整理费用等，可以先进行汇集，期末根据所购商品的存销比例进行分摊，对于已售商品的进货费用计入当期损益（主营业务成本）；对于未售商品的进货费用计入期末存货成本。企业采购商品进货费用金额较小的，可以在发生时直接计入当期损益（销售费用）。

2. 加工取得的存货。存货的加工成本包括直接人工及按照一定方法分配的制造费用等。直接人工是指企业在生产产品过程中直接从事产品生产的职工薪酬。制造费用是指企业为生产产品和提供劳务而发生的各种间接费用。企业应当根据制造费用的性质合理地选择制造费用的分配方法。在同一生产过程同时生产两种或两种以上的产品，并且每种产品的加工成本不能直接区分的，其加工成本应当按照合理的方法在各种产品之间进行分配。委托加工存货成本按加工过程中实际耗用的原材料或半成品的实际成本、加工费、运杂费等费用，以及按规定应计入成本的税金作为实际成本。

3. 其他方式取得的存货。其他方式取得的存货主要有投资者投入的和盘盈的存货。

（1）投资者投入的存货。企业接受投资者投入存货，应当按照投资合同或协议约定的价值确定，但合同或协议约定价值不公允的除外。在投资合同或协议约定价值不公允的情况下，按照该项存货的公允价值作为其入账价值。

（2）盘盈的存货。盘盈的存货按其重置成本作为入账价值。

（二）发出存货的计量

发出存货的计量是指对每次发出的存货价值和每次发出后结存存货价值的计算确定。由于存货品种多，收发频繁，采购地点不同，每次采购成本不一定相等等原因，在每次发出存货时，就会产生按哪种单价成本计量的问题，即用什么方法在发出存货和结存存货之间分配存货成本。按现行《企业会计准则》的规定，主要有下面几种方法。

1. 个别计价法。个别计价法，又称个别认定法，是指以每批收入存货的实际成本作为发出各该批存货实际成本的方法。采用这种方法要求企业逐一辨认各批发出存货和期末存货所属的收入批别，分别按其收入批别确定的单位成本作为计算各批发出存货和期末存货成本。为此，要求企业按存货的收入批别或品种设置明细账，详细对存货进行记录，并在存货上附加标签或编号，以便正确辨认确定发出存货的个别实际成本。

❂【例4-1】某企业2018年9月乙材料收发存资料如表4-1所示，假定月初只结存一种批次的材料，9月2日发出的是结存的材料；10日发出材料1 200千克，其中500千克是月初结存的，另700千克是8日购进的；25日发出的均是18日购进的存货。采用个别计价法计算发出和结存乙材料的实际成本，具体如表4-1所示。

表4-1　　　　　　　　　　　　**材料收发存数量一览表**

2018年9月30日

业务	收入		发出	结存
	数量（千克）	单价（元）		
1日存货				
2日发出			800	700
8日购入	1 000	11.75		1 700
10日发出			1 200	500
18日购入	1 500	11.50		2 000
25日发出			1 000	1 000

根据表4-1，确定发出存货的成本（见表4-2）。

表4-2　　　　　　　　　　　　**乙材料明细分类账**

计量单位：千克，元

2018年		凭证种类	摘要	收入			发出			结存		
月	日			数量	单价	金额	数量	单价	金额	数量	单价	金额
9	1	（略）	月初结存							1500	10	15 000
	2		发出				800	10	8 000	700	10	7 000
	8		购入	1 000	11.75	11 750				700	10	7000
										1000	11.75	11 750
	10		发出				500	10	5 000	200	10	2 000
							700	11.75	8 225	300	11.75	3 525
	18		购入	1 500	11.50	17 250				200	10	2 000
										300	11.75	3 525
										1500	11.50	17 250
	25		发出				1 000	11.50	11 500	200	10	2 000
										300	11.75	3 525
										500	11.50	5 750
	30		本月合计	2 500		29 000	3 000		32 725	200	10	2 000
										300	11.75	3 525
										500	11.50	5 750

由表4-2可以得出，本月发出乙材料的实际成本为32 725元，月末结存乙材料的实际成本为11 275元。

采用这种方法能准确计算发出存货和结存存货的实际成本。但使用这种方法的前提是需要对发出和结存存货的批别进行具体认定，以辨别其所属的收入批别，所以使用这种方法实务操作的工作量繁重，困难较大；另外，容易出现企业随意选用较高或较低价格的存货以调整当期利润的现象。所以，该方法一般适用于容易识别、存货品种数量不多、单位成本较高的存货的计价。

2. 先进先出法。先进先出法是以先入库的存货先发出为假定条件，并按这种假定的存货流转程序对发出存货和期末存货进行计价的方法。采用这种方法，收到存货时，应在存货明细分类账中逐笔登记每一批存货的数量、单价和金额；发出存货时，按照先进先出的原则确定单位实际成本，逐笔登记存货的发出金额和结存金额。

★【例4-2】依据【例4-1】的资料，采用先进先出法计算发出和结存乙材料的实际成本（见表4-3）。

表4-3　　　　　　　　　　　　乙材料明细分类账

计量单位：千克，元

2018 年		凭证种类	摘要	收入			发出			结存		
月	日			数量	单价	金额	数量	单价	金额	数量	单价	金额
9	1	（略）	月初结存							1 500	10	15 000
	2		发出				800	10	8 000	700	10	7 000
	8		购入	1 000	11.75	11 750				700	10	7 000
										1 000	11.75	11 750
	10		发出				700	10	7 000			
							500	11.75	5 875	500	11.75	5 875
	18		购入	1 500	11.50	17 250				500	11.75	5 875
										1 500	11.50	17 250
	25		发出				500	11.75	5 875			
							500	11.50	5 750	1 000	11.50	11 500
	30		本月合计	2 500		29 000	3 000		32 500	1 000	11.50	11 500

由表4-3可以得出，本月发出乙材料的实际成本为32 500元，月末结存乙材料的实际成本为11 500元。

采用先进先出法，期末存货的实际成本是按最近购货成本确定的，比较接近现行的市场价值，其优点是便于日常计算发出存货及结存存货的实际成本，企业不能随意挑选存货计价以调整当期利润；缺点是工作量大且计价比较烦琐，而且当物价上涨时，会高估企业当期利润和结存存货价值；反之，会低估企业当期利润和结存存货价值。

3. 加权平均法。加权平均法也称全月一次加权平均法，指以月初结存存货数量加本月收入存货数量作为权数，去除月初结存存货实际成本加本月收入存货实际成本，计算出存货的加权平均单位成本，从而确定本月发出存货实际成本和期末存货实际成本的一种方法。其计算公式为

$$\text{加权平均单位成本} = \frac{\text{月初结存存货实际成本} + \text{本月收入存货实际成本}}{\text{月初结存存货数量} + \text{本月收入存货数量}}$$

$$\frac{\text{本月发出存}}{\text{货实际成本}} = \frac{\text{本月发出}}{\text{存货数量}} \times \frac{\text{加权平均}}{\text{单位成本}}$$

$$\frac{\text{期末结存存}}{\text{货实际成本}} = \frac{\text{期末结存}}{\text{存货数量}} \times \frac{\text{加权平均}}{\text{单位成本}}$$

❂【例4-3】依据【例4-1】的资料，采用加权平均法计算发出和结存乙材料的实际成本（见表4-4）。

表4-4 乙材料明细分类账

计量单位：千克，元

2018年		凭证种类	摘要	收入			发出			结存		
月	日			数量	单价	金额	数量	单价	金额	数量	单价	金额
9	1	（略）	月初结存							1 500	10	15 000
	2		发出				800			700		
	8		购入	1 000	11.75	11 750				1 700		
	10		发出				1 200			500		
	18		购入	1 500	11.52	17 280				2 000		
	25		发出				1 000			1 000		
	30		本月合计	2 500		29 030	3 000	11.01	33 020	1 000	11.01	11 010

由表4-4可以得出，本月发出乙材料的实际成本为

$$\frac{\text{加权平均}}{\text{单位成本}} = \frac{15\,000 + 29\,030}{1\,500 + 2\,500} \approx 11.01 \text{（元）}$$

月末结存乙材料的实际成本 = 1 000 × 11.01 = 11 010（元）

本月发出乙材料的实际成本 = 15 000 + 29 030 - 11 010 = 33 020（元）

采用加权平均法，只在月末一次计算加权平均单位成本比较简单，对存货成本的分摊较为折中。但是，这种方法平时无法从账上提供发出和结存存货的单位实际成本及金额，不利于加强对存货的管理。这种方法适用于存货品种较少，而且前后收入存货单位成本相差较大的企业。

4. 移动加权平均法。移动加权平均法是指以本次进货前结存存货的实际成本加上本次进货实际成本，除以本次进货前结存存货的数量加上本次进货数量，据以计算移动加权平均单位成本，并对发出存货和结存存货进行计价的一种方法。其计算公式为

$$\frac{\text{移动加权平}}{\text{均单位成本}} = \frac{\text{本次进货前结存存货实际成本} + \text{本次购入存货实际成本}}{\text{本次进货前结存存货数量} + \text{本次购入存货数量}}$$

$$\frac{\text{本次发出存}}{\text{货实际成本}} = \frac{\text{本次发出}}{\text{存货数量}} \times \frac{\text{移动加权平}}{\text{均单位成本}}$$

$$\frac{\text{本次发出存货后}}{\text{结存存货实际成本}} = \frac{\text{结存存}}{\text{货数量}} \times \frac{\text{移动加权平}}{\text{均单位成本}}$$

❂【例4-4】依据【例4-1】的资料，采用移动加权平均法计算发出和结存乙材料的实际成本（见表4-5）。

表 4 −5 乙材料明细分类账

计量单位：千克，元

| 2018 年 | | 凭证种类 | 摘要 | 收入 | | | 发出 | | | 结存 | | |
月	日			数量	单价	金额	数量	单价	金额	数量	单价	金额
9	1	（略）	月初结存							1 500	10	15 000
	2		发出				800	10	8 000	700	10	7 000
	8		购入	1 000	11.75	11 750				1 700	11.03	18 751
	10		发出				1 200	11.03	13 235	500	11.03	5 515
	18		购入	1 500	11.50	17 250				2 000	11.38	22 760
	25		发出				1 000	11.38	11 385	1 000	11.38	11 380
	30		本月合计	2 500		29 000	3 000		32 620	1 000	11.38	11 380

第一批发出乙材料实际成本 = 800 × 10 = 8 000（元）

发货后结存乙材料实际成本 = 700 × 10 = 7 000（元）

第一次购入乙材料后移动加权单价 $= \dfrac{7\,000 + 11\,750}{700 + 1\,000} \approx 11.03$（元）

第二批发货后结存乙材料实际成本 = 500 × 11.03 = 5 515（元）

第二批发出乙材料实际成本 = 7 000 + 11 750 − 5 515 = 13 235（元）

第二次购入乙材料后移动加权单价 $= \dfrac{5\,515 + 17\,250}{500 + 1\,500} \approx 11.38$（元）

第三批发货后结存乙材料实际成本 = 1 000 × 11.38 = 11 380（元）

第三批发出乙材料实际成本 = 5 515 + 17 250 − 11 380 = 11 385（元）

本月发出乙材料实际成本 = 8 000 + 13 235 + 11 385 = 32 620（元）

月末结存乙材料实际成本 = 1 000 × 11.38 = 11 380（元）

移动加权平均法的优点在于能使管理当局及时了解存货的结存情况，而且计算的发出和结存存货的实际成本比较客观。但采用这种方法工作量较大，对收发频繁的企业不适用。

5. 毛利率法。毛利率法是根据本期实际销售额乘以上期（或本期计划）毛利率匡算本期销售毛利，据以计算发出存货成本和期末结存存货成本的一种方法。其计算公式为

$$毛利率 = \frac{销售毛利}{销售净额} \times 100\%$$

$$销售净额 = 商品销售收入 − 销售退回与折让$$

$$销售毛利 = 销售净额 \times 毛利率$$

$$销售成本 = 销售净额 − 销售毛利$$

$$或 = 销售净额 \times （1 − 毛利率）$$

$$期末存货成本 = 期初存货成本 + 本期购货成本 − 本期销售成本$$

★【例 4 −5】某商场 2018 年 10 月 1 日甲类商品库存 80 000 元，本月购进 120 000

元,本月销售收入 160 000 元,发生的销售折让 7 000 元,上期该类商品的毛利率为 20%,计算本月已销商品和期末库存商品的成本。

本月销售净额 = 160 000 – 7 000 = 153 000(元)

销售毛利 = 153 000 × 20% = 30 600(元)

本月销售成本 = 153 000 – 30 600 = 122 400(元)

月末库存商品成本 = 80 000 + 120 000 – 122 400 = 77 600(元)

用毛利率法计算本期销售成本和期末存货成本,在商品流通企业较为常见,尤其是商品批发企业,若按每种商品计算并结转销售成本,工作量较为繁重,而且商品批发企业的同类商品毛利率大致相同,采用这种存货计价方法也比较接近实际。

采用这种方法,用上季度毛利率,按商品大类计算、结转本期销售成本,能简化计算工作量,但计算结果往往不够准确。为了弥补这种不足,企业可以在每季度末的最后一个月,根据月末结存商品的数量,采用最后进价等方法,确定月末存货成本,然后再计算该季度的商品销售成本,用该季度的商品销售成本减去前两个月已结转的成本,计算第三个月应结转的销售成本,从而对前两个月用毛利率计算的销售成本进行调整。

6. 零售价法。零售价法是指用存货成本占零售价的百分比计算发出存货和期末存货成本的一种方法。采用这种方法,期初存货和本期购货同时按成本和零售价记录,本期销售只按售价记录,通过计算存货成本占零售价的百分比,即成本率,计算出期末存货成本和本期销售成本,其计算公式为

$$成本率 = \frac{期初存货成本 + 本期购入存货成本}{期初存货售价总额 + 本期购入存货售价总额} \times 100\%$$

$$期末存货售价总额 = 期初存货售价总额 + 本期购入存货售价总额 - 本期销售存货售价总额$$

$$期末存货成本 = 期末存货售价总额 \times 成本率$$

$$本期销售成本 = 期初存货成本 + 本期购货成本 - 期末存货成本$$

★【例 4 – 6】某商店 2018 年 11 月的期初存货成本为 150 000 元,售价总额187 500 元;本期购货成本为 527 250 元,售价总额 780 000 元;本期销售收入 832 000 元。月末存货成本和本月销售成本计算如下:

$$成本率 = \frac{150\ 000 + 527\ 250}{187\ 500 + 780\ 000} \times 100\% = 70\%$$

期末存货售价总额 = 187 500 + 780 000 – 832 000 = 135 500(元)

期末存货成本 = 135 500 × 70% = 94 850(元)

本期销售成本 = 150 000 + 527 250 – 94 850 = 582 400(元)

零售价法主要适用于商品零售企业,如百货商店或超级市场等,由于这类企业的商品都要标明零售价格,而且商品的型号、品种、款式繁多,难以采用其他方法计价。

由以上所知,发出存货成本的计量方法不同,直接影响当期销售成本和期末存货价值的大小,从而影响企业损益的计算以及资产负债表中相关项目的价值表现。所以企业应根据自身的经营性质、经营规模及存货收发等实际情况,选用适合的发出存货成本的

计量方法。方法一旦确定，不得随意变更。如需要变更，应在会计报表附注中予以说明。

第二节 原材料

原材料是指企业在生产过程中经过加工改变其形态或性质，并构成产品主要实体的各种原料及主要材料、辅助材料、外购半成品（外购件）、修理用备件（备品备件）、包装材料和燃料，共六大类。原材料是产品制造业的主要存货。

一、原材料实际成本法核算

原材料的实际成本法核算是指原材料的收入、发出和结存均按实际成本计价，原材料的收发凭证、明细账和总账的登记都按实际成本反映。原材料的实际成本包括：原材料的买价和运杂费。运杂费是指运输费、装卸费、保险费以及应计入材料成本的相关税费等。

（一）账户设置

在实际成本法下，原材料的核算主要设置"原材料"和"在途物资"账户。

1. "原材料"账户。用于核算企业库存原材料的增减变动情况。该账户是资产类，借方登记增加原材料的实际成本；贷方登记发出原材料的实际成本；期末借方余额反映企业库存原材料的实际成本。该账户应按原材料的类别、品种和规格设置材料明细账，进行明细核算。

2. "在途物资"账户。用于核算企业购入尚未到达或尚未验收入库的各种原材料的实际成本。该账户属于资产类，借方登记已付款或已开出、承兑商业汇票的原材料的实际成本；贷方登记已验收入库原材料的实际成本；期末借方余额反映企业已付款或已开出、承兑商业汇票但尚未验收入库的在途材料的实际成本。该账户按供货单位设置明细账，进行明细分类核算。

（二）外购材料的核算

1. 货款已支付，材料验收入库。

●【例4-7】某企业购入甲材料一批，取得增值税专用发票上注明的材料买价为50 000元，增值税税额8 000元，另取得某运输公司的增值税专用发票上注明的运输费200元，增值税20元，共计58 220元，已通过银行转账支付，材料已验收入库。

原材料成本 = 50 000 + 200 = 50 200（元）

进项税额 = 8 000 + 20 = 8 020（元）

编制会计分录如下：

借：原材料——甲材料   50 200

     应交税费——应交增值税（进项税额）   8 020

    贷：银行存款   58 200

2. 货款已经支付,材料尚未验收入库。企业货款已支付或已开出、承兑商业汇票,而材料尚未到达或尚未验收入库,在这种情况下先通过"在途物资"账户进行核算。

★【例4-8】某企业从大强钢材厂购入甲材料1 500千克、乙材料500千克,有关结算凭证已到,增值税专用发票上注明:甲材料买价为100 000元,增值税税额为16 000元;乙材料买价为20 000元,增值税税额3 200元;运杂费为1 400元(按材料重量比例分配);款项已通过银行存款支付,材料尚未验收。编制会计分录如下:

借:在途物资——大强钢铁厂　　　　　　　　　　　　　　　　121 400
　　应交税费——应交增值税(进项税额)　　　　　　　　　　　19 200
　　贷:银行存款　　　　　　　　　　　　　　　　　　　　　　140 600

收到材料验收入库时,应先计算甲、乙两种材料的采购成本:

$$运杂费分配率 = \frac{1\,400}{1\,500+500} = 0.7(元)$$

甲材料应负担的运杂费 = 1 500 × 0.7 = 1 050(元)

乙材料应负担的运杂费 = 1 400 - 1 050 = 350(元)

借:原材料——甲材料　　　　　　　　　　　　　　　　　　　101 050
　　　　　　——乙材料　　　　　　　　　　　　　　　　　　　20 350
　　贷:在途物资——大强钢铁厂　　　　　　　　　　　　　　　121 400

3. 材料已验收入库,货款尚未支付。发生此类业务时,因企业尚未收到有关结算凭证,暂不作账务处理。待有关发票账单到达结算货款后,再按正常程序进行账务处理。如果月末发票账单仍未到达,为如实反映企业资产的真实情况,应按材料的暂估价入账,借记"原材料"账户,贷记"应付账款"账户。下月初再用红字分录冲回。

★【例4-9】3月10日某企业从外地购入一批丙材料200千克,材料已验收入库,但银行结算凭证和发票等单据未收到,货款尚未支付;3月22日收到银行结算凭证和发票等单据,买价10 000元,增值税进项税额1 600元。

3月10日未收到银行结算凭证和发票等单据,该企业不作账务处理。

3月22日,编制会计分录如下:

借:原材料——丙材料　　　　　　　　　　　　　　　　　　　10 000
　　应交税费——应交增值税(进项税额)　　　　　　　　　　　1 600
　　贷:银行存款　　　　　　　　　　　　　　　　　　　　　　11 600

若3月末银行结算凭证和发票等单据仍未收到,按暂估价18 500元入账。

借:原材料——丙材料　　　　　　　　　　　　　　　　　　　185 000
　　贷:应付账款——暂估应付款　　　　　　　　　　　　　　　185 000

下月初用红字予以冲回:

借:原材料——丙材料　　　　　　　　　　　　　　　　　　　185 000
　　贷:应付账款——暂估应付款　　　　　　　　　　　　　　　185 000①

---

① □代表红字。

下月收到该批材料的发票账单时，比照 3 月 22 日的账务处理进行。

企业采购材料也可以采用预付款的形式，具体内容详见本书第三章内容，此处不再重复。

4. 材料短缺损坏。企业购进原材料发生短缺和损耗，尚未查明原因或尚未作出处理之前，先按原材料的实际成本计入"待处理财产损溢"账户，等查明原因再根据具体情况进行处理。凡属运输途中的定额内合理损耗，按其实际成本计入原材料的成本；属于自然灾害等原因造成的非常损失，应将扣除残料价值和保险公司赔偿后的净损失计入"营业外支出——非常损失"账户；属于无法收回的其他损失，计入"管理费用"账户；属于运输部门或其他责任人造成的损失，计入"其他应收款"等账户。

⭐【例 4 - 10】某企业 2018 年 9 月 26 日从外地 A 厂购入甲材料 20 吨，每吨不含税单价 1 000 元，增值税税率为 16%，每吨运杂费 200 元，货款及运杂费已支付。10 月 5 日原材料到达，验收入库的合格品为 19 吨，1 吨短缺原因待查。编制会计分录如下：

9 月 26 日付款时：

借：在途物资——A 厂	24 000
应交税费——应交增值税（进项税额）	3 200
贷：银行存款	27 200

10 月 5 日验收入库时：

单位原材料实际成本 = 24 000 ÷ 20 = 1 200（元）

19 吨验收入库材料的实际成本 = 1 200 × 19 = 22 800（元）

借：原材料——甲材料	22 800
待处理财产损溢——待处理流动资产损溢	1 200
贷：在途物资——A 厂	24 000

10 月 10 日查明原因，1 吨甲材料短缺属运输部门的责任造成，但赔款尚未收到。

1 吨材料负担的进项税额 = 1 000 × 16% = 160（元）

借：其他应收款——××运输公司	1 360
贷：待处理财产损溢——待处理流动资产损溢	1 200
应交税费——应交增值税（进项税额转出）	160

（三）发出材料的核算

企业发出材料不管其用途如何，均应办理必要的手续和填制领发料凭证，据以进行发出材料的核算。月末根据当月的发料凭证，按领用部门和用途进行归类汇总，编制"发料凭证汇总表"（格式见表 4 - 6），据以进行材料发出的核算。

产品制造业在生产产品过程中发生的能用货币表现的各种耗费叫做生产费用。生产费用按其计入产品成本方式的不同，可以分为直接费用和间接费用。直接费用是指企业为生产某一种生产对象（如产品品种）而直接耗费的各项费用，包括产品生产过程中实际消耗的直接材料费用、直接人工等。间接费用是指企业生产车间为生产各种产品共同发生的生产费用，通常称为制造费用。如生产车间管理人员的薪酬、生产车间固定资产折旧费、修理费、办公费、水电费、车间一般耗用材料等。发出的原材料要按其用途分别计入不同的成本、费用账户。

"制造费用"账户属于成本类账户，用来归集和分配企业基本生产车间为组织和管理产品的生产活动而发生的各项间接费用。借方登记实际发生的各项间接费用，贷方登记期末分配转入产品成本的数额，该账户期末无余额。

"生产成本"账户属于成本类账户，用来核算企业为生产产品所发生的各项生产费用。借方登记应计入产品生产成本的各项直接费用以及期末按照一定的方法分配计入产品生产成本的制造费用；贷方登记结转完工入库产成品的生产成本。期末余额在借方，反映尚未完工产品（在产品）的生产成本。该账户应按产品的种类设置明细账户，进行明细核算。

★【例4－11】某企业2018年10月末根据发料凭证，汇总编制"发料凭证汇总表"（见表4－6）。

表4－6　　　　　　　　　　　发料凭证汇总表
　　　　　　　　　　　　　　　　2018年10月　　　　　　　　　　　单位：元

用 途	甲材料	乙材料	合计
A产品耗用	26 000		26 000
B产品耗用		3 000	3 000
厂部管理部门领用	6 000		6 000
销售部门领用		7 000	7 000
车间一般耗用	3 000		3 000
合 计	35 000	10 000	45 000

根据发料凭证汇总表，编制会计分录如下：

借：生产成本——A产品　　　　　　　　　　　　　26 000
　　　　　　　——B产品　　　　　　　　　　　　　3 000
　　制造费用　　　　　　　　　　　　　　　　　　3 000
　　管理费用　　　　　　　　　　　　　　　　　　6 000
　　销售费用　　　　　　　　　　　　　　　　　　7 000
　贷：原材料——甲材料　　　　　　　　　　　　　35 000
　　　　　　　——乙材料　　　　　　　　　　　　　10 000

二、原材料按计划成本法核算

原材料按计划成本法核算时，原材料的收入、发出和结存均按预先确定的计划成本计价，原材料的收发凭证以及总账和明细账均按计划成本进行登记。原材料计划成本的构成内容应当与实际成本的构成内容相同。这种方法的优点是既可以简化存货的日常核算手续，又有利于考核采购部门的工作业绩。

（一）账户设置

在计划成本法下，原材料的核算主要设置"原材料""材料采购"和"材料成本差异"账户。

"原材料"账户。该账户用来核算企业按计划成本计价的原材料的增减变动情况。借方登记入库原材料的计划成本；贷方登记发出原材料的计划成本；期末余额在借方，反映结存原材料的计划成本；该账户应按原材料的类别、规格或品种设置明细账，进行明细分类核算。

"材料采购"账户。该账户核算企业购入原材料、商品等的采购成本，属于资产类账户，借方登记外购物资的实际成本和结转实际成本小于计划成本的节约差异；贷方登记验收入库物资的计划成本和结转实际成本大于计划成本的超支差异；期末借方余额反映企业已经收到发票账单付款或已开出、承兑商业汇票，但尚未到达或尚未验收入库的在途物资的实际成本。该账户应按物资类别或品种设置明细账，进行明细分类核算。

"材料成本差异"账户。该账户用来核算企业各种材料实际成本与计划成本之间的差异；借方登记入库材料的实际成本大于计划成本的超支差异和发出材料应负担的节约差异；贷方登记验收入库材料实际成本小于计划成本的节约差异和发出材料应负担的超支差异；若期末余额在借方，反映结存材料的超支差异；若期末余额在贷方，反映结存材料的节约差异；该账户与"材料采购"账户设置明细账的口径应一致。

（二）外购材料的核算

1. 货款已经支付（或已开出、承兑商业汇票），材料同时验收入库。

● 【例 4-12】某企业 11 月 5 日在本地购入甲材料一批，增值税专用发票上注明的材料价款为 200 000 元，增值税税额为 32 000 元，运杂费 5 000 元，材料已验收入库，计划成本为 204 000 元，款项已通过银行支付。

结算款项：

借：材料采购——原材料	205 000
应交税费——应交增值税（进项税额）	32 000
贷：银行存款	237 000

验收材料：

借：原材料——甲材料	204 000
贷：材料采购——原材料	204 000

结转入库材料的成本差异：

借：材料成本差异——原材料	1 000
贷：材料采购——原材料	1 000

2. 货款已经支付（或已开出、承兑商业汇票），材料尚未验收入库。

● 【例 4-13】某企业 11 月 10 日在外地购入乙材料一批，发票账单已收到，增值税专用发票注明的材料价款为 80 000 元，增值税税额为 12 800 元，运杂费 1 300 元（其中运费 1 000 元），款项已通过银行支付，材料尚未运到。

借：材料采购——原材料	81 230
应交税费——应交增值税（进项税额）	12 870
贷：银行存款	94 100

若上述乙材料下月 8 日运到并验收入库，其计划成本为 83 000 元。编制会计分录如下：

借：原材料——乙材料　　　　　　　　　　　　　　　　　83 000
　　贷：材料采购——原材料　　　　　　　　　　　　　　　83 000
结转入库材料的成本差异：
借：材料采购——原材料　　　　　　　　　　　　　　　　1 770
　　贷：材料成本差异——原材料　　　　　　　　　　　　　1 770

3. 材料已验收入库，货款尚未支付。

☆【例4-14】某企业11月15日在外地购入丙材料一批，材料已运到并验收入库，其计划成本为50 000元。到月末该批材料的发票账单尚未到达，货款未付。企业月末应按材料的计划成本暂估价入账，编制会计分录如下：

借：原材料——乙材料　　　　　　　　　　　　　　　　　50 000
　　贷：应付账款——暂估价　　　　　　　　　　　　　　　50 000
下月初作相反会计分录予以冲回：
借：应付账款——暂估应付款　　　　　　　　　　　　　　50 000
　　贷：原材料——丙材料　　　　　　　　　　　　　　　　50 000
以后收到发票账单结算款项时，再按正常程序进行账务处理。

4. 材料短缺损坏。材料短缺与损坏的核算除应计算相应的材料成本差异外，其他核算与材料按实际成本的核算大致相同，此处不再叙述。

（三）发出材料的核算

为简化日常核算工作，企业可于月末编制"发料凭证汇总表"，据以进行发出材料的总分类核算。在材料按计划成本核算方式下，原材料的总分类核算一要按计划成本结转发出材料的成本，借记有关成本费用账户，贷记"原材料"账户；二要同时结转发出材料应负担的成本差异，超支差异借记有关成本费用账户，贷记"材料成本差异"账户；节约差异借记"材料成本差异"账户，贷记有关成本费用账户。从而将发出材料的计划成本调整为实际成本。

每月末应计算出某类或某种材料的成本差异率，然后确定发出材料应负担的成本差异。计算公式为

成本差异 = 实际成本 - 计划成本
（正数为超支差异；负数为节约差异）
则　　　　　　　实际成本 = 计划成本 + 成本差异

材料成本差异率 = $\frac{月初结存材料成本差异额 + 本月收入材料成本差异额}{月初结存材料计划成本 + 本月收入材料计划成本} \times 100\%$

（正数为超支差异率；负数为节约差异率）
发出材料应负担的成本差异 = 发出材料的计划成本 × 材料成本差异率
发出材料的实际成本 = 发出材料的计划成本 + 发出材料应负担的成本差异

☆【例4-15】某企业2018年11月初结存原材料的计划成本为200 000元，成本差异为2 000元；本月收入原材料的计划成本为400 000元，成本差异为-8 000元；本月发出材料的计划成本如表4-7所示。

表 4 –7 发料凭证汇总表

2018 年 11 月 30 日 单位：元

用途	甲材料	乙材料	丙材料	合计
A 产品耗用	30 000			30 000
B 产品耗用		63 000	23 000	86 000
车间一般消耗		8 000	5 000	13 000
厂部管理部门领用	6 000			6 000
销售部门领用		8 000		8 000
合计	36 000	79 000	28 000	143 000

根据上述资料计算材料成本差异率：

$$材料成本差异率 = \frac{2\,000 - 8\,000}{200\,000 + 400\,000} \times 100\% = -1\%$$

发出材料应负担的成本差异情况如表 4 – 8 所示。

表 4 –8 应负担成本差异 单位：元

用途	甲材料	乙材料	丙材料	合计	成本差异
A 产品耗用	30 000			30 000	– 300
B 产品耗用		63 000	23 000	86 000	– 860
车间一般消耗		8 000	5 000	13 000	– 130
厂部管理部门领用	6 000			6 000	– 60
销售部门领用		8 000		8 000	– 80
合计	36 000	79 000	28 000	143 000	– 1 430

根据表 4 – 7，结转发出材料的计划成本，编制会计分录如下：

借：生产成本——A 产品 30 000

    ——B 产品 86 000

  制造费用 13 000

  管理费用 6 000

  销售费用 8 000

 贷：原材料——甲材料 36 000

     ——乙材料 79 000

     ——丙材料 28 000

同时，根据表 4 – 8，结转发出材料应负担的成本差异，编制会计分录如下：

借：材料成本差异——原材料 1 430

 贷：生产成本——A 产品 300

     ——B 产品 860

  制造费用 130

  管理费用 60

  销售费用 80

现行会计制度规定，发出材料应负担的成本差异必须按月分摊，不得在季末或年末一次计算。

第三节　库存商品

库存商品是指企业库存的各种商品。对产品制造业而言，库存商品是指已完成全部生产过程并验收入库的产成品和完成部分生产过程的半成品；对商品流通企业而言，库存商品是企业以销售为目的而购入的商品。

产品制造业和商品流通企业的库存商品均通过"库存商品"账户核算。

一、产品制造业库存商品的核算

产品制造业为了总括反映和监督各种库存商品的收入、发出和结存情况，企业应设置"库存商品"账户。该账户属于资产类账户，借方登记已经完成全部生产过程并验收入库的商品的实际成本，贷方登记发出商品的实际成本，期末余额在借方，反映各种库存商品的实际成本。该账户应按库存商品的种类、品种和规格设置明细账，进行明细分类核算。

1. 验收入库商品的核算。当企业的产成品已完成全部生产过程并已验收入库，应按其实际成本借记"库存商品"账户，贷记"生产成本"账户。

★【例 4-16】某企业 2018 年 10 月 31 日根据"产成品入库汇总表"的资料，本月入库 A 产成品 100 件、单位成本 280 元，B 产成品 220 件、单位成本 50 元。编制会计分录如下：

借：库存商品——A 产品　　　　　　　　　　　　　　　　　28 000
　　　　　　——B 产品　　　　　　　　　　　　　　　　　11 000
　　贷：生产成本　　　　　　　　　　　　　　　　　　　　　39 000

2. 销售商品的核算。企业销售产品结转销售成本时，应借记"主营业务成本"账户，贷记"库存商品"账户。主营业务成本是指已销产品的生产成本。

★【例 4-17】某企业 2018 年 10 月共销售 A 产成品 500 件，单位成本 280 元。编制会计分录如下：

借：主营业务成本——A 产品　　　　　　　　　　　　　　140 000
　　贷：库存商品——A 产品　　　　　　　　　　　　　　　140 000

二、商品流通企业库存商品的核算方法

商品流通企业为了反映库存商品的收入、发出和结存情况，应当设置"库存商品"和"在途物资"等主要账户进行核算。

"库存商品"账户属于资产类账户，借方登记验收入库的各种商品的实际成本（或进价）或计划成本（或售价）；贷方登记发出和销售商品的实际成本（或进价）或计划

成本（或售价）；期末借方余额反映企业结存的库存商品。该账户应当按商品的类别、品种、规格设置明细分类账，进行明细分类核算。

"在途物资"账户的使用方法与原材料在实际成本法下的核算内容相同。此处不再叙述。

商品流通企业购入的商品，按照进价和按规定应计入商品成本的税金作为实际成本。采购过程中发生的运杂费、运输途中的合理损耗、入库前的挑选整理费用等，如数额较小的，在发生时直接计入当期损益；如数额较大的，先进行汇集，并于期末在已售和未售商品间分摊。

（一）数量进价金额核算法

数量进价金额核算法是指按商品品名、规格同时以数量和进价金额反映商品收、发、存情况的一种核算方法。这种方法一般适用于批发企业批发商品的核算。其要点是：

第一，财会部门设置"库存商品"总账、类目账和明细分类账。其中总账与类目账均按商品的进价金额记账；商品明细账则用实物数量和进价金额两种计量单位记账。

第二，业务部门和仓库保管部门应按每一商品的品名、规格等设置实物保管账。

第三，财会部门定期核对"库存商品"的总账、类目账和明细账；核对库存商品明细账与实物保管账。

1. 商品购进的核算。商品购进的核算包括两个方面：一是反映购进中货款支付情况；二是反映商品验收入库情况。其核算方法与原材料购进大体相同。采购商品支付货款或开出商业汇票时，应根据发票等有关凭证，按照进价借记"在途物资""应交税费"等账户，贷记"银行存款""应付票据"等账户；商品验收入库时，应根据收货单等有关凭证，按照进价借记"库存商品"账户，贷记"在途物资"账户。

购进中发生的境内运杂费、包装费、保险费等数额外负担较小的，作为当期损益，计入"销售费用"账户。

● 【例 4 – 18】某企业购进甲商品 200 件，单价 450 元，商品价款 90 000 元，增值税税率为 16%，对方代垫运杂费 400 元。以上款项已开出转账支票支付。编制会计分录如下：

借：在途物资——甲商品　　　　　　　　　　　　　　　　　90 000
　　应交税费——应交增值税（进项税额）　　　　　　　　14 400
　　销售费用　　　　　　　　　　　　　　　　　　　　　　400
　贷：银行存款　　　　　　　　　　　　　　　　　　　　104 800

上述商品验收入库后，根据仓库的收货单等凭证，编制会计分录如下：

借：库存商品——甲商品　　　　　　　　　　　　　　　　　90 000
　贷：在途物资——甲商品　　　　　　　　　　　　　　　　90 000

若购进商品的批发企业属于小规模纳税人，其购进货物所支付的增值税税额应直接计入货物成本。

2. 商品销售的核算。商品销售的核算一方面反映商品的销售收入，即对于符合收入确认条件的，应确认为本期的收入，借"银行存款"等账户，贷记"主营业务收入""应交税费——应交增值税（销项税额）"账户；另一方面应结转已销商品的进价成本，冲减库存商品。企业销售发出的商品，在计算结转商品销售成本时，可采用个别计价法、先进先出法、加权平均法、移动加权平均法和毛利率法等，借记"主营业务成本"账户，贷记"库存商品"账户。

★【例4－19】某企业本月销售甲商品100件，单位售价600元，销项税额9 600元，为购货单位代垫运杂费200元，本日已向银行办妥货款等的托收手续。编制会计分录如下：

根据销售凭证反映销售收入：

借：应收账款　　　　　　　　　　　　　　　　　　　　　　69 800
　　贷：主营业务收入——甲商品　　　　　　　　　　　　　　60 000
　　　　应交税费——应交增值税（销项税额）　　　　　　　　9 600
　　　　银行存款　　　　　　　　　　　　　　　　　　　　　200

上述销售的甲商品单位进价为450元，结转销售成本：

借：主营业务成本——甲商品　　　　　　　　　　　　　　　45 000
　　贷：库存商品——甲商品　　　　　　　　　　　　　　　　45 000

若销售商品的企业属于小规模纳税人，其销售货物按3%计算应交增值税税额。如【例4－19】中本月销售商品含税售价为60 000元，则不含税售价为60 000÷（1＋3%）＝58 252.43元，销货款存入银行。编制会计分录如下：

借：银行存款　　　　　　　　　　　　　　　　　　　　　　60 000
　　贷：主营业务收入——甲商品　　　　　　　　　　　　　　58 252.43
　　　　应交税费——应交增值税　　　　　　　　　　　　　　1 747.57

使用数量进价金额核算法提供的核算资料具体全面，便于实物管理，但是，每笔销货都需要制证，核算工作量比较大。商品入库后，按每种商品设置明细账户，按进价金额进行明细分类反映。

（二）售价金额核算法

售价金额核算法是指在建立实物负责制的基础上，以售价为计量单位，控制商品的购进销售、储存情况的一种核算方法。这种方法主要适用于商品零售企业"服务对象较广，交易次数频繁，交易金额、规模较小，经营品种繁多"的商品流通特点而产生的一种核算方法。其基本内容有：

第一，建立实物负责制。实行售价金额核算，企业应根据岗位责任制的要求，按经营商品的大类和地点，划分为若干实物负责小组，确定实物负责人，实物负责人对其所经营的商品承担全部经济责任，实物负责制是售价金额核算的基础。

第二，售价记账，金额控制。"库存商品"账户反映库存商品的进、销、存的增减变动一律按售价记账，其明细账按实物负责人（或柜组）设置，用售价总金额控制各实物负责人所经管商品的变化。这里的售价指零售商品的出售价，包括销售价格和销项税两部分。

第三，设置"商品进销差价"账户。由于该核算方法下库存商品按售价记账，而购进商品的成本是其进价，为了反映其差额，应设置"商品进销差价"账户，该账户属于资产类账户，是"库存商品"账户的备抵账户，贷方登记企业验收商品时商品售价大于进价的差额，借方登记月末分摊已销商品的进销差价；期末贷方余额反映结存商品应负担的进销差价。该账户应按商品类别或实物负责人设置明细账，进行明细分类核算。

第四，健全商品实地盘存制度。在该核算方法下，"库存商品"账户只记售价，不记数量，平时只能通过售价金额控制实物负责人经营的商品。为了确定库存商品的数量，核实商品价值，每月应进行一次实地盘点。对于出现盘盈、盘亏的商品，应及时调整账面记录，及时查明其原因，并进行处理。

第五，月末应采用一定的方法计算出已销商品应分摊的进销差价，把按售价结转的商品销售成本调整为进价成本。

1. 商品购进的核算。根据发票账单等结算凭证支付或承付货款的账务处理与数量进价金额核算法相同，而商品验收入库的账务处理则不同。在售价金额核算法下，要按商品售价借记"库存商品"账户，按商品进价贷记"在途物资"账户，将商品进价与售价之间的差额贷记"商品进销差价"账户。

❂【例 4 – 20】某商场从外地购入一批商品，其进价成本为 30 000 元，增值税税率为 16%，运杂费 800 元，款项已通过银行支付。6 天后该商品运到并由百货组验收。该批商品的总售价为 40 000 元。编制会计分录如下：

支付款项时：

借：在途物资　　　　　　　　　　　　　　　　　　　　　　　　30 800
　　应交税费——应交增值税（进项税额）　　　　　　　　　　　　4 800
　　贷：银行存款　　　　　　　　　　　　　　　　　　　　　　　35 600

商品验收时：

借：库存商品——百货组　　　　　　　　　　　　　　　　　　　40 000
　　贷：在途物资　　　　　　　　　　　　　　　　　　　　　　　30 800
　　　　商品进销差价——百货组　　　　　　　　　　　　　　　　　9 200

2. 商品销售的核算。对于销售业务，平时按含税收入作为主营业务收入的同时，按含税售价结转销售成本，以注销实物负责人对该批已销商品的经营责任。为简化核算手续，月末再将含税收入调整为不含税收入，计算出增值税销项税额；并计算出已销商品应分摊的进销差价，将按售价结转的主营业务成本调整为进价成本。

❂【例 4 – 21】某商场营业柜组本日销货款（含税）为：百货组 6 900 元，食品组 5 300元，服装组 8 000 元，收入的现金当天全部送存银行。编制的会计分录如下：

借：银行存款　　　　　　　　　　　　　　　　　　　　　　　　20 200
　　贷：主营业务收入——百货组　　　　　　　　　　　　　　　　6 900
　　　　　　　　　　　——食品组　　　　　　　　　　　　　　　5 300
　　　　　　　　　　　——服装组　　　　　　　　　　　　　　　8 000

同时按含税零售价结转销售成本，注销库存商品：

借：主营业务成本——百货组   6 900

             ——食品组   5 300

             ——服装组   8 000

    贷：库存商品——百货组   6 900

             ——食品组   5 300

             ——服装组   8 000

★【例 4－22】某商场营业柜组本月含税销售收入为 128 700 元，增值税税率为 16%，已销商品的增值税销项税额为

$$应交增值税销项税额 = \frac{128\ 700}{1+16\%} \times 16\% = 17\ 751（元）$$

编制会计分录如下：

借：主营业务收入   17 751

    贷：应交税费——应交增值税（销项税额）   17 751

3. 月末计算并结转已销商品的进销差价。为了正确反映库存商品实际占用的资金和已销商品实现的销售毛利，月末应采用一定的方法计算出已销商品应分摊的进销差价，把按售价结转的商品销售成本调整为进价成本。其计算公式如下：

$$进销差价率 = \frac{月末分摊前商品进销差价账户余额}{月末库存商 + 本月主营业务收入 + 月末受托代 \atop 品账户余额 \quad 账户贷方发生额 \quad 销账户余额} \times 100\%$$

$$本月销售商品应 \atop 分摊的进销差价 = 本月主营业务收入 \atop 账户贷方发生额 \times 进销 \atop 差价率$$

★【例 4－23】某零售商店有关账户资料如下："商品进销差价"账户月末调整前余额为 80 000 元；"库存商品"账户月末余额为 380 000 元；"主营业务收入"账户本月贷方发生额为 420 000 元。根据上述资料计算如下：

进销差价率 = 80 000 ÷（380 000 + 420 000）× 100% = 10%

本月已销商品应分摊的进销差价 = 420 000 × 10% = 42 000（元）

编制结转已销商品的进销差价的会计分录：

借：商品进销差价   42 000

    贷：主营业务成本   42 000

进销差价率有分类差价率和综合差价率两种形式。前者计算的工作量较大，但计算结果相对准确；后者计算手续简单，但计算结果不够准确。企业一般采用分类差价率（或分柜组差价率）。

第四节　其他存货

其他存货主要有委托加工材料、低值易耗品、包装物和库存商品等。

一、委托加工材料

委托加工材料是指委托外单位加工的材料。委托加工材料的实际成本包括实际耗用的原材料、半成品、支付的加工费、往返运杂费、装卸费、保险费以及按规定应计入成本的税费。

委托加工材料的核算，应设置"委托加工物资"账户。该账户属于资产类账户，用来核算企业委托外单位加工的各种物资的实际成本。借方登记发出加工物资的实际成本、支付的加工费、往返运杂费和应计入委托加工物资成本的税金；贷方登记加工完成收回物资和退回剩余物资的实际成本；期末借方余额反映企业委托外单位加工但尚未加工完成的物资的实际成本。该账户应按受托加工的单位设明细账，进行明细分类核算。

需要交纳消费税的委托加工材料，其由受托方代收代交的消费税，应分两种情况处理：（1）委托加工材料收回后直接用于销售的，由受托方代收代交的消费税应计入委托加工物资的成本，销售时不再交纳消费税，借记"委托加工物资"账户，贷记"应付账款""银行存款"等账户；（2）委托加工材料收回后用于连续生产应税消费品的，按规定予以抵扣应交消费税，待生产出新的应税消费品销售时再交纳消费税。由受托方代收代交的消费税借记"应交税费——应交消费税"账户，贷记"应付账款""银行存款"等账户。

❂【例 4-24】某企业 2015 年 10 月 5 日发出甲材料，委托 A 企业加工成乙材料（属于应税消费品），甲材料的实际成本为 102 000 元，用银行存款支付运杂费为 2 000元；10 月 26 日用银行存款支付加工费为 15 000 元，增值税进项税额为 2 400 元，消费税 13 000 元；10 月 28 日，乙材料加工完成验收入库，实际成本为 131 000 元（收回后直接用于销售），退回剩余的甲材料 3 000 元。该企业编制的会计分录如下：

（1）10 月 5 日，发出委托加工材料、支付运杂费。

借：委托加工物资——A 企业   104 000
 贷：原材料——甲材料   102 000
  银行存款   2 000

（2）10 月 26 日，支付加工费、增值税、消费税等。

借：委托加工物资——A 企业   30 000
  应交税费——应交增值税（进项税额）   2 400
 贷：银行存款   32 400

（3）10 月 28 日，退回剩余的甲材料、结转乙材料的成本。

退回剩余的甲材料：

借：原材料——甲材料   3 000
 贷：委托加工物资——A 企业   3 000

乙材料加工完成验收入库：

借：原材料——乙材料   131 000

　　贷：委托加工物资——A 企业　　　　　　　　　　　　　131 000

二、低值易耗品

　　低值易耗品是指单位价值比较低，容易损耗，不能作为固定资产核算的劳动资料，如工具、管理用具、玻璃器皿以及在经营过程中周转使用的包装容器等。

　　低值易耗品实际成本的构成内容与原材料相同。低值易耗品的核算应设置"低值易耗品"账户，用于核算低值易耗品的收入、发出和结存情况。该账户属于资产类账户，借方登记入库低值易耗品的实际成本；贷方登记发出低值易耗品的实际成本；借方期末余额反映企业库存低值易耗品的实际成本。该账户按低值易耗品的类别、品种、规格设置明细账，进行明细分类核算。

　　1. 取得低值易耗品的核算。低值易耗品采购、入库按实际成本核算，均与原材料的核算基本相同，这里不再重述。

　　2. 发出低值易耗品的核算。发出低值易耗品，其价值的摊销可采用一次摊销法或五五摊销法。一次摊销法是指低值易耗品在领用时，就将其全部价值计入有关的成本费用中的一种方法。五五摊销法是指低值易耗品在领用时，先摊销其账面价值的50%，报废时再摊销其账面价值的50%。这种方法适用于价值较高、使用年限较长或一次领用数量较多的低值易耗品。

　　❂【例4-25】某企业生产车间10月领用专用工具一批，实际成本600元；厂部管理部门领用办公家具一批，实际成本1 000元。其价值摊销采用一次摊销法。编制会计分录如下：

　　借：制造费用　　　　　　　　　　　　　　　　　　　　600
　　　　管理费用　　　　　　　　　　　　　　　　　　　　1 000
　　　　贷：低值易耗品——专用工具　　　　　　　　　　　　　600
　　　　　　　　　　——办公家具　　　　　　　　　　　　1 000

三、包装物

　　包装物是指为了包装本企业产品而储备的各种包装容器，如桶、箱、坛、瓶、袋等。包装物的种类很多，按其具体的用途可分为：（1）生产过程中用于包装产品作为产品组成部分的包装物；（2）随同商品出售而不单独计价的包装物；（3）随同商品出售而单独计价的包装物；（4）出租或出借给购买单位使用的包装物。

　　包装物实际成本的构成内容与原材料相同。包装物的核算应设置"包装物"账户，用于核算包装物的收入、发出和结存情况。该账户属于资产类，借方登记包装物收入数；贷方登记包装物的发出数；期末借方余额反映企业库存未用包装物的实际成本。该账户按包装物的种类设明细账，进行明细分类核算。

　　1. 取得包装物的核算。包装物采购、入库按实际成本核算，均与原材料的核算基本相同，这里主要讲发出包装物的核算。

　　2. 包装物发出的核算。发出包装物应按其用途进行不同的账务处理，价值摊销可采用一次摊销法或五五摊销法。

（1）生产领用的包装物。对于生产过程中领用的用于包装本企业产品，并构成产品组成部分的包装物，其价值应计入产品的生产成本。

❂【例4-26】某企业生产车间为包装A产品，领用包装物一批，其实际成本为4 000元。编制会计分录如下：

借：生产成本——A产品   4 000

 贷：包装物   4 000

（2）随同商品出售的包装物。随同商品出售的包装物有两种情况：一是不单独计价的包装物；二是单独计价的包装物，其核算方法不同。

第一种情况：不单独计价的包装物。随同商品出售不单独计价的包装物，其目的主要是确保销售商品的质量或提供较良好的销售服务，因此，应将这部分包装物的实际成本计入企业的销售费用。

❂【例4-27】某企业在商品销售过程中领用包装物一批，实际成本2 550元，该批包装物随同商品出售而不单独计价。编制会计分录如下：

借：销售费用   2 550

 贷：包装物   2 550

第二种情况：单独计价的包装物。随同商品出售单独计价的包装物，实际上是出售包装物，一方面将所得收入计入其他业务收入；另一方面将包装物的实际成本计入其他业务成本。

❂【例4-28】某企业在商品销售过程中领用包装物一批，实际成本3 500元，单独计算售价为4 200元，应收取增值税税额672元，款项已收存银行。编制会计分录如下：

取得包装物的收入：

借：银行存款   4 872

 贷：其他业务收入——出售包装物   4 200

  应交税费——应交增值税（销项税额） 672

结转包装物的成本：

借：其他业务成本——出售包装物   3 500

 贷：包装物   3 500

以出租方式给购买方提供包装物时，要求客户支付的包装物租金作为"其他业务收入"；该包装物的价值列入"其他业务成本"。以出借方式提供包装物时，属于无偿使用，该包装物的价值列入"销售费用"。为了督促使用单位能按时归还，出租或出借包装物一般都要收取一定数额的押金，收取的押金计入"其他应付款"。出租出借包装物的价值摊销比照低值易耗品摊销方法处理。

【知识专栏4-2】

成本与可变现净值孰低

成本与可变现净值孰低原则的理论基础，主要是使存货符合资产的定义。我国《企业会计准则——存货》中对存货确认的标准：一是该存货包含的经济利益很可能流入企业；二是该存货成本能够可靠地计量，其实质是规定了存货必须是资产这一原则，从而既保证了存货定义在理论上的完整性，又符合我国会计人员的习惯，增强了准则的可操作性。

同时，按照成本与可变现净值孰低原则进行期末存货的计量符合谨慎性原则。当存货的可变现净值下跌至成本以下时，表明该存货给企业带来的未来经济利益低于其账面价值，因而应将这部分损失从资产价值中扣除，计入当期损益，否则，当存货的可变现净值低于成本时，如果仍然以历史成本计量，就会出现虚夸资产的现象。遵循这一原则，可以从防范资产不实的角度，在一定程度上遏制会计信息失真的问题，这在当前经济环境下有着重要的意义。

第五节　存货清查与减值的核算

一、存货清查的核算

存货是企业重要的流动资产，为了加强对存货的管理，应当定期对存货进行盘点，每年至少一次。通过盘点及时发现存货管理中存在的问题，并予以解决。存货清查的方法一般采用实地盘点法，某些整堆笨重的存货（如大堆煤炭等）也可用技术测算的方法来测算其数量。清查完毕，应将清查结果如实填制"清查单"。"清查单"是用于记录存货清查结果、反映存货实存数额的原始凭证。

（一）存货盘亏

在存货清查中发现盘亏，报经批准前，应计入"待处理财产损溢——待处理流动资产损溢"账户。待查明原因后，再根据造成盘亏的原因分别进行处理：（1）属于自然损耗产生的定额内合理损失，作为一般经营损失经批准后计入管理费用；（2）属于计量、收发差错和管理不善等原因造成的存货短缺或毁损，能确定过失人的，由过失人赔偿，计入其他应收款；（3）属于自然灾害或意外事故造成的非常损失，扣除残料价值和应由保险公司赔偿后的部分，列入营业外支出。

⭐【例4-29】某企业在存货清查中，因自然损耗原材料短缺500元。

审批前编制会计分录如下：

借：待处理财产损溢——待处理流动资产损溢　　　　　　　　　　　　500

　　贷：原材料——甲材料　　　　　　　　　　　　　　　　　　　　　　　500

经批准，自然损耗的原材料成本计入管理费用。编制会计分录如下：

借：管理费用　　　　　　　　　　　　　　　　　　　　　　　　　500

　　贷：待处理财产损溢——待处理流动资产损溢　　　　　　　　　　　　500

（二）存货盘盈

存货盘盈主要是由于存货收发计量或核算上的误差所造成的。发现盘盈在报经批准前，先计入"待处理财产损溢——待处理流动资产损溢"账户，经有关部门批准后，一般作为冲减管理费用处理。

⭐【例 4－30】某企业在财产清查中，发现原材料盘盈 5 吨，每吨 500 元，计 2 500元。

审批前，编制会计分录如下：

借：原材料——乙材料　　　　　　　　　　　　　　　　　　　　2 500

　　贷：待处理财产损溢——待处理流动资产损溢　　　　　　　　　　　 2 500

经查明，上述盘盈的原材料属于平时收发计量上的差错所造成，经有关部门批准后，编制会计分录如下：

借：待处理财产损溢——待处理流动资产损溢　　　　　　　　　　 2 500

　　贷：管理费用　　　　　　　　　　　　　　　　　　　　　　　　2 500

二、存货减值的核算

企业对存货应当定期或至少每年年度终了进行全面检查，对由于存货毁损、全部或部分陈旧过时或销售价格低于成本等原因，使存货的市价下跌到成本以下，应确定减值损失，以真实地反映企业的资产状况。按我国《企业会计准则》规定：当可变现净值低于存货成本时，说明存货发生了减值，应将减值损失计入当期损益。其账务处理有以下两种方法。

1. 直接转销法。直接转销法是指将可变现净值低于成本的损失直接计入当期损益，并转销存货账户。借记"资产减值损失"账户，贷记有关存货账户。采用这种方法，要直接冲销有关存货的账簿记录，工作量较大，而且若已作调整的存货以后可变现净值又得以恢复，则再恢复有关存货的成本记录十分麻烦，因此该方法不常用。

2. 备抵法。备抵法是指当存货可变现净值低于成本发生减值时，不直接冲减有关存货账户，而是计提存货跌价准备。存货减值的核算应设置"存货跌价准备"账户，贷方登记计提的存货跌价准备数额，借方登记冲减的存货跌价准备数额；期末贷方余额反映企业已提取但尚未转销的存货跌价准备。

当存货可变现净值低于成本发生减值时，企业应按其差额借记"资产减值损失"账户，贷记"存货跌价准备"账户；当可变现净值上升，按恢复增加的金额转回已计提的存货跌价准备金额时，借记"存货跌价准备"账户，贷记"资产减值损失"账户。

有关存货账户的账面价值等于有关存货账户的期末借方余额减去"存货跌价准备"账户的期末贷方余额。

⭐【例 4－31】某企业采用成本与可变现净值法进行期末存货的计价，并运用备抵法进行相应的账务处理。假设该企业在 2017 年末开始计提存货跌价准备，有关年度存货资料见表4-9。

编制会计分录如下：

2017 年末，应计提的存货跌价准备为：150 000 - 146 000 = 4 000（元）

借：资产减值损失　　　　4 000

　贷：存货跌价准备　　　　　4 000

表4-9	存货资料表	单位：元
日期	历史成本	可变现净值
2017 年 12 月 31 日	150 000	146 000
2018 年 12 月 31 日	186 000	190 000

2018 年末，成本大于可变现净值，存货已不存在减值，原提的存货跌价准备应冲销。

借：存货跌价准备　　　　　　　　　　　　　　　　　　4 000

　贷：资产减值损失　　　　　　　　　　　　　　　　　　4 000

备抵法弥补了直接转销法的不足，不需要对有关存货的账目进行调整，保持了账簿记录的全貌，工作量也较小，现行会计准则规定企业应采用备抵法进行核算。

【本章小结】

本章在介绍存货概念、范围的基础上，详细阐述了取得存货、发出存货的计价方法，以及原材料、委托加工材料、库存商品、周转材料、存货清查和减值的核算方法。取得存货的入账价值应采用历史成本计价，发出存货的计价方法有先进先出法、个别计价法、加权平均法、移动加权平均法、毛利率法和零售价法等。产品制造业的存货可以按实际成本法或计划成本法进行核算，商品流通企业库存商品的核算方法有数量进价金额核算法和售价金额核算法。为了保证企业财产的真实、安全、完整，期末要进行存货清查、减值的核算。原材料按实际成本法和计划成本法核算为本章的重点，存货的计划成本法核算和期末减值的核算是难点。

【思考题】

1. 什么是存货？发出存货的计价方法有哪些？各有何优缺点？
2. 简述发出存货的不同计价方法对利润的影响。
3. 原材料的实际成本是怎样构成的？如何核算？
4. 简要说明"材料成本差异"账户的基本结构。
5. 存货按计划成本核算有何特点？
6. 委托加工材料的成本包括哪些内容？
7. 什么是低值易耗品、包装物，如何核算？
8. 存货的清查、减值如何核算？

【技能训练】

一、单项选择题

1. 下列各项目中，不属于存货范围的有（　　　）。

A. 库存商品　　　　B. 低值易耗品　　　　C. 厂房设备　　　　D. 在产品

2. 购入存货的入账价值应采用（　　）。

A. 历史成本　　　　B. 重置成本　　　　C. 可变现净值　　　　D. 计划成本

3. 在物价变动的情况下，采用（　　）计价可使期末库存材料的价值最接近现行市场价格。

A. 先进先出法　　　　B. 实际成本法　　　　C. 加权平均法　　　　D. 个别计价法

4. 某企业3月1日存货结存数量为200件，单价为4元；3月2日发出存货150件；3月5日购进存货200件，单价4.4元；3月7日发出存货100件。在采用加权平均法的情况下，3月7日结存的实际成本为（　　）元。

A. 630　　　　B. 432　　　　C. 1 080　　　　D. 1 032

5. 下列存货发出计价的各种方法中，存货的成本流转与实物流转完全一致，最能准确地反映销售成本和期末存货成本的是（　　）。

A. 先进先出法　　　　B. 实际成本法　　　　C. 加权平均法　　　　D. 个别计价法

6. 在物价上涨的情况下，采用（　　）计价方法会使当期净利润最大。

A. 先进先出法　　　　B. 个别计价法　　　　C. 加权平均法　　　　D. 移动平均法

7. 下列各项支出中，一般纳税企业不计入存货成本的有（　　）。

A. 购入存货时支付的增值税进项税额　　　　B. 入库前的挑选整理费

C. 购买存货发生的运杂费　　　　D. 购买存货发生的进口关税

8. 材料采购途中的合理损耗应（　　）。

A. 由供应单位赔偿　　　　B. 计入材料采购成本

C. 由保险公司赔偿　　　　D. 计入管理费用

9. 某企业为一般纳税人，从外地购入原材料一批，取得的增值税发票上注明：材料价格为10 000元，增值税为1 600元，另支付运费800元，支付装卸费200元，该材料的采购成本为（　　）元。

A. 12 700　　　　B. 11 000　　　　C. 10 944　　　　D. 10 930

10. 某工业企业为增值税一般纳税人。购入甲材料5 000吨，收到的增值税专用发票上标明：售价每吨1 200元，增值税税额为960 000元。另发生运输费用60 000元，增值税税额为6 000元，装卸费20 000元，途中保险费18 000元。原材料运抵企业后，验收入库材料4 996吨，运输途中发生的合理损耗4吨。该原材料的入账价值为（　　）元。

A. 6 078 000　　　　B. 6 098 000　　　　C. 6 093 800　　　　D. 6 089 000

11. 某企业委托外单位加工一批属于应税消费品的材料，材料加工完成后继续生产应税消费品。该企业对于加工单位代交的消费税，应（　　）账户。

A. 借记"原材料"　　　　B. 借记"委托加工物资"

C. 借记"应交税费——应交消费税"　　　　D. 贷记"应交税费——应交消费税"

12. 原材料按计划成本核算时，在途材料在（　　）账户余额中反映。

A. 原材料　　　　B. 材料采购　　　　C. 在途物资　　　　D. 生产成本

13. 某工业企业月初库存原材料的计划成本为18 500元，"材料成本差异"账户贷方余额为 1 000 元。本月购入原材料的实际成本为 42 000 元，计划成本为 41 500 元，本月发出材料计划成本为 30 000 元。本月月末库存材料的实际成本为（   ）元。

    A. 30 000   B. 30 250   C. 29 750   D. 29 500

    14. 某工业企业为一般纳税人，原材料采用计划成本核算，乙材料计划成本每吨为 20 元。本期购进乙材料 6 000 吨，收到的增值税发票上标明，价款总额 102 000 元，增值税 16 320 元，另发生运杂费 1 400 元，途中保险费 359 元。原材料运抵企业后验收入库 5 995 吨，运输途中合理损耗 5 吨。购进乙材料发生的成本差异为（   ）元。

    A. −1 099   B. −16 141   C. −1 199   D. −16 241

    15. 随同商品出售，单独计价的包装物的收入应当计入（   ）。

    A. 主营业务收入   B. 其他业务收入   C. 营业外收入   D. 其他业务成本

    16. 出租包装物，其价值的摊销应计入（   ）账户。

    A. 营业外支出   B. 管理费用   C. 其他业务成本   D. 销售费用

    17. 企业发生原材料盘亏或毁损时，不应作为管理费用列支的有（   ）。

    A. 自然灾害造成的原材料净损失   B. 保管中发生的定额内自然损耗

    C. 收发计量发生的盘亏损失   D. 管理不善造成的盘亏损失

    18. 某企业因火灾原因盘亏一批材料，价值 16 000 元，该批材料的进项税额为 2 560 元。收到保险公司赔偿款 1 500 元，残料入库 200 元。报经批准后，应计入营业外支出账户的金额为（   ）元。

    A. 14 400   B. 18 620   C. 14 300   D. 16 860

    19. 某企业 2017 年 12 月 31 日存货的账面余额为 20 000 元，预计可变现净值为 19 000 元。2018 年 12 月 31 日存货的账面余额为 20 000 元，预计可变现净值为 21 000 元。则 2018 年末冲减的存货跌价准备为（   ）元。

    A. 2 000   B. 1 000   C. 9 000   D. 3 000

    20. 存货计提减值体现的会计信息质量要求是（   ）。

    A. 谨慎性   B. 相关性   C. 及时性   D. 可靠性

    21. 某企业采用毛利率法计算发出存货的成本，2018 年 1 月实际毛利率 30%，2 月初的存货成本为 160 000 元，2 月购入存货成本为 620 000 元，销售收入为 950 000 元。该企业 2 月的存货成本为（   ）元。

    A. 665 000   B. 495 000   C. 285 000   D. 115 000

    22. 商品流通企业购入存货的运杂费用，如果金额较小可直接列入（   ）。

    A. 存货成本   B. 销售费用   C. 销售成本   D. 营业外支出

    23. 某商品流通企业期初库存商品成本为 30 万元，售价总额为 43 万元；当期购入商品的实际成本为 67.5 万元，售价总额为 107 万元；当期销售收入为 110 万元，在采用零售价法的情况下，该企业期末库存商品成本为（   ）万元。

    A. 71.5   B. 40   C. 12.5   D. 26

    24. 某批发企业月初百货类商品结存 12 500 元，本月购入 50 000 元，销售净额 37 500 元。上季度该类商品毛利率为 20%，按毛利率法计算，则月末该类商品的存货成本为（　　）元。

A. 32 500　　　　B. 30 000　　　　C. 55 000　　　　D. 35 000

二、多项选择题

1. 下列属于存货发出的计价方法有（　　）。

A. 先进先出法　　　B. 加权平均法　　　C. 个别计价法　　　D. 实际成本法

E. 计划成本法

2. 下列各项中属于企业存货的是（　　）。

A. 包装物　　　　B. 在产品　　　　C. 在途材料　　　　D. 机器设备

E. 库存商品

3. 下列各项中属于企业存货的有（　　）。

A. 已经付款但尚未验收入库的存货　　　B. 尚未付款但已运到本企业的货物

C. 已出售但仍存放在本企业的存货　　　D. 已付款并验收入库的存货

E. 已经运离本企业但尚未出售的存货

4. 下列不应计入外购存货采购成本的有（　　）。

A. 运输机构造成的损失　　　　　　　B. 运输途中的合理损耗

C. 采购人员的差旅费　　　　　　　　D. 进口关税

E. 入库前的挑选整理费用

5. 在实际成本法下，下列影响外购存货总成本的有（　　）。

A. 存货价格　　　B. 运杂费　　　C. 进口关税　　　D. 管理费用

E. 运输途中的合理损耗

6. 委托加工材料收回后，将用于直接销售，其实际成本包括（　　）。

A. 发出加工材料的实际成本　　　　B. 支付的加工费

C. 加工费用和往返运杂费　　　　　D. 支付的增值税

E. 受托方代收代交的消费税

7. "材料成本差异"账户贷方反映的内容有（　　）。

A. 入库材料的超支差异　　　　B. 入库材料的节约差异

C. 发出材料应负担的超支差异　　　　D. 发出材料应负担的节约差异

E. 发出材料应负担的超支差异或节约差异

8. 一般纳税企业委托其他单位加工材料，收回后用于直接出售，下列应计入委托加工材料成本的有（　　）。

A. 支付的加工费　　　　　　　　B. 支付的增值税

C. 途中运杂费　　　　　　　　　D. 发出材料的实际成本

E. 受托方代收代缴的消费税

9. 出租包装物的收入不应计入（　　）。

A. 主营业务收入　　　B. 其他业务收入　　　C. 营业外收入　　　D. 劳务收入

E. 商品销售收入

10. 下列业务通过"其他业务收入"账户核算的有（　　）。

A. 销售产品的收入　　　　　　　B. 出借包装物收到的押金

C. 销售材料的收入　　　　　　　D. 出租包装物的租金收入

E. 随同产品出售，单独计价的包装物的收入

11. 下列项目中，应作为销售费用处理的有（　　　）。

A. 随同商品出售，不单独计价的包装物的成本

B. 随同商品出售，单独计价的包装物的成本

C. 出租包装物的成本

D. 出借包装物的成本

E. 以上均不是

12. 企业进行财产清查时，对于盘亏的材料，应先计入"待处理财产损溢"账户，待期末或报经批准后，根据不同的原因可能转入的账户是（　　　）。

A. 管理费用　　　B. 销售费用　　　C. 营业外支出　　　D. 其他应收款

E. 财务费用

13. 将期末存货的成本与可变现净值进行比较的方法有（　　　）。

A. 单项比较法　　　B. 分类比较法　　　C. 总额比较法　　　D. 备抵法

E. 直接转销法

三、判断题（正确的打"√"，错误的打"×"）

1. 凡是法定财产所有权属于企业的一切为销售或耗用而储存的资产，不管其存放地点如何，都作为企业的存货。　　　　　　　　　　　　　　　　　　（　　　）

2. 购入材料，在运输途中发生的合理损耗不需要单独进行账务处理。　（　　　）

3. 采用加权平均法对存货计价，当物价上升时，加权平均成本会小于现行成本；当物价下降时，加权平均成本将会大于现行成本。　　　　　　　　　　　（　　　）

4. 在物价波动的情况下，采用先进先出法确定的期末存货成本比较接近当前的成本水平。　　　　　　　　　　　　　　　　　　　　　　　　　　　　　（　　　）

5. 采购材料在运输途中发生的一切损耗，均应计入购进材料的采购成本。　（　　　）

6. 一般纳税企业购入生产用原材料时，支付的运费应全部计入材料的采购成本。
　　　　　　　　　　　　　　　　　　　　　　　　　　　　　　　　（　　　）

7. 属于非常损失造成的存货毁损，应按该存货的净损失计入营业外支出。（　　　）

8. 摊销出借或出租包装物的价值均应计入"销售费用"账户。　　　　　（　　　）

9. 随同商品出售，不单独计价包装物的成本，直接计入产品成本。　　　（　　　）

10. 委托加工存货收回后用于直接销售的，由受托方代扣代缴的消费税应计入"应交税费——应交消费税"账户的借方。　　　　　　　　　　　　　　　　（　　　）

11. 企业材料采用计划成本法进行核算时，月末发出材料应分摊的成本差异，无论是超支差异还是节约差异，均应计入"材料成本差异"账户的贷方。　　　（　　　）

四、实务题

实务操作（4-1）

（一）目的：练习发出材料的计价方法。

（二）资料：宏翔公司为增值税一般纳税人。2018年7月1日结存A材料1 000千克，单位成本50元。7月A材料收发业务如下：

1. 5日，从外地购入A材料5 000千克，价款235 600元，增值税37 696元，运杂费2 100元。A材料验收入库时实收4 950千克，短缺的50千克属于定额内合理损耗。

2. 8日，生产领用A材料1 800千克。

3. 12日，在本市购入A材料4 000千克，价款194 000元，增值税31 040元，材料已验收入库。

4. 15日，生产领用A材料3 500千克。

5. 20日，从外地××公司购入A材料2 500千克，单价46.5元，价款116 250元，增值税共为18 600元。支付运杂费共为2 560元，其中运费可予以抵扣进项税为60元。A材料已验收入库。

6. 25日，生产领用A材料6 000千克。

（三）要求：分别按先进先出法、加权平均法计算7月发出A材料的实际成本和月末结存成本。

实务操作（4-2）

（一）目的：练习原材料按实际成本的核算。

（二）资料：宏翔公司为增值税一般纳税企业，材料按实际成本核算。该企业2018年8月发生经济业务如下：

1. 1日，向丙企业采购B材料，材料买价共计为30 000元，增值税为4 800元，丙企业代垫运杂费1 000元，全部款项用银行存款支付，材料已验收入库。

2. 1日，上月末已验收入库但尚未收到其结算凭证而暂估入账的材料一批，金额为70 000元。

3. 5日，向甲企业购入A材料，结算凭证上买价共计100 000元，增值税16 000元，甲企业代垫运费1 500元。材料已验收入库，款项未付。

4. 8日按照合同规定，向乙企业预付购料款80 000元，已开出转账支票支付。

5. 9日，上月已付款的在途A材料已验收入库，其实际成本为50 000元。

6. 12日，向丁企业采购A材料1 000千克，每千克120元，增值税税额为19 200元；货款共140 400元已通过银行支付，材料尚未收到。

7. 20日，向丁企业购买的A材料运达，验收入库950千克，短缺50千克，原因待查。

8. 25日，用预付货款方式向乙企业采购的B材料已验收入库，增值税专用发票上列明，材料价款70 000元，增值税为11 200元，即开出一张转账支票补付货款1 200元。

9. 28日，向丁企业购入的A材料短缺50千克原因已查明，属于运输部门造成的损失，并由其赔偿。

10. 28日，向丁企业购入A材料500千克，材料已验收入库，结算凭证尚未到达。

11. 31 日，根据发料凭证汇总表，本月基本生产车间生产产品领用原材料 425 000元，其中：A 材料 400 000 元，B 材料 25 000 元；车间一般性消耗领用 B 材料 80 500 元，厂部管理部门领用 B 材料 87 600 元，销售部门领用 A 材料 52 800 元。

（三）要求：根据以上经济业务编制会计分录。

实务操作（4-3）

（一）目的：练习原材料按计划成本的核算。

（二）资料：大强公司为增值税一般纳税人，材料按计划成本核算。该企业 2018 年 7 月初"原材料"账户余额 135 000 元，"材料成本差异"账户借方余额 11 961.4 元。7 月发生如下经济业务：

1. 4 日，向乙企业采购 A 材料，买价 110 000 元，增值税为 17 600 元，运杂费 1 600 元，货款共计 129 200 元，款项用银行存款支付。材料已验收入库，计划成本为 110 000元。

2. 12 日，向甲企业购入 A 材料，买价 150 000 元，增值税 24 400 元，甲企业代垫运杂费 2 000 元。款项未付，该批材料已验收入库，计划成本为 160 000 元。

3. 15 日，向丙企业采购 B 材料 4 000 千克，买价 150 000 元，增值税为 24 400 元，丙企业已代垫运杂费 2 400 元。货款共计 176 800 元，已用银行存款支付，材料尚未收到。

4. 25 日，向丙企业购买的 B 材料已运到，实际验收入库 3 930 千克，短缺 70 千克，其中：20 千克属定额内合理损耗，其余 50 千克原因待查。B 材料单位计划成本为 38 元。

5. 28 日，向乙企业采购 A 材料，发票等结算凭证尚未收到。材料已验收入库，计划成本为 60 000 元。

6. 经查明向丙企业购入的短缺的 50 千克 B 材料，属于运输部门责任造成的，由其赔偿。

7. 31 日，根据发料凭证汇总表，本月领用材料的计划成本为 538 000 元，其中：生产产品领用 396 000 元，车间管理部门领用 45 000 元，厂部管理部门领用 67 000 元，销售部门领用 30 000 元。要求作出领用材料和结转发出材料成本应分摊的成本差异的分录。

（三）要求：1. 计算 7 月的材料成本差异率，并计算出发出材料和结存材料应分摊的成本差异。

2. 根据以上经济业务编制有关会计分录。

实务操作（4-4）

（一）目的：练习委托加工材料的核算。

（二）资料：宏翔公司为增值税一般纳税人，委托乙企业将 A 材料加工成 B 材料，B 材料属于应税消费品，加工收回后用于连续生产应税消费品，有关经济业务如下：

1. 向乙企业发出 A 材料，实际成本 120 000 元。

2. 用银行存款支付乙企业加工费、运杂费以及相关税金等共计 32 550 元，其中加工费 15 000 元、消费税 13 000 元。

3. B 材料加工完毕，验收入库，实际成本为 137 000 元。

（三）要求：根据以上经济业务编制会计分录。

实务操作（4-5）

（一）目的：练习商品流通企业售价金额核算法。

（二）资料：某零售商店为增值税一般纳税人，对商品收发存采用售价金额核算法。该商店 2018 年 8 月发生以下经济业务：

1. 2 日，向外地某厂家购进商品一批，买价为 300 000 元，增值税 48 000 元，运杂费 2 300 元，该运费金额较小（其中运费可抵扣的进项税额为 91 元）。款项共计 350 300 元已用银行存款支付，商品已验收入库，该商品的含税售价为 449 000 元。

2. 10 日，上月已付款的在途商品已运达并验收入库，该批商品的实际进价为 85 000 元，含税售价为 100 000 元。

3. 18 日，销售商品一批，取得的含税销售收入 98 700 元，款项已送存银行，同时，按含税收入结转商品的销售成本。

4. 假定全月商品含税销售收入为 3 652 740 元，增值税税率为 16%，月末进行价税分解。

5. 假定"库存商品"账户月末余额为 246 015 元，"商品进销差价"账户月末贷方余额为 1 169 100 元（分摊前）。月末，对本月已销商品分摊进销差价。

（三）要求：根据以上经济业务编制会计分录。

实务操作（4-6）

（一）目的：练习低值易耗品、包装物的核算。

（二）资料：宏翔公司为增值税一般纳税人，低值易耗品、包装物采用实际成本法核算，8 月发生下列经济业务：

1. 2 日，厂部管理部门领用低值易耗品一批，实际成本为 54 000 元；基本生产车间领用低值易耗品一批，实际成本为 12 000 元。采用一次摊销法摊销其价值。

2. 6 日，基本生产车间报废低值易耗品一批，残料变价收入 100 元。该批低值易耗品在领用时已采用一次摊销法摊销完毕。

3. 11 日，基本生产车间生产产品领用包装物一批，实际成本 8 500 元。

4. 12 日，销售部门为销售产品领用包装物一批，实际成本 2 300 元，该批包装物随同产品出售而不单独计价。

5. 25 日，销售部门为销售产品领用包装物一批，实际成本 4 000 元，该批包装物随同产品出售，单独计价为 5 000 元，增值税 850 元，款项 5 850 元已收存银行。

（三）要求：根据以上经济业务编制会计分录。

实务操作（4-7）

（一）目的：练习存货清查的核算。

（二）资料：宏翔公司对存货进行清查，清查结果及批准处理情况如下：

1. 发现盘盈 A 材料 50 千克，单位实际成本为 300 元。

2. 发现盘亏 B 原材料 400 千克，单位实际成本为 100 元，其购进时增值税进项税额为 6 528 元。

3. 上述原因已查明，A 材料盘盈系收发计量误差所致；B 原材料短缺是保管人失职所造成，由其赔偿。经批准后对上述清查结果作出处理。

（三）要求：根据以上经济业务编制会计分录。

实务操作（4-8）

（一）目的：练习存货减值的核算。

（二）资料：东风工厂采用备抵法核算存货的跌价损失，某材料存货的有关资料如下：

1. 2016 年初"存货跌价准备"科目为贷方余额 4 210 元，2013 年末存货成本为 863 000 元，可变现净值为 857 220 元。

2. 2017 年末，存货成本为 629 000 元，可变现净值为 624 040 元。

3. 2018 年末，存货成本 710 020 元，可变现净值为 734 170 元。

（三）要求：1. 计算各年应提取的存货跌价准备；

          2. 编制相应的会计分录。

【案例分析】

资料：某市地税稽查局在 2018 年税收财务大检查中，发现某五金厂 2017 年上半年和下半年对存货成本采用了不同的计价方法。上半年产成品的存货成本采用先进先出法，销售实现后，按账面存货成本结转产品销售成本。但是从 2017 年 7 月开始，在未经税务机关批准的情况下，擅自改变存货计价方法而采用了加权平均法，致使 2014 年产品销售成本上升了将近 400 万元。

案例要求：企业改变存货计价方法违反了会计准则的哪些规定？企业为什么改变存货计价方法，带来的结果是什么？

第五章

对外投资

【学习目标】

● 了解对外投资的概念、分类;
● 掌握交易性金融资产、债权投资初始金额的确定;
● 熟练掌握交易性金融资产、债权投资的核算;
● 熟练掌握长期股权投资的成本法核算和权益法核算。

第一节 对外投资概述

一、对外投资概述

经济学上的投资是指牺牲或放弃现在可用于消费的价值,以获取未来更大价值的一种经济活动。假如你手上现有 1 000 元,你可以选择在周末出去游玩,然后再去吃上一顿大餐;也可以选择将 1 000 元存入银行,若干年后可获得本金和利息;或者选择买入股票或基金,等待分红或涨升;或者选择参股朋友所开的小店,分得利润;等等。前面一种情况就是花掉金钱(价值)以获得消费与享受;后面几种情况就是放弃现在的消费以获得以后更多的金钱,这就是投资。再简单来说,你的本金在未来能增值或获得收益的所有活动都可叫投资。投资与消费是一个相对的概念。

投资按投资主体的不同可以分为个人投资和企业投资。企业投资又可分为对内投资和对外投资。企业的对内投资是指把资金投向企业内部,形成各项流动资产、固定资产、无形资产和其他资产的投资。企业的对外投资是指企业在其本身经营的主要业务以外,以现金、实物、无形资产等方式,或者以购买股票、债券等有价证券方式向境内外的其他单位进行投资,以期在未来获得投资收益的经济行为。对外投资是相对于对内投资而言的,企业对外投资收益是企业总收益的组成部分。在市场经济特别是发展横向经济联合的条件下,企业对外投资已成为企业财务活动的重要内容。本章主要讲企业的对外投资。

一般来说,对外投资有利于企业闲置的资金(资产)得到充分利用,提高资金的使用效益；通过合资、联营等方式的对外投资，还有利于从国内外其他单位直接获取先进技术，快速提高企业的技术档次；利用控股方式的对外投资，可以使企业以较少的资金实现扩张的目的。总之，处理好企业对外投资于企业的经济效益具有重大意义。

二、对外投资的分类

对企业投资进行科学的分类，有利于分清投资的性质，加强投资的管理。常见的对外投资分类主要有如下几种。

（一）按形成的企业权益不同分类，分为债权性投资、权益性投资和混合性投资

债权性投资是指为取得债权而进行的投资，如购买国库券、公司债券等。这种投资风险小，目的是获取高于银行存款利息的收益。

权益性投资是指为获取另一企业的权益而进行的投资，如购买其他公司的股票等。这种投资通常是为了控制另一企业或对其施加重大影响，投资企业成为被投资单位的股东，按照持股比例享有权利。

混合性投资是指既有权益性质又有债权性质的投资，如购买优先股股票、可转换债券等。

（二）按投资方式不同分类，分为实物投资与证券投资

实物投资属直接投资的一种，是指直接用现金、实物、无形资产等投入其他单位，并直接形成生产经营活动的能力，为从事某种生产经营活动创造必要条件。它具有与生产经营紧密联系、投资回收期较长、投资变现速度慢、流动性差等特点。实物投资包括联营投资、兼并投资等。

证券投资属间接投资的一种，是指用现金、实物、无形资产等购买或折价取得其他单位有价证券（如股票、债券等）的对外投资。主要包括债券性证券、权益性证券和混合性证券等。

（三）按投出资金的回收期限，分为短期投资和长期投资

长期投资是指购进不准备随时变现、持有时间在一年以上的有价证券，以及超过一年的其他对外投资，如长期债券投资、长期股权投资。

短期投资是指能够随时变现、持有时间不超过一年的有价证券，以及不超过一年的其他投资。短期投资中以获取价差为目的购入的用于近期内出售的股票、债券等有价证券，在会计核算上又称为交易性金融资产。短期投资的目的是利用生产经营中暂时闲置不用的资金谋求收益，以提高资金的使用效率。

本章主要讲述对外投资中的间接投资，包括交易性金融资产、债权投资、长期股权投资。

第二节 交易性金融资产

一、交易性金融资产的概述

凡是以获取价差为目的购入的用于近期内出售的股票、债券等有价证券，都确认为

交易性金融资产。交易性金融资产的特点有以下两点：

1. 变现能力强。企业作为交易性金融资产购入的股票、债券，在企业资金周转发生困难时，随时可以将其卖出以换回货币资金，交易性金融资产的流动性仅次于货币资金。

2. 持有时间短。交易性金融资产主要是企业利用暂时闲置的货币资金，为谋求一定的收益而购买的股票和债券，其目的是短期内出售获取买卖价差，以提高资金的收益率。购入的股票和债券是作为交易性金融资产，还是作为长期投资，在很大程度上取决于管理当局的意图。

交易性金融资产应当按取得时的公允价值作为初始确认金额。支付的价款中包含已宣告而尚未领取的现金股利或已到付息期而尚未领取的利息，应单独确认为应收项目，不构成交易性金融资产的初始确认金额。

二、交易性金融资产的核算

（一）账户设置

企业交易性金融资产的核算需要设置以下账户：

1. "交易性金融资产"账户。该账户属于资产类，用以核算企业交易性金融资产的取得和转让等情况。该账户的借方登记交易性金融资产的取得成本、期末其公允价值高于其账面余额的差额等；贷方登记期末其公允价值低于其账面余额的差额以及企业出售交易性金融资产时结转的成本等。期末余额在借方，反映企业期末持有的交易性金融资产的公允价值。该账户应当按照交易性金融资产的类别和品种，分别设置"成本""公允价值变动"等明细账户进行核算。

公允价值，是指市场参与者在计量日发生的有序交易中，出售一项资产所能收到或者转移一项负债所需支付的价格。

2. "公允价值变动损益"账户。该账户属于损益类，用以核算企业交易性金融资产公允价值的增减变动情况。资产负债表日，交易性金融资产的公允价值低于其成本的差额计入该账户的借方，公允价值高于其成本的差额计入该账户的贷方，期末将该账户的余额转入"本年利润"账户，结转后无余额。

3. "投资收益"账户。该账户属于损益类，用以核算企业持有的交易性金融资产等的期间内取得的投资收益，以及出售交易性金融资产等实现的投资收益或投资损失。借方登记出售交易性金融资产等发生的投资损失；贷方登记持有交易性金融资产等的期间内取得的投资收益，以及出售交易性金融资产等实现的投资收益。期末将该账户的投资净收益转入"本年利润"账户，结转后本账户无余额。该账户可按投资项目设置明细账户进行明细核算。

4. "应收股利"账户。该账户属于资产类，用以核算企业应收取的现金股利等。应收尚未收到的现金股利计入该账户的借方，实际收到现金股利时计入该账户的贷方，期末余额在借方，反映企业尚未收到的现金股利。该账户可按被投资单位设置明细账户，进行明细核算。

5. "应收利息"账户。该账户属于资产类，用以核算企业应收取的利息等。应收尚未收到的利息计入该账户的借方，实际收到利息时计入该账户的贷方，期末余额在借方，反映企业尚未收到的利息。本账户可按被投资单位设置明细账户进行明细核算。

（二）交易性金融资产的核算

1. 取得交易性金融资产的核算。企业取得交易性金融资产时，应按其公允价值计入"交易性金融资产——××公司——成本"账户，取得交易性金融资产所支付价款中包含的已宣告而尚未领取的现金股利或已到付息期而尚未领取的利息，应计入"应收股利"或"应收利息"账户；取得时发生的相关交易费用计入当期损益（投资收益）。

❂【例5-1】2018年3月1日，某公司购入甲公司股票30 000股，作为交易性金融资产进行核算和管理，每股3元（含已宣告而尚未领取的现金股利每股0.5元），另支付交易费用400元。编制会计分录如下：

借：交易性金融资产——甲公司——成本　　　　　　　　　　　75 000
　　投资收益　　　　　　　　　　　　　　　　　　　　　　　　 400
　　应收股利　　　　　　　　　　　　　　　　　　　　　　　15 000
　　贷：银行存款　　　　　　　　　　　　　　　　　　　　　　90 400

4月3日收到购入时所含的股利：

借：银行存款　　　　　　　　　　　　　　　　　　　　　　　15 000
　　贷：应收股利　　　　　　　　　　　　　　　　　　　　　　15 000

❂【例5-2】2018年7月1日，某公司购入一批债券，作为交易性金融资产进行核算和管理，面值总额为100 000元，利率6%，半年付一次息。买价100 000元，另支付交易费用500元。编制会计分录如下：

借：交易性金融资产——××债券——成本　　　　　　　　　100 000
　　投资收益　　　　　　　　　　　　　　　　　　　　　　　　 500
　　贷：银行存款　　　　　　　　　　　　　　　　　　　　　100 500

2. 持有期间交易性金融资产投资收益的核算。交易性金融资产持有期间被投资单位宣告发放的现金股利或持有期间的应收利息，应确认为投资收益。

❂【例5-3】依据【例5-2】的资料，2018年12月31日计算应收债券利息3 000元。编制会计分录如下：

借：应收利息　　　　　　　　　　　　　　　　　　　　　　　 3 000
　　贷：投资收益　　　　　　　　　　　　　　　　　　　　　　 3 000

实际收到时：

借：银行存款　　　　　　　　　　　　　　　　　　　　　　　 3 000
　　贷：应收利息　　　　　　　　　　　　　　　　　　　　　　 3 000

3. 公允价值变动的核算。在资产负债表日，交易性金融资产应当按照其公允价值计量。当交易性金融资产公允价值高于其账面余额时，借记"交易性金融资产——公允价值变动"账户，贷记"公允价值变动损益"账户；当交易性金融资产公允价值低于其账面余额时，作相反的会计分录。

❄【例5-4】依据【例5-1】的资料，2018年3月1日购入的甲公司股票的公允价值为80 000元。编制会计分录如下：

借：交易性金融资产——甲公司——公允价值变动　　　　　　　　5 000
　　贷：公允价值变动损益　　　　　　　　　　　　　　　　　　　　　　5 000

4. 交易性金融资产出售的核算。企业出售交易性金融资产可能因股票、债券等市价的上涨而获取收益，也可能因市价的下跌而发生损失。出售交易性金融资产时，应按账面价值注销"交易性金融资产"账户，按实际收到的价款扣除原账面价值以及出售环节所发生的费用后的差额作为投资损益处理，若为投资收益，贷记"投资收益"账户，若为投资损失，借记"投资收益"账户。同时，为保证投资收益计算的正确性，将原计入"公允价值变动损益"账户的金额转出，借记或贷记"公允价值变动损益"账户，贷记或借记"投资收益"账户。

❄【例5-5】依据【例5-1】、【例5-3】的资料，2018年12月11日将持有的甲公司股票全部卖出，每股4元，支付交易费用600元。编制会计分录如下：

借：银行存款　　　　　　　　　　　　　　　　　　　　　　　119 400
　　贷：交易性金融资产——甲公司——成本　　　　　　　　　　　75 000
　　　　　　　　　　——甲公司——公允价值变动　　　　　　　　　5 000
　　　　投资收益　　　　　　　　　　　　　　　　　　　　　　39 400
同时，借：公允价值变动损益　　　　　　　　　　　　　　　　　5 000
　　　　　贷：投资收益　　　　　　　　　　　　　　　　　　　　　5 000

第三节　债权投资

一、债权投资概述

一般来说，企业购入的国债、金融债券、企业债券等应当确认为债权投资。

企业购入债券分为平价购入、溢价购入和折价购入三种方式。企业购入债券价格一般取决于债券的面值、票面利率、购入当时的实际利率以及债券期限的长短等因素。债券的票面利率一般固定不变，实际利率是购入债券当时的市场利率。企业购入债券的价格受同期实际利率的影响，经常会出现实际利率大于或小于票面利率的情况。当债券的票面利率高于实际利率时，则要按超过债券面值的价格购入债券，称为溢价购入，溢价购入对于投资者而言是为以后期间多得利息而事先付出的代价；如果债券的票面利率低于实际利率时，则要按低于债券面值的价格购入债券，称为折价购入，折价购入对于投资者而言是为以后期间少得利息而事先得到的补偿；如果债券的票面利率与实际利率一致，则要按债券的票面金额购入，称为平价购入（即按面值购入）。

债权投资按计息方式不同，分为到期一次还本付息债权投资和分期付息、到期还本债权投资。

企业取得债权投资应当按取得时的公允价值和发生的交易费用之和作为初始确认金额；支付的价款中包含已宣告而尚未发放的债券利息的，应单独确认为应收项目，不构成债权投资的初始确认金额。

二、债权投资的核算

为了核算和监督债权投资的取得、收取利息和出售等情况，企业应设置"债权投资"账户，该账户属于资产类，核算企业债权投资的账面价值。该账户的借方登记债权投资的取得成本、一次还本付息债券投资在资产负债表日按照票面利率计算确定的应收未收利息等；贷方登记企业出售债权投资时结转的成本等。期末余额在借方，反映企业期末"债权投资"的账面价值。企业可按债权投资的类别和品种，分别设置"成本""利息调整""应计利息"等明细账户进行明细核算。

（一）取得债权投资的核算

不管是按面值购入，还是溢价或折价购入长期债券，企业取得债券时都应按债券面值借记"债权投资——×债券——成本"账户，实际支付的价款中包含的已到付息期但尚未领取的利息借记"应收利息"账户，按实际支付的金额，贷记"银行存款"，按以上借贷方的差额，借记或贷记"债权投资——×债券——利息调整"账户。

☆【例5-6】2018年1月1日，甲公司购入某上市公司于当天发行的5年期债券，作为债权投资进行核算和管理。购入该批债券的面值总额为100万元，票面利率6%，每年付息一次。购入时支付价款100万元，另支付交易费用1万元。编制会计分录如下：

借：债权投资——×债券——成本　　　　　　　　　　　　　　　　1 000 000
　　　　　　——×债券——利息调整　　　　　　　　　　　　　　　　10 000
　　贷：银行存款　　　　　　　　　　　　　　　　　　　　　　　1 010 000

☆【例5-7】2018年3月1日，某公司购入当天发行的3年期债券，作为债权投资进行核算和管理。购入该批债券的面值总额为10万元，票面利率6%，每年付息一次。购入时支付价款8万元，另支付交易费用1 000元。编制会计分录如下：

借：债权投资——×债券——成本　　　　　　　　　　　　　　　　　100 000
　　贷：银行存款　　　　　　　　　　　　　　　　　　　　　　　　81 000
　　　　债权投资——×债券——利息调整　　　　　　　　　　　　　　19 000

☆【例5-8】2018年1月1日，甲公司购入丙公司于当天发行的3年期债券，作为债权投资进行核算和管理。购入该批债券的面值总额为10万元，票面利率12%，每年付息一次。购入时支付价款104 900元，另支付交易费用500元。该债券每年付息一次，到期还本，实际利率为9.8371%。编制会计分录如下：

借：债权投资——丙公司债券——成本　　　　　　　　　　　　　　　100 000
　　　　　　——丙公司债券——利息调整　　　　　　　　　　　　　　5 400
　　贷：银行存款　　　　　　　　　　　　　　　　　　　　　　　　105 400

（二）持有期间利息收入的核算

债权投资在持有期间按照其账面价值和实际利率计算的债券利息收入，确认为投资收益，同时将利息调整按实际利率法进行摊销。其计算公式为

$$每期利息收入 = 债券投资账面价值 \times 实际利率$$

$$每期应收利息 = 债券面值 \times 债券票面利率$$

$$每期利息调整摊销额 = 每期应收利息 - 每期利息收入$$

$$或：每期利息调整摊销额 = 每期利息收入 - 每期应收利息$$

资产负债表日，债权投资若为分期付息、一次还本的债券，应按票面利率计算确定的应收未收利息，借记"应收利息"账户，按计算确定的实际利息收入，贷记"投资收益"账户，按其差额，借记或贷记"债权投资——×债券——利息调整"账户。若为一次还本付息的债券，每期末按票面利率计算确定的应收未收利息，借记"债权投资——×债券——应计利息"账户，按计算确定的实际利息收入，贷记"投资收益"账户，按其差额，借记或贷记"债权投资——×债券——利息调整"账户。

★【例5-9】依据【例5-8】的资料，甲公司每年末确认利息收入并摊销利息调整。

计算每年利息调整摊销额如表5-1所示。

表5-1　　　　　　　　　　债券利息调整摊销表　　　　　　　　　单位：元

计息 日期	① 应收利息	② 利息收入	③ = ① - ② 利息调整摊销	④ 未摊销利息调整	⑤ 账面价值
2018.1.1				5 400	105 400
2018.12.31	12 000	10 368	1 632	3 768	103 768
2019.12.31	12 000	10 208	1 792	1 976	101 976
2020.12.31	12 000	10 024*	1 976*	0	100 000
合计	36 000	30 600	5 400	—	—

*1 976 = 5 400 - 1 632 - 1 792

*10 024 = 12 000 - 1 976

（1）2018年末确认利息收入，并摊销利息调整。

应收利息 = 100 000 × 12% = 12 000（元）

利息收入 = 105 400 × 9.8371% ≈ 10 368（元）

摊销利息调整 = 12 000 - 10 368 = 1 632（元）

编制会计分录如下：

借：应收利息　　　　　　　　　　　　　　　　　　　　　　　　　　12 000

　　贷：投资收益　　　　　　　　　　　　　　　　　　　　　　　　　　10 368

　　　　债权投资——丙公司债券——利息调整　　　　　　　　　　　　　1 632

（2）2019 年末确认利息收入，并摊销利息调整。

应收利息 = 100 000 × 12% = 12 000（元）

利息收入 =（105 400 – 1 632）× 9.8371% ≈ 10 208（元）

摊销利息调整 = 12 000 – 10 208 = 1 792（元）

编制会计分录如下：

借：应收利息　　　　　　　　　　　　　　　　　　　　　　12 000

　　贷：投资收益　　　　　　　　　　　　　　　　　　　　　　10 208

　　　　债权投资——丙公司债券——利息调整　　　　　　　　　 1 792

（3）2020 年末确认利息收入，并摊销利息调整。

应收利息 = 100 000 × 12% = 12 000（元）

摊销利息调整 = 5 400 – 1 632 – 1 792 = 1 976（元）

利息收入 = 12 000 – 1 976 = 10 024（元）

编制会计分录如下：

借：应收利息　　　　　　　　　　　　　　　　　　　　　　12 000

　　贷：投资收益　　　　　　　　　　　　　　　　　　　　　　10 024

　　　　债权投资——丙公司债券——利息调整　　　　　　　　　 1 976

（三）债权投资到期的核算

债权投资到期，若为一次到期还本付息债券，到期收回本金和全部利息。按本金和全部利息数额借记"银行存款"账户，按全部利息贷记"债权投资——×债券——应计利息"账户，按本金贷记"债权投资——×债券——成本"账户；若为分期付息、到期还本债券，到期收回本金和最后一期利息。按本金和最后一期利息数额借记"银行存款"账户，按最后一期利息贷记"应收利息"账户，按本金贷记"债权投资——×债券——成本"账户。

依据【例 5 – 8】的资料，甲公司持有丙公司的债券到期，收回本金。

借：银行存款　　　　　　　　　　　　　　　　　　　　　　112 000

　　贷：债权投资——丙公司债券——成本　　　　　　　　　　　100 000

　　　　应收利息　　　　　　　　　　　　　　　　　　　　　　12 000

【知识专栏 5 – 1】

长期股权投资成本法的历次变化

从 1992 年颁布实施《企业会计准则——投资》（以下简称旧准则），到 2006 年 2 月 15 日印发的《企业会计准则第 2 号——长期股权投资》（以下简称新准则），再到 2009 年 6 月 11 日印发的《企业会计准则解释第 3 号》（以下简称解释第 3 号），最后到 2014 年 3 月 13 日印发的《企业会计准则第 2 号——长期股权投资》修订版（财会

〔2014〕14号，以下简称修订版），长期股权投资成本法经历了从核算范围到核算方法的变化，这些变化对企业的财务状况产生了有利有弊的影响。

与旧准则相比，新准则对长期股权投资成本法的核算范围进行了调整，把长期股权投资中投资企业可以控制被投资企业的情形由原来的权益法核算改为成本法核算，成本法的核算范围扩大了。

与新准则相比，解释第3号对长期股权投资成本法核算的会计处理方法进行了调整，主要体现在分得股利和减值处理两个环节上：一是分得股利时不再区分投资前后，全部按享有份额确认投资收益；二是增加了减值迹象的具体规定，统一了减值处理标准。

与新准则和解释第3号相比，修订版规定投资企业持有的对被投资单位不具有控制、共同控制或重大影响，并在活跃市场中没有报价、公允价值不能可靠计量的权益性投资适用《企业会计准则第22号——金融工具确认和计量》，成本法的核算范围缩小了。

第四节　长期股权投资

一、长期股权投资的概念

《企业会计准则第2号——长期股权投资》所称长期股权投资，是指投资方对被投资单位实施控制、重大影响的权益性投资，以及对其合营企业的权益性投资。投资企业能够对被投资单位实施控制的权益性投资，被投资单位为其子公司。投资企业与其他合营方一同对被投资单位实施共同控制的权益性投资，被投资单位为其合营企业。投资企业对被投资单位具有重大影响的权益性投资，被投资单位为其联营企业。除此之外，其他权益性投资不作为长期股权投资进行核算。

长期股权投资在持有期间，根据投资企业对被投资单位的影响程度，应分别采用成本法或权益法进行核算。

二、长期股权投资的成本法核算

（一）长期股权投资成本法核算的范围

成本法是指投资按成本计价的方法。投资企业能够对被投资单位实施控制的长期股权投资，即企业对子公司的长期股权投资，应当采用成本法核算。之所以如此处理，原因在于采用成本法处理对子公司的投资，着重反映投资所能够收到的现金股利或利润，这是确确实实的现金流入，是会计信息的使用者较为关心的信息，所以采用成本法编制的独立财务报表能够提供一些有价值、有意义的信息，即"采用成本法编制的独立财务报表更具有相关性"。但是成本法下不能反映母公司实际控制的经济资源的整体盈利状况。

（二）长期股权投资初始投资成本的确定

采用成本法核算的长期股权投资应当按照初始投资成本计价。企业以支付现金取得的长期股权投资，应当按照实际支付的购买价款、相关税费以及其他必要支出作为初始投资成本。实际支付的价款中包含的已宣告但尚未发放的现金股利或利润，作为应收项目处理，不构成长期股权投资的成本。

在长期股权投资持有期间，投资企业追加投资或收回投资应当调整长期股权投资的成本。除此之外，长期股权投资的账面价值一般保持不变。

（三）长期股权投资的成本法核算

长期股权投资的成本法核算要设置"长期股权投资"账户，该账户为资产类账户。购入股权时以其实际成本计入该账户的借方，减少股权时计入该账户的贷方，余额在借方，反映期末长期股权投资的账面余额。该账户应当按照被投资单位进行明细核算。

1. 取得长期股权投资的核算。投资企业取得长期股权投资时，应当按照初始投资成本计价。

☆【例5-10】甲公司2018年1月10日购入乙公司80%的股权，支付价款共1 500万元。甲公司在取得该部分股权后，能够有权利主导乙公司的相关活动并获得可变回报。

甲公司应采用成本法核算，编制会计分录如下：

借：长期股权投资——乙公司　　　　　　　　　　　　　　　　15 000 000
　　贷：银行存款　　　　　　　　　　　　　　　　　　　　　　　15 000 000

2. 持有期间被投资单位宣告发放现金股利或利润的核算。长期股权投资持有期间被投资单位宣告发放现金股利或利润时，企业按应享有的部分确认为投资收益，借记"应收股利"账户，贷记"投资收益"账户。

☆【例5-11】依据【例5-10】，乙公司4月1日宣告发放现金股利共1 000 000元。则甲公司应编制会计分录如下：

乙公司宣告发放现金股利时：

借：应收股利　　　　　　　　　　　　　　　　　　　　　　　　8 000 000
　　贷：投资收益　　　　　　　　　　　　　　　　　　　　　　　8 000 000

收到现金股利时：

借：银行存款　　　　　　　　　　　　　　　　　　　　　　　　8 000 000
　　贷：应收股利　　　　　　　　　　　　　　　　　　　　　　　8 000 000

三、长期股权投资核算的权益法

（一）长期股权投资权益法核算的范围

权益法是指投资以初始投资成本计量后，在投资持有期间，根据被投资单位所有者权益的变动，投资企业按应享有（或应分担）被投资单位所有者权益的份额相应调整增加或减少长期股权投资账面价值的一种核算方法。

投资企业对被投资企业具有共同控制或重大影响的长期股权投资，即对联营企业投资及合营企业投资，应当采用权益法核算。

在权益法下，企业对子公司的长期股权投资的账面价值，随着子公司净资产的变化而发生变化。当子公司实现利润，母公司需要相应地确认投资收益，由此，母公司的当期利润提高。但是，母公司该部分利润并没有相应的实际的现金流入支持，从而出现了母公司有利润（对子公司的投资收益）而无现金进行利润分配的情形，它容易误导会计信息使用者对财务报表的阅读。然而，权益法下可以反映出母公司实际控制的经济资源（包括子公司的经济资源）的整体盈利状况，这是权益法相对于成本法的优点。

（二）长期股权投资的权益法核算

在权益法下，"长期股权投资"账户反映投资企业在被投资单位中享有权益的多少，借方登记按被投资单位实现的净收益、其他综合收益和其他权益变动等计算的应享有的份额，贷方登记被投资单位宣告分派现金股利或利润时投资企业按持股比例计算应享有的份额，以及按被投资单位发生的净亏损、其他综合收益和其他权益变动等计算应分担的份额，期末借方余额反映企业持有的长期股权投资的账面余额。该账户应当分别按"投资成本""损益调整""其他综合收益""其他权益变动"进行明细核算。

1. 取得长期股权投资的核算。取得长期股权投资时，通常借记"长期股权投资——××公司（成本）"账户，贷记"银行存款"等账户。长期股权投资的初始投资成本大于投资时应享有被投资单位可辨认净资产公允价值份额的，不调整长期股权投资的初始投资成本；长期股权投资的初始投资成本小于投资时应享有被投资单位可辨认净资产公允价值份额的，其差额应当计入当期损益（营业外收入），同时调整长期股权投资的初始投资成本。

⭐【例5-12】2017年7月31日，甲公司购进乙公司普通股100万股，占乙公司股本的30%，准备长期持有，甲公司对乙公司能施加重大影响。购入时，每股价格3元，另支付相关税费3万元，此时乙公司所有者权益总额为800万元。

甲公司对乙公司能施加重大影响，应采用权益法进行核算。编制会计分录如下：

长期股权投资的成本为：$100 \times 3 + 3 = 303$（万元）

甲公司在乙公司所有者权益总额中占的份额：$800 \times 30\% = 240$（万元）

借：长期股权投资——乙公司（投资成本）　　　　　　　　　　　3 030 000

　　贷：银行存款　　　　　　　　　　　　　　　　　　　　　　　3 030 000

若【例5-12】中甲公司购进乙公司普通股60万股，其他条件不变。

长期股权投资的成本为：$60 \times 3 + 3 = 183$（万元）

甲公司在乙公司所有者权益总额中占的份额：$800 \times 30\% = 240$（万元）

长期股权投资的初始投资成本小于投资时应享有被投资单位所有者权益份额，甲公司编制会计分录如下：

借：长期股权投资——乙公司（投资成本）　　　　　　　　　　　1 830 000

　　贷：银行存款　　　　　　　　　　　　　　　　　　　　　　　1 830 000

调整初始投资成本：

借：长期股权投资——乙公司（投资成本）　　　　　　　　　570 000
　　贷：营业外收入　　　　　　　　　　　　　　　　　　　　　　　570 000

2. 被投资单位年末实现净损益的核算。在权益法下，投资企业取得长期股权投资后，应当按照应享有或应分担的被投资单位年末实现净损益的份额，确认投资损益，并调整长期股权投资的账面价值。根据被投资单位年末实现的净利润计算应享有的份额，借记"长期股权投资——××公司（损益调整）"账户，贷记"投资收益"账户；被投资单位发生净亏损作相反的会计分录，但以"长期股权投资"账户的账面价值减记至零为限。

☆【例5-13】承【例5-12】，2017年末乙公司实现净利润100万元。甲公司应编制会计分录如下：

借：长期股权投资——乙公司（损益调整）　　　　　　　　　300 000
　　贷：投资收益　　　　　　　　　　　　　　　　　　　　　　　300 000

若乙公司年末发生亏损，作相反的会计分录。

3. 持有期间被投资单位宣告发放现金股利或利润的核算。被投资单位以后宣告发放现金股利或利润时，投资企业按照被投资单位宣告分派的利润或现金股利计算应分得的部分，相应减少长期股权投资的账面价值。借记"应收股利"账户，贷记"长期股权投资——××公司（损益调整）"账户。被投资单位宣告发放股票股利时，不进行账务处理，应在备查簿中登记。

☆【例5-14】承【例5-12】，2018年2月10日乙公司宣告分派现金股利60万元；3月6日收到分派的现金股利。甲公司编制会计分录如下：

（1）2018年2月10日，乙公司宣告分派现金股利

借：应收股利　　　　　　　　　　　　　　　　　　　　　　180 000
　　贷：长期股权投资——乙公司（损益调整）　　　　　　　　　180 000

（2）2018年3月6日，收到分派的现金股利

借：银行存款　　　　　　　　　　　　　　　　　　　　　　180 000
　　贷：应收股利　　　　　　　　　　　　　　　　　　　　　　180 000

4. 持有长期股权投资期间被投资单位权益的其他变动。在权益法下，被投资单位确认的其他综合收益及其变动，也会影响被投资单位所有者权益总额，进而影响投资企业应享有被投资单位所有者权益的份额。因此，当被投资单位其他综合收益发生变动时，投资企业应当按照归属于本企业的部分，相应调整长期股权投资的账面价值，同时增加或减少其他综合收益。具体账务处理时，借记或贷记"长期股权投资——其他综合收益"账户，贷记或借记"其他综合收益"。

投资企业对于被投资单位除净损益、其他综合收益和利润分配以外所有者权益的其他变动，应当按照持股比例与被投资单位所有者权益的其他变动计算的归属于本企业的部分，相应调整长期股权投资的账面价值，同时增加或者减少资本公积（其他资本公积）。具体账务处理时，借记或贷记"长期股权投资——其他权益变动"账户，贷记或借记"资本公积——其他资本公积"。

四、长期股权投资减值的核算

企业在资产负债表日应当判断长期股权投资是否存在可能发生减值的迹象，如果有确凿的证据表明长期股权投资存在减值迹象的，应当进行减值测试，估计长期股权投资的可收回金额。若估计的长期股权投资可收回金额低于其账面价值，应当计提长期投资减值准备。长期股权投资的减值准备在提取以后，不允许转回。

资产的可收回金额是指资产的公允价值减去处置费用后的净额与资产预计未来现金流量的现值两者之中的较高者。

❂【例 5 – 15】甲公司 2017 年 2 月 10 日购入丙公司股票 500 万股，按照成本法核算。由于丙公司经营不佳，其股票持续下跌。至 2018 年 12 月 31 日，估计该项投资的可收回金额为 1 000 万元，长期股权投资的账面价值为 1 500 万元。

则甲公司应当提取的减值准备为：1 500 – 1 000 = 500（万元）

编制会计分录如下：

借：资产减值损失   5 000 000

    贷：长期股权投资减值准备   5 000 000

五、长期股权投资处置的核算

长期股权投资不论是按成本法核算还是按权益法核算，处置时应按实际收到的价款，借记"银行存款"等账户，按其账面价值，贷记"长期股权投资"账户，按尚未领取的现金股利或利润，贷记"应收股利"账户，若处置时已计提了减值准备，减值准备也要转销，借记"长期股权投资减值准备"账户，最后将借贷方的差额计入当期损益（投资收益）。

❂【例 5 – 16】甲公司将持有的乙公司股票 25 000 股卖出，每股价格 8 元，支付交易费 1 000 元，假设该部分股票买入后按成本法核算，卖出时账面价值为 150 750 元。

借：银行存款   199 000

    贷：长期股权投资   150 750

    贷：投资收益   48 250

【本章小结】

投资是指牺牲或放弃现在可用于消费的价值以获取未来更大价值的一种经济活动。企业在主要经营业务之外，购买股票或债券，会形成企业的交易性金融资产、债权投资或者长期股权投资等资产。

凡是以获取价差为目的购入的用于近期内出售的股票、债券等有价证券，都确认为交易性金融资产。交易性金融资产具有变现能力强、持有时间短的特点。企业取得交易性金融资产时，应当按取得时的公允价值作为初始确认金额，支付的价款中包含已宣告而尚未领取的现金股利或已到付息期而尚未领取的利息，应单独确认为应收项目；一般来说，企业购入的国债、金融债券、企业债券等应当确认为债权投资。企业购入债券分为平价购入、溢价购入和折价购入三种方式。债权投资按计息方式不同，分为一次到期还本付息债权投资和分期付息、到期还本债权投资。持有至到期投资应当按取得时的公允价值和相关交易费用之和作为初始确认金额，支付的价款中包含已宣告而尚未发放的债券利息的，应单独确认为应收项目；长期股权投资是指企业持有期限在一年以上的各种股权性质的投资，包括股票投资和其他股权投资。长期股权投资在持有期间，根据投资企业对被投资单位的影响程度，应分别采用成本法或权益法进行核算。

　　本章重点及难点是交易性金融资产的初始计量及核算、债权投资的初始计量及核算、长期股权投资的成本法和权益法核算。

【思考题】

1. 交易性金融资产、债权投资和长期股权投资的初始计量与后续计量有何区别？
2. 长期股权投资的成本法和权益法核算各有什么特点？适用范围分别是什么？
3. 长期股权投资的会计核算为什么要区分成本法与权益法？
4. 如何应用"公允价值变动损益"账户？
5. 如何计算债权投资的摊余成本？

【技能训练】

一、单项选择题

1. 企业购入交易性金融资产发生的相关交易费用应计入（　　）账户。

A. "交易性金融资产"　　　　　　B. "财务费用"

C. "投资收益"　　　　　　　　　D. "管理费用"

2. 购入作为交易性金融资产的股票，实际支付价款中包含的已宣告发放但尚未收取的现金股利，应当计入（　　）账户。

A. "应收股利"　　　　　　　　　B. "交易性金融资产"

C. "财务费用"　　　　　　　　　D. "投资收益"

3. 甲企业从证券市场以每股10元的价格购入××上市公司股票1 000股，作为交易性金融资产核算，另付有关税费100元，购入时已知每股价格中包含已宣告发放但尚未领取的现金股利为0.5元，应计入"交易性金融资产"账户的金额为（　　）元。

A. 10 000　　　　B. 10 100　　　　C. 9 500　　　　D. 9 600

4. 购入作为交易性金融资产的股票，实际支付的金额中包含已宣告发放但尚未收取的现金股利。以后企业实际收到这部分股利时，应（　　）。

A. 减少应收股利　　　　　　　　B. 增加当期营业收入

C. 确认为当期投资收益　　　　　D. 冲减交易性金融资产

5. 对于投资者而言，债券溢价购入实质上是（　　）。

A. 为以后少付利息而事先付出的代价　　B. 为以后多得利息而事先付出的代价

C. 为以后少得利息而事先得到的补偿　　D. 为以后少得利息而事先付出的代价

6. 对于投资者而言，债券折价购入实质上是（ ）。

A. 为以后少得利息而事先付出的代价　　B. 为以后多得利息而事先付出的代价

C. 为以后多得利息而事先得到的补偿　　D. 为以后少得利息而事先得到的补偿

7. 当票面利率（ ）市场利率时，债券折价发行。

A. 等于　　　　　　B. 小于　　　　　　C. 大于　　　　　　D. 大于或等于

8. 下列（ ）情况，企业可以溢价发行债券。

A. 市场利率变化　　　　　　　　　　B. 票面利率低于市场利率

C. 票面利率等于市场利率　　　　　　D. 票面利率高于市场利率

9. 甲公司 2017 年 2 月 1 日购入当日发行的三年期、年利率 3%、一次还本付息债券，买价 66 000 元，债券面值 60 000 元，另支付交易费用 200 元。甲公司应计入"债权投资——××债券（成本）"的金额为（ ）。

A. 66 000 元　　　B. 66 200 元　　　C. 60 200 元　　　D. 60 000 元

10. 企业购入分期付息，到期还本的长期债券投资，对已到付息期而应收未收的利息，应借记（ ）账户。

A. "应收利息"　　　　　　　　　　　B. "债权投资"

C. "投资收益"　　　　　　　　　　　D. 应收股利"

11. 债权投资在持有期间的利息收入，应计入（ ）账户。

A. "财务费用"　　　　　　　　　　　B. "债权投资"

C. "营业外收入"　　　　　　　　　　D. "投资收益"

12. 采用权益法核算长期股权投资时，下列各项中应相应调减"长期股权投资"账面价值的是（ ）。

A. 被投资单位当年实现净利润　　　B. 投资企业追加投资

C. 被投资单位当年发生净亏损　　　D. 被投资单位接受现金捐赠

13. 在长期股权投资中，如果投资企业对被投资单位有控制权，则对该项投资的会计核算应采用（ ）。

A. 成本法　　　　　　　　　　　　B. 成本与市价孰低法

C. 市价法　　　　　　　　　　　　D. 权益法

14. 采用成本法核算长期股权投资时，持有期间投资企业收到被投资单位分派的现金股利，应当（ ）。

A. 减少长期股权投资价值　　　　　B. 冲减应收股利

C. 增加长期股权投资价值　　　　　D. 计入投资收益

15. 甲公司认购乙公司普通股 10 万股，占乙公司股本的 20%，准备长期持有，甲公司对乙公司能施加重大影响，每股面值 10 元，实际买价每股 11 元，其中包含已宣告发放但尚未收取的现金股利 20 万元，另外支付相关费用 1 万元。该批股票的初始投资成本为（ ）万元。

A. 100　　　　　　B. 110　　　　　　C. 91　　　　　　D. 131

16. 甲公司于 2018 年 1 月 1 日购入丙公司 30% 的普通股，投资成本为 400 万元。同日丙公司可辨认净资产公允价值总额为 1 600 万元。则甲公司应计入"营业外收入"账户的金额为（　　）。

A. 80 万元　　　　　B. 400 万元　　　　C. 1 200 万元　　D. 1 600 万元

17. 采用权益法核算长期股权投资时，被投资单位发生亏损时，投资企业对应分担的份额 60 万元，作会计分录为（　　）。

A. 借：营业外支出　　　600 000
　　　贷：银行存款　　　600 000

B. 借：其他业务支出　　　600 000
　　　贷：银行存款　　　600 000

C. 借：投资收益　　　600 000
　　　贷：长期股权投资　600 000

D. 借：盈余公积　　　600 000
　　　贷：长期股权投资　600 000

二、多项选择题

1. 按《企业会计准则》规定，企业收到债权投资的利息时，可能贷记的账户有（　　）。

A. 财务费用　　　　　　　　B. 应收利息

C. 债权投资——应计利息　　D. 银行存款

E. 投资收益

2. 下列各项中，不应计入交易性金融资产初始确认金额的有（　　）。

A. 取得交易性金融资产时支付的税金

B. 取得交易性金融资产时支付的手续费

C. 取得交易性金融资产时的公允价值

D. 实际支付价款中包含的已到付息期但尚未收到的债券利息

E. 实际支付价款中包含的已宣告发放但尚未收到的现金股利

3. 按照对被投资企业产生的影响划分，长期股权投资可以分为（　　）。

A. 控制型股权投资　　　　　B. 共同控制型股权投资

C. 重大影响型股权投资　　　D. 股票投资

E. 无控制、无共同控制且无重大影响股权投资

4. 可以确认为投资收益的有（　　）。

A. 交易性金融资产持有期内收到的现金股利或债券利息

B. 出售长期股权投资和持有至到期投资时发生的净收益

C. 收到购入分期付息债券时支付的价款中包含的应收利息

D. 长期股权投资成本法下，被投资单位宣告发放现金股利

E. 权益法下，投资企业实际收到被投资方支付的现金股利

5. 采用权益法核算时，下列应在"长期股权投资——损益调整"账户贷方核算的业务包括（　　）。

A. 被投资单位宣告分派现金股利　　B. 投资企业收回长期股权投资

C. 被投资企业发生亏损　　　　　　D. 被投资企业实现利润

E. 投资单位收到现金股利

6. 对债券溢价，下列说法正确的是（　　　　）。

A. 它是投资企业为以后各期多得利息而预先付出的代价

B. 它是对投资企业以后各期少得利息而预先得到的补偿

C. 它是对债券发行企业以后各期多付利息而预先得到的补偿

D. 它是为债券发行企业以后各期少付利息而预先付出的代价

E. 应按期分摊，作为相关会计期间利息收入或利息费用的调整

7. 采用权益法核算时，能够引起"长期股权投资"账户增加的业务有（　　　　）。

A. 被投资单位当年实现了净利润　　　　B. 被投资单位宣告分派现金股利

C. 被投资企业接受捐赠资产　　　　　　D. 被投资单位当年发生了亏损

E. 投资企业收到现金股利

8. 企业对长期股权投资采用权益法核算时，下列应计入"投资收益"账户的是（　　　　）。

A. 被投资单位实现净利润　　　　　　　B. 被投资单位发生亏损

C. 被投资单位接受现金捐赠　　　　　　D. 被投资单位宣告分派现金股利

E. 投资企业追加投资

9. 根据《企业会计准则》的规定，下列（　　　　）长期股权投资应当采用成本法核算。

A. 投资企业对被投资单位具有共同控制的长期股权投资

B. 投资企业对被投资单位具有重大影响的长期股权投资

C. 投资企业对被投资单位不具有共同控制或重大影响，并且在活跃市场中没有报价、公允价值不能可靠计量的长期股权投资

D. 投资企业能够对被投资单位实施控制的长期股权投资

E. 投资企业对被投资单位不具有共同控制或重大影响，并且在活跃市场中有报价、公允价值能可靠计量的长期股权投资

三、判断题（正确的打"√"，错误的打"×"）

1. 交易性金融资产应当按照取得时的公允价值和相关交易费用之和作为初始确认金额。　　　　　　　　　　　　　　　　　　　　　　　　　　　　　　　　（　　）

2. 交易性金融资产的公允价值变动损益应计入"资本公积"账户。　　　　（　　）

3. 债券投资溢、折价是由于债券的名义利率（或票面利率）与实际利率（或市场利率）不同所引起的。溢价是为以后多得利息而事先付出的代价；折价是为以后少得利息而事先得到的补偿。　　　　　　　　　　　　　　　　　　　　　　　（　　）

4. 由于我国债券大多属于到期一次还本付息债券，所以企业购入的债券，不论期限长短，均应于收到利息时确认投资收益。　　　　　　　　　　　　　　　　（　　）

5. 债权投资在持有期间应当按照摊余成本和实际利率计算确认利息收入，计入投资收益。实际利率应当在取得债权投资时确定，在该债权投资预期存续期间或适用的更短期间内保持不变。　　　　　　　　　　　　　　　　　　　　　　　　（　　）

6. 处置债权投资时，应将所取得价款与该投资账面价值之间的差额计入投资收益。
（　　）

7. 债权投资为一次还本付息债券投资的，应于年末按票面利率计算确定的应收利息，借记"应收利息"账户。
（　　）

8. 在成本法下，长期股权投资以取得时的初始投资成本计价，所得股利收入，作为企业当期的投资收益处理。
（　　）

9. 股票投资中已宣告但尚未领取的现金股利和债券投资中已到付息期但尚未领取的债券利息，都作为应收款项处理。
（　　）

10. 在成本法和权益法下，初始投资时，长期股权投资均以取得时的初始投资成本计价。
（　　）

11. 权益法是指投资最初以投资成本计价，以后根据投资企业享有被投资单位所有者权益份额的变动对投资的账面价值进行调整的方法。
（　　）

12. 权益法下，长期股权投资的初始投资成本大于投资时应享有被投资单位可辨认净资产公允价值份额的，应调整已确认的初始投资成本。
（　　）

13. 债权投资是按取得时的公允价值和相关交易费用之和作为初始确认金额，按公允价值进行后续计量的。
（　　）

四、实务题

实务操作（5-1）

（一）目的：练习交易性金融资产的核算。

（二）资料：1. 2018年1月1日，某公司购进入一批债券，作为交易性金融资产进行核算和管理，面值总额为120万元，利率5%，每半年付息一次。购入时支付价款126万元（含已到付息期但尚未领取的利息3万元），另支付交易费用2万元；1月18日，收到购入债券支付价款中所含利息3万元；7月1日，收到债券利息3万元；2018年8月9日，售出该批债券，售价130万元，另支付交易费用、佣金等1万元。

2. 2018年2月13日，甲公司购入乙公司股票10万股，每股价格6元，另支付交易费用3 000元。甲公司将持有的乙公司股权作为交易性金融资产管理。甲公司的其他相关资料如下：

（1）4月1日，乙公司宣告发放现金股利，每10股2.5元；

（2）5月13日，收到乙公司发放的现金股利；

（3）6月15日，甲公司将持有的乙公司股票全部售出，每股售价8元，支付交易费用4 000元。

（三）要求：对上述业务编制有关会计分录。

实务操作（5-2）

（一）目的：练习债权投资的核算。

（二）资料：2018年1月1日，甲公司支付价款1 000元（含交易费用）购入乙公司5年期债券，面值1 250元，票面利率4.72%，按年支付利息（即每年59元），本金到期一次支付。甲公司将该债权作为持有至到期投资进行核算和管理。实际利率为10%。

（三）要求：根据上述经济业务，编制2018年、2019年有关会计分录。

实务操作（5-3）

（一）目的：练习长期股权投资的成本法核算。

（二）资料：2018年3月1日，甲企业购入丙公司10万股股票，每股价格8元，另支付佣金和证券交易税等相关税费6 000元，所得股份占丙公司股本总额的10%，并准备长期持有。2018年4月12日，丙公司宣告分派现金股利，每股0.80元；2018年8月10日，收到丙公司分派的现金股利80 000元。2019年3月19日，甲企业将该股票全部售出，每股9元，另支付交易费用7 000元。

（三）要求：根据上述经济业务，编制有关会计分录。

实务操作（5-4）

（一）目的：练习长期股权投资的权益法核算。

（二）资料：2018年12月31日，甲公司购进乙公司普通股100万股，占乙公司股本的30%，准备长期持有，甲公司对乙公司能施加重大影响。购入时，每股价格30元，另支付相关税费9万元，乙公司可辨认净资产公允价值总额为12 000万元。2018年末乙公司实现净利润800万元；2019年2月10日宣告分派现金股利600万元，3月6日收到分派的现金股利。

（三）要求：根据上述经济业务，编制有关会计分录。

【案例分析】

哥俩好公司为我国境内注册的上市公司，其主要客户在我国境内。2018年12月起，哥俩好公司董事会聘请了新华会计师事务所为其常年财务顾问。2018年12月31日，该事务所担任哥俩好公司常年财务顾问的注册会计师张超收到哥俩好公司财务总监李明的邮件，其内容如下：

张超注册会计师：我公司想请你就本邮件的附件1所述相关交易或事项，提出2018年度财务报表中如何进行会计处理的建议。

附件1：对好食品公司投资情况的说明：

为保障我公司的原材料供应，2018年7月1日，我公司发行1 000万股普通股换到好食品公司原股东持有的好食品公司20%有表决权股份。我公司取得好食品公司20%有表决权股份后，派出一名代表作为好食品公司董事会成员，参与好食品公司的财务和经营决策。好食品公司注册地为我国境内××省，以人民币为记账本位币。

股份发行日，我公司每股股份的市场价格为2.5元，发行过程中支付券商手续费50万元；好食品公司可辨认净资产的公允价值为13 000万元，账面价值为12 000万元，其差额为好食品公司一项无形资产增值。该无形资产预计尚可使用5年，预计净残值为零，按直线法摊销。

2018 年度，好食品公司按其净资产账面价值计算实现的净利润为 1 200 万元，其中，1—6 月实现净利润 500 万元；无其他所有者权益变动事项。

我公司在本交易中发行 1 000 万股股份后，发行在外的股份总额为 15 000 万股，每股面值为 1 元。

我公司在购买好食品公司的股份之前，它们不存在关联方关系。

要求：请从张超注册会计师的角度回复李明邮件，回复要点包括但不限于如下内容：

根据附件 1：

（1）简述哥俩好公司发行权益性证券对其所有者权益的影响，并编制相关会计分录。

（2）简述哥俩好公司对好食品公司投资的后续计量方法及理由，计算对初始投资成本的调整金额，以及期末应确认的投资收益金额。

第六章

固定资产

【学习目标】

● 了解固定资产的概念、特征及分类；
● 熟悉固定资产的计价、折旧的含义及影响计提折旧的因素；
● 熟练掌握固定资产计提折旧的范围、折旧的计算方法；
● 熟练掌握固定资产取得、折旧、处置的核算。

第一节　固定资产概述

一、固定资产的概念及特征

固定资产是指为生产商品、提供劳务、出租或经营管理而持有的，使用寿命超过一个会计年度的有形资产。它是企业生产经营的主要劳动资料，包括企业的房屋建筑物、机器设备、运输工具和仪器仪表等。

固定资产与其他资产相比，具有以下三个特征：

1. 持有固定资产不以销售为目的。企业持有固定资产的目的是为了生产商品、提供劳务、出租或经营管理，即持有的固定资产是企业经营的劳动工具或手段，而不是出售自己的产品。出租的固定资产是指企业以经营租赁方式出租的机器设备等固定资产。

2. 具有实物形态。固定资产是有形资产，如企业的房屋建筑物、机器设备、运输工具、仪器仪表等，这一特征将固定资产与无形资产区别开来。如无形资产为生产商品、提供劳务而持有，使用寿命超过一个会计年度，但是由于其没有实物形态，所以不属于固定资产。

3. 使用寿命超过一个会计年度。通常情况下，固定资产的使用寿命是指使用固定资产的预计期限，至少为一个会计年度，可以多次参加生产经营过程，并保持原有的实物形态，如机器设备、汽车等运输工具。

114

二、固定资产的分类

为了加强对固定资产的管理，便于组织会计核算，应按不同的标准对其进行分类，主要分类方法有以下几种：

1. 按经济用途分类，将固定资产分为生产经营用固定资产和非生产经营用固定资产。

2. 按使用情况分类，将固定资产分为使用中的固定资产、未使用的固定资产和不需用的固定资产。

3. 按所有权分类，将固定资产分为自有固定资产和租入固定资产。

4. 按经济用途和使用情况进行综合分类，将固定资产分为以下七大类，这是实务中更常见的一种分类方法。

（1）生产经营用固定资产。它是指直接服务于企业生产、经营过程的各种固定资产，如生产经营用的房屋、建筑物、机器设备、仪器仪表等。

（2）非生产经营用固定资产。它是指不直接服务于企业生产、经营过程的各种固定资产。如职工宿舍、食堂、浴室等使用的房屋、设备等。

（3）租出固定资产。它是指经批准以经营性租赁的方式出租给其他单位使用的固定资产。

（4）不需用固定资产。它是指本企业多余或不适用的固定资产，这类固定资产需要调配处置。

（5）未使用固定资产。它是指已完工或已购建的尚未正式投入使用的新增固定资产；调入尚未使用的固定资产；进行改建、扩建的固定资产，以及经批准停止使用的固定资产。

（6）土地。它是指过去已估价并单独入账的土地。因征地而支付的补偿费，应计入与土地有关的房屋、建筑物的价值内，不单独作为土地入账。企业取得的土地使用权，不能作为固定资产管理。

（7）融资租入固定资产。它是指企业以融资租赁方式租入的固定资产，在租赁期内，应视同自有固定资产进行管理。

三、固定资产的计价

固定资产的计价基础主要有原始价值、折余价值和重置价值。

1. 原始价值。固定资产的原始价值简称原值、原价，是指企业在取得固定资产时所发生的全部支出，又可称为历史成本，固定资产按历史成本计价是固定资产的基本计价标准。如购入的固定资产、自行建造的固定资产按原值计价入账。

2. 折余价值。固定资产的折余价值简称净值，是指固定资产原值减去累计折旧后的余额。折余价值反映固定资产经磨损或消耗后的现有价值，表明固定资产的新旧程度。

3. 重置价值。又称重置成本，是指按照当前市场条件，重新购置或建造同样一项固定资产所需要的全部支出。如盘盈的固定资产按重置成本计价入账。

第二节　固定资产取得的核算

一、账户设置

为了核算企业固定资产的增减变动情况，应设置"固定资产""累计折旧""在建工程""工程物资"等账户。

1. "固定资产"账户。该账户是资产类账户，用于核算企业各项固定资产原值的增减变化情况。借方登记增加固定资产的原值；贷方登记减少固定资产的原值；期末余额在借方，反映企业期末实有的固定资产的原值。本账户应按照固定资产的类别和项目设置明细账户。

2. "累计折旧"账户。该账户是资产类账户，从用途上看，它是固定资产账户的抵减账户，用来核算企业对固定资产计提的累计折旧。因此其账户结构应与"固定资产"账户结构相反，贷方登记按月提取的折旧额，借方登记因减少固定资产而减少的累计折旧额，期末余额在贷方，表示现有固定资产已计提折旧的累计金额。该账户应按照固定资产的类别或项目设置明细账户，进行明细分类核算。

3. "在建工程"账户。该账户是资产类账户，用于核算企业进行基建工程、技术改造工程、安装工程等发生的实际支出。各项工程发生实际支出时计入该账户的借方，工程完工结转工程成本时计入该账户的贷方，期末余额在借方，反映企业尚未完工的在建工程的成本。本账户应当按照工程种类设置明细账户，进行明细核算。

4. "工程物资"账户。该账户是资产类账户，用于核算企业为基建工程、更改工程和大修理工程准备的各种物资的实际成本。企业购入的不需要安装的设备，应当在"固定资产"账户核算，不在本账户核算。本账户借方登记企业购入为工程准备的物资及需要安装设备等的实际成本（不含准予抵扣的增值税）；贷方登记工程领用工程物资等。本账户期末借方余额，反映企业为工程购入但尚未领用的专用物资的实际成本、购入需要安装设备的实际成本，以及为生产准备但尚未交付的工具及器具的实际成本等。本账户应当按照"专用材料""专用设备""工器具"等进行明细核算。

二、购入的固定资产

企业是增值税一般纳税人的，购进（包括接受捐赠、实物投资）或者自制（包括改扩建、安装）使用期限超过12个月的机器、机械、运输工具以及其他与生产经营有关的设备、工具、器具等固定资产发生的进项税额，可根据有关规定从销项税额中抵扣，不计入固定资产的成本；一般纳税人经营用的不动产以及用于不动产在建工程的购进货物，按规定也可以抵扣进项税额。不动产，是指不能移动或者移动后会引起性质、形状改变的财产，包括建筑物、构筑物等。

1. 购入不需要安装的固定资产。是指购入后不需要安装便可直接交付使用的固定资产。

☆【例6-1】某公司购入不需要安装的生产用设备一台，买价100 000元，增值税税额16 000元，款项已用银行存款支付。编制会计分录如下：

借：固定资产——生产经营用固定资产 100 000
    应交税费——应交增值税（进项税额） 16 000
  贷：银行存款 116 000

2. 购入需要安装的固定资产。是指购入的固定资产需要经过安装以后才能交付使用。这种固定资产的取得成本包括购入时的买价、相关税费以及发生的安装费用。

☆【例6-2】某企业购入一台需要安装的生产用设备，取得的增值税专用发票上注明的设备买价为50 000元，增值税税款为8 000元，支付的运杂费为500元。用银行存款支付安装调试费2 500元、其他费用1 500元。编制会计分录如下：

（1）支付设备价款、运杂费时：
借：在建工程——安装工程 50 500
    应交税费——应交增值税（进项税额） 8 000
  贷：银行存款 58 500

（2）发生各项安装费用时：
借：在建工程——安装工程 4 000
  贷：银行存款 4 000

（3）设备安装完毕交付使用时：
借：固定资产——生产用固定资产 54 500
  贷：在建工程——安装工程 54 500

三、自行建造的固定资产

建造固定资产领用工程物资、原材料或库存商品，应按其实际成本转入所建工程成本。

从2016年5月1日起，一般纳税人领用材料用于固定资产或不动产以及不动产在建工程，只要不是专用于简易计税项目、免征增值税项目、集体福利或个人消费，也不属于非正常损失的购进货物，均可抵扣进项税额；但用于不动产以及不动产在建工程，其进项税额按现行增值税制度规定自取得之日起分2年从销项税额中抵扣，第一年抵扣60%，第二年抵扣40%。

☆【例6-3】某企业自行建造仓库一座，领用外购材料一批，买价200 000元，前期购买该批原材料所支付的增值税税额为32 000元；发生人工费用30 000元，用银行存款支付其他费用5 600元，工程完工交付使用。编制会计分录如下：

（1）领用外购材料时：
借：在建工程——仓库工程 200 000
  贷：原材料 200 000
借：应交税费——待抵扣进项税额（32 000×40%） 12 800

  贷：应交税费——应交增值税（进项税额转出）   12 800

（2）发生人工费用：

借：在建工程——仓库工程   30 000

  贷：应付职工薪酬——工资   30 000

（3）用银行存款支付其他费用：

借：在建工程——仓库工程   5 600

  贷：银行存款   5 600

（4）工程完工交付使用：

借：固定资产——生产经营用固定资产   235 600

  贷：在建工程——仓库工程   235 600

（5）尚未抵扣的进项税额待以后期间允许抵扣时：

借：应交税费——应交增值税（进项税额）   12 800

  贷：应交税费——待抵扣进项税额   12 800

四、经营性租入的固定资产

  经营性租入的固定资产，主要是为了解决生产经营过程中的季节性、临时性需要而租入的固定资产。以经营租赁方式租入的固定资产不属于本企业的资产，不能作为自有固定资产核算，应通过设置"租入固定资产备查簿"进行登记。对于租入固定资产支付的租金，应按租入固定资产的用途，分别计入有关成本、费用账户。

  对于租入固定资产支付的租金，应按租入固定资产的用途，分别计入有关成本、费用账户；租赁固定资产还要核算增值税，有形动产租赁增值税税率为16%，不动产租赁增值税税率为10%。

  ★【例6-4】2018年6月某公司向丙公司租入生产用发电设备一台，原值为35 000元，合同规定租赁期限6个月，租金6 000元，租金在租入设备时用银行存款一次付清，增值税税率为16%。编制会计分录如下：

借：制造费用   6 000

  应交税费——应交增值税（进项税额）   960

  贷：银行存款   6 960

五、投资者投入的固定资产

  投资者投入的固定资产，按投资合同或双方协议价值入账，借记"固定资产""应交税费——应交增值税（进项税额）"等账户，贷记"实收资本"等账户。

> ✎ 【知识专栏6-1】
> ### 为何存货和固定资产的盘盈处理不一致
>
>   存货和固定资产的盘盈都属于前期差错，但存货盘盈通常金额较小，不会影响财务

报表使用者对企业以前年度的财务状况、经营成果和现金流量进行判断，因此，存货盘盈时通过"待处理财产损溢"科目进行核算，按管理权限报经批准后冲减"管理费用"，不调整以前年度的报表。而固定资产是一种单位价值较高、使用期限较长的有形资产，因此，对于管理规范的企业而言，在清查中发现盘盈的固定资产比较少见，也不正常，也就是说固定资产出现盘盈的可能性极小甚至不可能，如果企业出现固定资产的盘盈，必定是由于企业以前会计期间少计、漏计固定资产，并且固定资产盘盈会影响财务报表使用者对企业以前年度的财务状况、经营成果和现金流量的判断。因此，固定资产盘盈应作为前期差错处理，通过"以前年度损益调整"科目核算，从而盘盈的固定资产不影响企业当期的利润，在一定程度上控制人为调节利润的可能性。

第三节　固定资产折旧的核算

一、固定资产折旧的含义

固定资产折旧是由于固定资产在使用中发生价值磨损或损耗而减少的价值。固定资产的损耗包括有形损耗和无形损耗两种。有形损耗是指固定资产因使用和自然力的影响而引起的使用价值和价值的损失，如机器设备因使用逐渐磨损，房屋建筑物受日晒、风吹雨打的侵蚀而逐渐陈旧等；无形损耗是指由于科学技术进步而引起的固定资产的价值损失。计算固定资产折旧时，必须对有形损耗和无形损耗都予以考虑。

根据固定资产的特点，固定资产在使用过程中由于磨损或损耗而减少的价值，要逐渐地、部分地转移到有关的成本费用中去。固定资产计提折旧就是指在固定资产使用寿命内，按照一定的方法对固定资产损耗的价值进行系统的分摊，确定每一会计期间转移到有关成本费用中的数额，以使固定资产损耗的价值及时得到补偿。

二、影响固定资产折旧的因素

为了合理正确地计算固定资产折旧额，首先要明确影响折旧的因素，主要有以下三个因素。

1. 固定资产的原值。固定资产原值是指为取得某项固定资产并使其达到预定使用状态所发生的实际支出，它的高低直接影响各期计提折旧额的大小。

2. 固定资产的预计净残值。固定资产的预计净残值是指固定资产报废时，预计收回的残值收入扣除预计清理费用后的数额。

固定资产预计净残值＝预计残值收入－预计清理费用

3. 固定资产的使用寿命。固定资产使用寿命是指企业固定资产的预计使用年限。固定资产在使用寿命内损耗的价值则为应计提折旧额，它等于固定资产原值减去预计净残值后的数额。

三、固定资产计提折旧的范围

《企业会计准则第 4 号——固定资产》规定：企业应对所有的固定资产计提折旧；但是，已提足折旧仍继续使用的固定资产和单独计价入账的土地除外。

提足折旧是指已经提足该项固定资产的应计提折旧额。固定资产提足折旧后，不论能否继续使用，均不再计提折旧；提前报废的固定资产，也不再补提折旧。

已达到预定可使用状态但尚未办理竣工决算的固定资产，应当按照估计价值确定其成本，并计提折旧；待办理竣工决算后，再按实际成本调整原来的暂估价值，但不需要调整原已计提的折旧额。

企业应当按月计提固定资产折旧。为简化核算，当月增加的固定资产，当月不计提折旧，从下月起计提折旧；当月减少的固定资产，当月仍计提折旧，从下月起不计提折旧。

四、固定资产折旧的计算方法

企业可选择的折旧方法有年限平均法、工作量法、年数总和法、双倍余额递减法等。企业无论选择哪种折旧计算方法，应计提折旧额是相等的。

（一）年限平均法

年限平均法又称直线法，它是将固定资产的应计提折旧额平均地分摊到固定资产预计使用年限内的一种方法。其计算公式如下：

$$年折旧额 = \frac{固定资产原值 - 预计净残值}{预计使用年限}$$

$$年折旧率 = \frac{年折旧额}{固定资产原值} \times 100\%$$

$$或 = \frac{1 - 预计净残值率}{预计使用年限} \times 100\%$$

$$月折旧率 = 年折旧率 \div 12$$

$$月折旧额 = 年折旧额 \div 12$$

$$或 = 固定资产原值 \times 月折旧率$$

固定资产折旧率按计算对象不同，分为个别折旧率、分类折旧率和综合折旧率。个别折旧率是按单项固定资产计算的折旧率；分类折旧率是按照固定资产的类别，分类计算的平均折旧率；综合折旧率是按照全部固定资产计算的平均折旧。采用个别折旧率计算折旧，结果较准确，但工作量较大；综合折旧率，计算较简单，但准确性较差；采用分类折旧率计算折旧额，既可以减轻计算的工作量，又可以较准确地计算折旧额，因此，在实际工作中使用得较普遍。

（二）工作量法

工作量法是将固定资产的应计提折旧额，按照固定资产预计完成的工作总量（总产量、总里程、总工时数、总工作台班等）平均计提的一种方法。工作量法主要适用于价值较大、磨损不均衡的大型机器设备和汽车等运输设备。其计算公式如下：

$$单位工作量折旧额 = \frac{固定资产原值 - 预计净残值}{预计总工作量}$$

$$或 = \frac{固定资产原值(1 - 预计净残值率)}{预计总工作量}$$

$$某项固定资产月折旧额 = 该项固定资产月工作量 \times 单位工作量折旧额$$

✪【例6-5】某公司的一辆货车原价为60 000元，预计净残值率为5%，在预计使用寿命内预计行驶总里程为30万公里，本月行驶里程5 000公里。

$$单位工作量折旧额 = \frac{60\ 000\ (1 - 5\%)}{300\ 000} = 0.19\ （元）$$

$$本月折旧额 = 0.19 \times 5\ 000 = 950\ （元）$$

（三）加速折旧法

加速折旧法也称递减折旧法，是指在固定资产使用年限的前期多计提折旧，后期少计提折旧，从而相对加快固定资产折旧的速度，以使固定资产成本在使用年限内加快得到补偿的折旧计算法。常见的加速折旧法主要有双倍余额递减法和年数总和法。

1. 双倍余额递减法。双倍余额递减法是指在不考虑固定资产残值的情况下，根据双倍直线法折旧率和固定资产年初账面净值计算固定资产折旧的一种方法。其计算公式如下：

$$年折旧率 = \frac{2}{预计使用年限} \times 100\%$$

$$月折旧率 = 年折旧率 \div 12$$

$$月折旧额 = 固定资产年初账面净值 \times 月折旧率$$

注意：在双倍余额递减法下，年折旧率一般保持不变，由于计算年折旧率时没有考虑固定资产的净残值，因此，必须注意不能使固定资产的账面净值降低到它的预计残值以下，为此，应当在固定资产预计使用年限的最后两年内，将固定资产净值扣除预计净残值后的余额平均摊销。

✪【例6-6】某公司设备一台，原值为80 000元，预计净残值为3 200元，预计使用寿命为5年。每年折旧额计算如表6-1所示。

$$年折旧率 = \frac{2}{5} \times 100\% = 40\%$$

表6-1　　　　　　　　折旧计算表（双倍余额递减法）　　　　　　　　单位：元

年	固定资产原值	年折旧率	年折旧额	累计折旧	折余价值
1	80 000	40%	32 000	32 000	48 000
2	80 000	40%	19 200	51 200	28 800
3	80 000	40%	11 520	62 720	17 280
4	80 000		7 040	69 760	10 240
5	80 000		7 040	76 800	3 200

第四年、第五年改为年限平均法，年折旧额为：（17 280 - 3 200）÷ 2 = 7 040（元）

2. 年数总和法。年数总和法又称合计年限法，是以固定资产的应计提折旧额作为折旧基数，以一个逐年递减的分数作为折旧率来计算每年固定资产折旧额的一种方法。逐年递减的分数其分子代表固定资产的尚可使用年数，分母代表预计使用年限内年数总和，假定固定资产预计使用年限为 n 年，分母即为 $1+2+3+\cdots+n$。其计算公式如下：

$$年折旧率 = \frac{尚可使用年限}{预计使用年限年数总和}$$

$$月折旧率 = 年折旧率 \div 12$$

$$月折旧额 = (固定资产原值 - 预计净残值) \times 月折旧率$$

★【例6-7】依据【例6-6】资料，采用年数总和法计算折旧。

每年折旧率依次为 5/15、4/15、3/15、2/15、1/15，每年折旧额计算如表 6-2 所示。

表6-2　　　　　　　　　　折旧计算表（年数总和法）　　　　　　　　单位：元

年	尚可使用寿命	原值－净残值	年折旧率	年折旧额	累计折旧
1	5	76 800	5/15	25 600	25 600
2	4	76 800	4/15	20 480	46 080
3	3	76 800	3/15	15 360	61 440
4	2	76 800	2/15	10 240	71 680
5	1	76 800	1/15	5 120	76 800

五、固定资产折旧的核算

固定资产折旧的核算应设置"累计折旧"账户，用于核算企业固定资产计提折旧的情况。该账户属于资产类，是固定资产的抵减账户，贷方登记已计提的固定资产折旧额；借方登记因减少固定资产而相应转销的已计提折旧额；期末余额在贷方，反映企业固定资产已提取的累计折旧额。本账户应当按照固定资产的类别或项目进行明细核算。

企业应当按月计提固定资产折旧并进行核算。每月计提折旧时，应以月初可计提折旧的固定资产账面原值为依据，在上月计提折旧额的基础上，加上上月增加固定资产应计提的折旧额，减去上月减少固定资产应计提的折旧额，即可得出本月固定资产应计提的折旧额。计算公式如下：

$$本月应计提折旧额 = 上月计提折旧额 + 上月增加固定资产应计提折旧额 - 上月减少固定资产应计提折旧额$$

企业计提的固定资产折旧，应当根据固定资产的用途分别计入有关的成本、费用中。基本生产车间使用的固定资产计提的折旧应计入制造费用；管理部门使用的固定资产计提的折旧应计入管理费用；销售部门使用的固定资产计提的折旧应计入销售费用；未使用的固定资产计提的折旧应计入管理费用。

在实际工作中，折旧的计算是由会计部门编制"固定资产折旧计算表"，并根据"固定资产折旧计算表"进行折旧核算的。

● 【例 6 - 8】某公司 20 × ×年 5 月 31 日计提折旧情况如表 6 - 3 所示。

表 6 - 3　　　　　　　　　　　固定资产折旧计算表
20 × ×年 5 月 31 日　　　　　　　　　　　单位：元

使用部门	固定资产项目	上月折旧额	上月增加折旧额	上月减少折旧额	本月折旧额	分配费用
一车间	厂房	3 500			3 500	制造费用
	设备	15 000			15 000	
	其他	500			500	
	小计	19 000			19 000	
二车间	厂房	2 000			2 000	制造费用
	设备	12 000	800	300	12 500	
	小计	14 000	800	300	14 500	
行政管理部门	房屋	5 000			5 000	管理费用
	其他	2 000			2 000	
	小计	7 000			7 000	
销售部门	房屋	3 000			3 000	销售费用
	其他	1 000			1 000	
	小计	4 000			4 000	
合计		44 000	800	300	44 500	

根据表 6 - 3 资料，编制会计分录如下：

借：制造费用——一车间　　　　　　　　　　　　　　19 000
　　　　　　——二车间　　　　　　　　　　　　　　14 500
　　管理费用　　　　　　　　　　　　　　　　　　　7 000
　　销售费用　　　　　　　　　　　　　　　　　　　4 000
　　贷：累计折旧　　　　　　　　　　　　　　　　　44 500

【知识专栏 6 - 2】
固定资产减值损失为何不得转回

第一，有利于提高会计信息质量的可靠性。目前我国的证券市场还不成熟、不完善，我国企业特别是上市公司常常利用资产减值准备的计提来操纵利润，以前期间预先多计提资产减值准备，当期则全部或部分冲回，以达到调控盈余的目的。资产减值准则中明确规定不允许转回以前期间已确认的资产减值损失，有助于减少企业管理当局粉饰财务报告的可能性，缩小了利用会计政策虚增利润、粉饰财务报表的空间，提高了会计信息的决策相关性。

第二，与我国会计人员的职业判断能力相适应。已确认的资产减值损失是否可以转回，首先要依赖于会计人员判定以前年度确认的资产是否存在减值的迹象和资产的可收回金额中所使用的估计额是否发生改变，这些就需要一定的职业判断能力。从我国目前会计人员的职业判断水平来看，很难达到这个要求。

第四节　固定资产清查与减值的核算

一、固定资产清查的核算

为了保证固定资产核算的真实性，企业应当定期或者至少于每年年末进行清查。对固定资产的清查主要包括两个方面的内容：一方面要查明账实是否相符；另一方面要检查固定资产的使用和保管情况。清查所采用的方法是实地盘点法。清查完毕应根据清查结果编制"固定资产盘亏、盘盈报告表"，查明原因并按规定程序报请审批后处理。固定资产清查的核算应设置"待处理财产损溢"账户。

（一）固定资产盘亏

在固定资产清查中发现盘亏，报经批准前，应计入"待处理财产损溢——待处理固定资产损溢"账户。审批后计入营业外支出。

☆【例6-9】某公司在固定资产清查中，发现设备少一台，账面上原值为30 000元，已计提折旧16 000元。编制会计分录如下：

企业发现固定资产盘亏，在审批前：

借：待处理财产损溢——待处理固定资产损溢　　　　　　　　　　14 000
　　累计折旧　　　　　　　　　　　　　　　　　　　　　　　　16 000
　　贷：固定资产　　　　　　　　　　　　　　　　　　　　　　　　30 000

审批后转作企业的营业外支出：

借：营业外支出——固定资产盘亏　　　　　　　　　　　　　　　15 000
　　贷：待处理财产损溢——待处理固定资产损溢　　　　　　　　　　15 000

（二）固定资产盘盈

企业在财产清查中盘盈的固定资产，应作为前期会计差错处理。

二、固定资产减值的核算

企业对固定资产应当定期或至少每年年度终了逐项进行检查，对由于固定资产毁损、全部或部分陈旧过时等原因导致可回收金额低于其账面价值的，应确定减值损失，计提固定资产减值准备，以真实地反映企业的资产状况。固定资产减值准备应按单项资产计提。固定资产减值损失一经确认，在以后会计期间不得转回。

固定资产减值的核算应设置"固定资产减值准备"账户。该账户贷方登记计提的固定资产减值准备；借方登记处置固定资产时转销的已计提的固定资产减值准备；余额在贷方，反映企业固定资产已计提的减值准备。本账户应按固定资产种类设置明细账户。

★【例6-10】某公司对固定资产进行逐项检查，其中2015年9月购入的一台生产用设备，原值30 000元，预计净残值1 200元，已计提折旧17 000元，由于技术陈旧，导致其可回收金额为10 000元，低于账面价值13 000元（30 000 - 17 000），将其差额13 000元确认为固定资产减值损失。编制会计分录如下：

借：资产减值损失——计提固定资产减值准备 13 000

    贷：固定资产减值准备 13 000

第五节 固定资产处置的核算

一、固定资产的处置概述

固定资产的处置包括出售、报废、毁损等。为了反映和监督固定资产的处置情况，应设置"固定资产清理"账户。该账户核算企业因出售、报废和毁损等原因转入清理的固定资产净值，以及在清理过程中所发生的清理费用和变价收入等。该账户借方登记转入清理的固定资产净值、清理过程中发生的清理费用及相关税费；贷方登记出售固定资产的收入、报废或毁损固定资产的残料价值以及变价收入等，期末余额在贷方，反映企业尚未处理的净收益；期末余额在借方，反映企业尚未处理的净损失。

二、固定资产处置的核算

企业出售、报废或毁损固定资产，应将处置收入扣除账面价值和相关税费后的差额计入当期损益。固定资产的账面价值是固定资产原值扣除累计折旧和减值准备后的金额。具体核算步骤如下。

1. 将固定资产净值转入清理。企业出售、报废和毁损固定资产时，应按固定资产的账面价值，借记"固定资产清理"账户，按已计提的累计折旧，借记"累计折旧"账户，已计提了减值准备的应予以转销，借记"固定资产减值准备"账户，按固定资产原值，贷记"固定资产"账户。

2. 发生清理费用及相关税费等。固定资产在清理过程中发生的清理费用及其可抵扣的增值税进项税额，应借记"固定资产清理""应交税费——应交增值税（进项税额）"账户，贷记"银行存款"等账户。

3. 收回出售固定资产价款、残值价值和变价收入等。企业收回出售固定资产的价款、残料变价收入和税款时，借记"银行存款"账户，贷记"固定资产清理""应交税费——应交增值税（销项税额）"账户；残料入库，借记"原材料"账户，贷记"固定资产清理"账户。

4. 保险赔偿等的处理。企业固定资产发生毁损，应由保险公司或过失人赔偿的损失借记"其他应收款""银行存款"等账户,贷记"固定资产清理"账户。

5. 清理净损益的处理。

固定资产处置净损益的会计处理分两种情况:一是固定资产的处置是为了换取对价,具有一定的商业价值,如固定资产出售、抵债、投资、捐赠等,这些经营行为其处置净损益应计入"资产处置损益"账户。该账户是损益类账户,处置净损失记借方,处置净收益记贷方。二是固定资产处置后不再有使用价值的,其处置净损失计入"营业外支出"账户,净收益计入"营业外收入"账户。如固定资产毁损、报废等。

固定资产出售清理完成后,应将出售固定资产的净损益从"固定资产清理"账户转入"资产处置损益"账户。若"固定资产清理"账户为借方余额,则为出售固定资产的净损失,应借记"资产处置损益"账户,贷记"固定资产清理"账户;若"固定资产清理"账户为贷方余额,则为出售固定资产的净收益,应借记"固定资产清理"账户,贷记"资产处置损益"账户。

固定资产报废、毁损清理完成后,"固定资产清理"账户若为借方余额,即为处置固定资产的净损失,属于生产经营期间由于自然灾害等非正常原因造成的损失,借记"营业外支出——非常损失"账户,贷记"固定资产清理"账户;属于生产经营期间正常的处理损失,借记"营业外支出——非流动资产处置损失"账户,贷记"固定资产清理"账户。"固定资产清理"账户若为贷方余额,即为处置固定资产的净收益,应借记"固定资产清理"账户,贷记"营业外收入——非流动资产处置利得"账户。

★【例6-11】甲公司为增值税一般纳税人,出售一栋办公楼,原值3 000 000元,已使用10年,累计折旧600 000元,出售价格为2 650 000元,增值税税率为10%,增值税税额为265 000元,款项已存入银行。编制会计分录如下:

(1)将固定资产净值转入清理:

借:固定资产清理 2 400 000
　　累计折旧 600 000
　　贷:固定资产 3 000 000

(2)收到出售固定资产的价款和税款:

借:银行存款 2 915 000
　　贷:固定资产清理 2 650 000
　　　　应交税费——应交增值税(销项税额) 265 000

(3)结转固定资产清理净收益:

在本例中,固定资产清理完毕时,"固定资产清理"账户为贷方余额250 000元(2 650 000-2 400 000),属于出售固定资产净收益,应转入"资产处置损益"账户的贷方,结转后"固定资产清理"账户余额为0。

借:固定资产清理 250 000
　　贷:资产处置损益——处置固定资产净收益 250 000

★【例6-12】某公司将一台生产用设备报废,原值900 000元,已计提折旧800 000元,用银行存款支付自行清理费用5 000元,残料变价收入15 000元,增值税税额 2 400 元。编制会计分录如下：

（1）固定资产转入清理：

借：固定资产清理　　　　　　　　　　　　　　　　　　　　100 000
　　累计折旧　　　　　　　　　　　　　　　　　　　　　　800 000
　　　贷：固定资产　　　　　　　　　　　　　　　　　　　　　900 000

（2）支付自行清理费用：

借：固定资产清理　　　　　　　　　　　　　　　　　　　　　5 000
　　　贷：银行存款　　　　　　　　　　　　　　　　　　　　　　5 000

（3）残料变价收入：

借：银行存款　　　　　　　　　　　　　　　　　　　　　　17 400
　　　贷：固定资产清理　　　　　　　　　　　　　　　　　　　15 000
　　　　　应交税费——应交增值税（销项税额）　　　　　　　　2 400

（4）结转固定资产清理净损失：

在本例中，固定资产清理完毕时，"固定资产清理"账户为借方余额 90 000 元
（100 000 + 5 000 – 15 000），属于生产经营期间正常的清理净损失，应转入"营业外支
出——非流动资产处置损失"账户，结转后"固定资产清理"账户余额为 0。

借：营业外支出——处置非流动资产损失　　　　　　　　　　90 000
　　　贷：固定资产清理　　　　　　　　　　　　　　　　　　　90 000

❂【例 6 – 13】某公司因火灾烧毁一栋厂房，原值 2 000 000 元，已计提折旧额
1 100 000 元，发生清理费用并取得增值税专用发票，注明的装卸费 15 000 元，增值税税
率 6%，增值税税额 900 元，用银行存款支付；残料价值 16 000 元，已入库；经保险公
司核定应赔偿损失 670 000 元。编制会计分录如下：

（1）固定资产转入清理：

借：固定资产清理　　　　　　　　　　　　　　　　　　　　900 000
　　累计折旧　　　　　　　　　　　　　　　　　　　　　1 100 000
　　　贷：固定资产　　　　　　　　　　　　　　　　　　　2 000 000

（2）支付清理费用：

借：固定资产清理　　　　　　　　　　　　　　　　　　　　15 000
　　应交税费——应交增值税（进项税额）　　　　　　　　　　900
　　　贷：银行存款　　　　　　　　　　　　　　　　　　　　15 900

（3）残料入库：

借：原材料　　　　　　　　　　　　　　　　　　　　　　　16 000
　　　贷：固定资产清理　　　　　　　　　　　　　　　　　　16 000

（4）保险公司承担赔偿损失：

借：其他应收款——××保险公司　　　　　　　　　　　　　670 000
　　　贷：固定资产清理　　　　　　　　　　　　　　　　　　670 000

（5）结转固定资产清理净损失：

在本例中，固定资产清理完毕时，"固定资产清理"账户为借方余额 229 000 元（900 000 + 15 000 − 16 000 − 670 000），属于生产经营期间正常的清理净损失，应转入"营业外支出——非流动资产处置损失"账户，结转后"固定资产清理"账户余额为 0。

借：营业外支出——非常损失　　　　　　　　　　　　　　229 000

　　贷：固定资产清理　　　　　　　　　　　　　　　　　　　229 000

【本章小结】

固定资产是指为生产商品、提供劳务、出租或经营管理而持有的，使用寿命超过一个会计年度，并在使用过程中保持原有实物形态的有形资产。它是企业生产经营的主要劳动资料，包括企业的房屋建筑物、机器设备、运输工具和仪器仪表等。固定资产是企业的主要劳动资料。固定资产的计价基础主要有原值、折余价值和重置价值。固定资产的原值是指企业在取得固定资产时所发生的全部支出，又可称为历史成本，固定资产按历史成本计价是固定资产的基本计价标准；固定资产的折余价值简称净值，是指固定资产原值减去累计折旧后的余额。折余价值反映固定资产经磨损或消耗后的现有价值，表明固定资产的新旧程度；重置价值是指按照当前市场条件，重新购置或建造同样一项固定资产所需要的全部支出。如盘盈的固定资产按重置成本计价入账。

本章主要讲述了固定资产取得、折旧、处置、期末清查与减值的核算。注意固定资产与低值易耗品的区别。重点是固定资产取得、折旧、处置的核算及固定资产折旧的计算方法；难点是固定资产折旧的含义、计算方法以及处置的核算。

【思考题】

1. 什么是固定资产，有何特征，如何计价？

2. 不同渠道取得的固定资产，其入账价值如何确定？

3. 什么是固定资产折旧？为什么要计提固定资产折旧？

4. 影响计提折旧的因素有哪些？哪些固定资产应计提折旧？

5. 固定资产的折旧方法有哪些？如何计算？

6. "累计折旧"账户结构有何特点？

7. 比较说明双倍余额递减法和年数总和法的异同点。

8. 固定资产取得、处置如何核算？

9. 固定资产与低值易耗品有何区别？

【技能训练】

一、单项选择题

1. 购入生产用的机器设备所支付的增值税进项税应计入（　　　）账户。

A. 固定资产　　　　　　　　　　B. 应交税费——应交增值税

C. 管理费用　　　　　　　　　　D. 制造费用

2. 在理论上，计算固定资产折旧的过程中不考虑其净残值的折旧方法是（　　）。

A. 平均年限法　　B. 工作量法　　C. 年数总和法　　D. 双倍余额递减法

3. "累计折旧"账户的贷方余额反映固定资产（　　）。

A. 折旧额的减少　B. 折旧额的增加　C. 累计已提折旧额　D. 净值

4. 企业有一项固定资产，原价为 150 000 元，预计残值收入为 6 000 元，预计清理费用为 960 元，预计使用年限为 8 年。该项固定资产按直线法每月应计提的折旧额为（　　）元。

A. 1 500　　　　B. 1 526.50　　　C. 1 510　　　　D. 1 572.50

5. 某项固定资产原值 10 万元，预计残值 800 元，预计清理费用 500 元，预计使用年限 5 年，则该项固定资产的年折旧率为（　　）。

A. 0.85%　　　　B. 0.95%　　　　C. 10%　　　　D. 19.94%

6. 企业有设备一台，原价 15 500 元，预计净残值 500 元，预计可使用年限 5 年。按双倍余额递减法计提折旧，则第 2 年应计提折旧为（　　）元。

A. 3 720　　　　B. 6 320　　　　C. 5 900　　　　D. 6 500

7. 企业有设备一台，原价 100 000 元，预计净残值 4 000 元，预计可使用年限 5 年。按年数总和法计提折旧，则第 2 年应计提折旧为（　　）元。

A. 18 133　　　　B. 19 200　　　　C. 25 600　　　　D. 26 667

8. 对于建造固定资产的借款利息，在固定资产达到预定可用状态之前发生的，应借记（　　）。

A. 管理费用　　　B. 财务费用　　　C. 在建工程　　　D. 固定资产

9. 企业因出售、报废、毁损等原因转入清理的固定资产净值应计入（　　）科目。

A. 营业外支出　　B. 管理费用　　C. 资本公积　　D. 固定资产清理

10. 收回出售的固定资产价款、残料价值和变价收入等，应借记"银行存款""原材料"等科目，贷记（　　）科目。

A. 营业外收入　　B. 其他业务收入　C. 固定资产清理　D. 管理费用

二、多项选择题

1. 下列项目中，（　　）属于非生产经营用固定资产。

A. 职工食堂用房　　　　　　B. 厂办幼儿园用房

C. 厂部办公楼　　　　　　　D. 生产车间用房

E. 职工医院的医疗设备

2. 固定资产按照使用情况可以分为（　　）。

A. 生产经营用固定资产　　　B. 非生产经营用固定资产

C. 使用中固定资产　　　　　D. 未使用固定资产

E. 不需用固定资产

3. 下列项目应计入建造办公楼的入账价值的是（　　）。

A. 买价　　　B. 包装费　　　C. 运杂费　　　D. 安装费

E. 税法规定允许抵扣的增值税进项税额

4. 企业固定资产取得的来源主要有（   ）。

A. 外购固定资产　　　　　　　B. 企业自行建造固定资产

C. 投资者投入固定资产　　　　D. 融资租入固定资产

E. 接受捐赠固定资产

5. 影响折旧的因素主要有（   ）。

A. 折旧的基数　　　　　　　　B. 固定资产的预计净残值

C. 固定资产的用途　　　　　　D. 固定资产的账面原价

E. 固定资产的使用寿命

6. 下列固定资产不应计提折旧的是（   ）。

A. 已提足折旧继续使用的　　　B. 提前报废的固定资产

C. 经营租入的固定资产　　　　D. 融资租入的固定资产

E. 在用的固定资产

7. 下列固定资产的折旧方法属于加速折旧法的是（   ）。

A. 平均年限法　　B. 工作量法　　C. 年数总和法　　D. 双倍余额递减法

E. 直接转销法

8. 固定资产按经济用途分类，可以分为（   ）。

A. 租出固定资产　　　　　　　B. 生产经营用固定资产

C. 非生产经营用固定资产　　　D. 土地

E. 不需用固定资产

9. 由于固定资产在生产经营过程中服务的领域和作用不同，提取的固定资产折旧可能计入（   ）科目。

A. 制造费用　　B. 销售费用　　C. 管理费用　　D. 营业外支出

E. 其他业务成本

10. 关于加速折旧法，下列表述正确的有（   ）。

A. 体现了会计信息质量要求的谨慎性

B. 前期计提折旧多，后期计提折旧少

C. 其加快了固定资产成本的补偿速度

D. 其缩短了固定资产的使用年限

E. 与直线法相比，其减少了固定资产应计提折旧总额

11. 下列固定资产本月不应计提折旧的是（   ）。

A. 本月购入的固定资产　　　　B. 本月出售的固定资产

C. 经营性租入的固定资产　　　D. 上月已提前报废的固定资产

E. 上月已出售的固定资产

12. "固定资产清理"账户的借方登记的内容包括（   ）。

A. 处置固定资产的净值　　　　B. 处置固定资产发生的清理费用

C. 处置不动产应交的增值税　　D. 处置固定资产取得的收入

E. 结转固定资产清理净收益

13. 下列业务应将固定资产的净值转入"固定资产清理"账户的是（　　　）。

A. 固定资产盘亏　　　　　　　　B. 固定资产盘盈

C. 固定资产报废　　　　　　　　D. 固定资产对外出售

E. 固定资产毁损

14. 固定资产清理发生的净损益，应由"固定资产清理"账户转入"（　　　）"账户。

A. 制造费用　　　B. 其他业务收入　C. 营业外收入　　　　D. 营业外支出

E. 其他业务成本

三、判断题（正确的打"√"，错误的打"×"）

1. 无论采用何种折旧计算方法，在固定资产整个使用过程中，预计的折旧总额总是相等的。（　　　）

2. 固定资产属于劳动资料，在会计实务中，并不是把所有劳动资料都列入固定资产。（　　　）

3. 企业出租的固定资产由于是其他单位在用，因此企业不应计提折旧，而应由使用单位计提折旧。（　　　）

4. 固定资产折旧是指在固定资产的使用寿命内，按照确定的方法对应计提折旧额进行的系统分摊。（　　　）

5. 历史成本之所以成为固定资产的基本计价标准，是因为它具有客观性和可验证性的特点，同时，它也是计提固定资产折旧的依据。（　　　）

6. 报废毁损的固定资产的清理费用，应计入"待处理财产损溢"账户。（　　　）

7. 提前报废的固定资产，如折旧未提足，应补提折旧。（　　　）

8. 为了简化核算手续，对月份内投入使用的固定资产，当月应计提折旧；对月份内退出的固定资产，当月停提计提折旧。（　　　）

9. "累计折旧"账户属于资产类，因此期末余额应在借方。（　　　）

10. 双倍余额递减法是指在不考虑固定资产残值的情况下，根据双倍的直线法折旧率和逐年递减的固定资产账面折余价值计算折旧额的一种方法。（　　　）

11. 企业出售固定资产的收入应作为其他业务收入处理。（　　　）

12. 由于自然灾害造成的固定资产损失收到保险公司的赔偿款，应计入"营业外收入"科目。（　　　）

四、实务题

实务操作（6-1）

（一）目的：练习固定资产取得的核算。

（二）资料：宏翔公司2018年发生有关固定资产取得的业务如下：

1. 企业购入不需安装设备一台，价款100 000元，增值税税率16%，支付运杂费1 000元，以转账支票支付。

2. 企业购入一台需要安装的设备，发票价格200 000元，增值税税额32 000元，发生的运杂费2 500元，款项已用银行存款支付；在设备的安装过程中，领用专用物资

8 600元，应负担工资费用2 000元。设备安装完毕交付使用。

3. 投资者投入一台设备，合同约定的价值为300 000元，设备已交付使用，增值税税率16%。

（三）要求：根据以上经济业务编制会计分录。

实务操作（6-2）

（一）目的：练习固定资产折旧的核算。

（二）资料：宏翔公司计算固定资产折旧的有关资料如下：

1. 2016年12月，企业管理部门购入设备一台，原价500 000元，该设备预计使用寿命20年，预计净残值率为4%。

2. 2017年12月，企业生产车间有大型设备一台，原价2 000 000元，在使用寿命内预计总工作量为10 000小时，预计净残值20 000元，本月工作量100小时。

3. 2017年12月，公司购入生产用设备一台，原价128 000元，该设备预计使用寿命5年，预计净残值3 500元。

（三）要求：

1. 根据资料1，按平均年限法计算年折旧额、年折旧率、月折旧率和月折旧额，并编制会计分录。

2. 根据资料2，按工作量法计算其单位工作小时折旧额和本月应提折旧额，并编制会计分录。

3. 根据资料3，按年数总和法计算出每个会计年度的年折旧率和年折旧额。

4. 假设资料3，2017年6月公司购入该设备，其他资料不变，按双倍余额递减法计算出2017年、2018年折旧额。

实务操作（6-3）

（一）目的：练习固定资产处置、清查、减值的核算。

（二）资料：宏翔公司2018年度发生下列经济业务：

1. 出售不需用机器一台，原值250 000元，已计提折旧150 000元，实际售价为120 000元，增值税税率16%，款项已收存银行；用银行存款支付自行清理费用2 000元。

2. 生产车间报废设备一台，设备原值为80 000元，已折旧56 000元，在清理过程中，以银行存款支付清理装卸费用2 000元，增值税税率16%；残料变价收入4 000元存入银行，已入库。

3. 因自然灾害袭击，一栋仓库发生倒塌，提前报废，原值为250 000元，已计提折旧160 000元。清理过程中，残料变价收入12 000元，增值税税率16%，款项已收存银行；用银行存款支付自行清理费用6 000元。经核定保险公司赔偿76 000元。

4. 辅助生产车间盘亏设备一台，原值5 400元，已计提折旧1 800元；经上级主管批准，作为自然灾害损失，转作营业外支出处理。

5. 年末一套大型设备，原值为600 000元，已计提折旧150 000元，由于技术进步与其他经济原因的影响，该种设备的市价出现下滑，预计可收回金额为430 000元。

（三）要求：根据上述资料编制会计分录。

【案例分析】

案例一：大华公司的副总经理刘强，将公司正在使用的一台设备借给其朋友使用，未办理任何手续。清查人员在年底盘点时发现盘亏了一台设备，原值为 20 万元，已计提折旧 5 万元，净值为 15 万元。经查，属于刘副总经理所为。于是，派人向借方追索，而借方声称该设备已被人偷走。当问及刘副总经理对此的处理意见时，刘副总经理建议按正常报废处理。

案例要求：1. 盘亏的设备按正常报废处理是否符合会计制度要求？

2. 公司应怎样正确处理该项盘亏的固定资产？

案例二：审计人员在对甲企业进行审计时发现，甲企业 2018 年 12 月以更新机器设备为名报废了 6 台正常使用的机器设备。6 台机器设备原值共计 130 万元，已计提折旧 60 万元，会计人员按照厂长的指示，对 6 台设备进行了固定资产报废的账务处理，即

借：固定资产清理　　　　　　　　　　　　　　　　　　700 000

　　累计折旧　　　　　　　　　　　　　　　　　　　　600 000

　贷：固定资产　　　　　　　　　　　　　　　　　　　　　1300 000

借：营业外支出　　　　　　　　　　　　　　　　　　　700 000

　贷：固定资产清理　　　　　　　　　　　　　　　　　　　　700 000

案例要求：1. 甲企业这样做的动机是什么？

2. 审计人员应责成甲企业进行怎样的账务处理？

第七章

无形资产

【学习目标】

● 了解无形资产的概念、特征；
● 熟悉无形资产的内容及计价；
● 熟练掌握无形资产取得、摊销及转让的核算。

第一节　无形资产概述

一、无形资产的概念及特征

无形资产是指企业拥有或者控制的没有实物形态的可辨认的非货币性资产，它具有以下三个特征：

1. 没有实物形态。无形资产表现为某种权利、某种技术或获取超额利润的综合能力等，它不像固定资产、存货等有形资产具有实物形态。

2. 具有可辨认性。即能够从企业中分离或者划分出来，并能单独或者与相关合同、资产或负债一起，用于出售、转让、授予许可、租赁或者交换。

3. 属于非货币性长期资产。货币性资产是指企业持有的货币资金和将以固定金额收取的资产，包括货币资金、应收账款和应收票据，以及准备持有至到期的债券投资。非货币性资产包括存货、长期股权投资、固定资产、无形资产和不准备持有至到期的债券投资等。无形资产属于非货币性长期资产，且能够在多个会计期间为企业带来经济利益。无形资产的使用年限在一年以上，其价值在各个受益期间逐渐摊销。

二、无形资产的内容

无形资产包括专利权、商标权、著作权、非专利技术、特许权、土地使用权等。

1. 专利权。专利权是指国家专利主管机关依法授予发明创造专利申请人对其发明创造在法定期限内所享有的专有权利，包括发明专利权、实用新型专利权和外观设计专利权。

2. 商标权。商标是用来辨认特定的商品或劳务的标记。商标权是指专门在某类指定的商品或产品上使用特定的名称或图案的权利。商标经过注册登记，就获得了法律上的保护。

3. 著作权。著作权又称版权，是指作者对其创作的文学、科学和艺术作品依法享有的某些特殊权利。著作权包括两方面的权利，即精神权利（人身权利）和经济权利（财产权利）。前者指作品署名、发表作品、确认作者身份、保护作品的完整性、修改已经发表的作品等项权利，包括发表权、署名权、修改权和保护作品完整权；后者指以出版、表演、广播、展览、录制唱片、摄制影片等方式使用作品，以及因授权他人使用作品而获得经济利益的权利。

4. 非专利技术。非专利技术又称专有技术，是指先进的、未公开的、未申请专利、可以带来经济效益的技术与诀窍。一般包括工业专有技术、商业贸易专有技术、管理专有技术等。非专利技术不是专利法的保护对象。

5. 特许权。特许权又称经营特许权、专营权，是指企业在某一地区经营或销售某种特定商品的权利，或是一家企业接受另一家企业使用其商标、商号、技术秘密等的权利。前者一般是由政府机构授权，准许企业使用或在一定地区享有经营某种业务的特权，如水、电、邮电通信等专营权、烟草专卖权等；后者指企业间依照签订的合同，有限期或无限期使用另一家企业的某些权利，如连锁店分店使用总店的名称等。

6. 土地使用权。土地使用权是指国家准许某企业在一定期间内对国有土地享有开发、利用、经营的权利。根据《中华人民共和国土地管理法》的规定，我国土地实行公有制，任何单位和个人不得侵占、买卖或者以其他形式非法转让。企业取得土地使用权的方式大致有以下几种：行政划拨取得、外购取得、投资者投入取得等。

三、无形资产的分类

为了加强对无形资产的管理和核算，必须对无形资产按不同的标准进行分类，通常有以下两种分类方法。

1. 无形资产按取得方式分类，可分为外部取得的无形资产和内部自行开发的无形资产。

外部取得的无形资产包括外购无形资产、投资者投入无形资产、接受捐赠取得无形资产等。

内部自行开发的无形资产是指企业自行研究与开发取得的无形资产，如企业自行研制的新产品经申请而获得的产品专利权，企业自制产品的商标经注册而获得的商标权等无形资产。

2. 无形资产按使用寿命分类，可分为使用寿命有限的无形资产和使用寿命不确定的无形资产。

使用寿命有限的无形资产是指有关法律或合同规定使用期限的无形资产，如专利权、商标权、著作权、土地使用权、特许权等，这类无形资产超过规定期限，自动丧失效力。

使用寿命不确定的无形资产是指法律没有规定其使用期限的无形资产，如专有技术等。这类无形资产经济寿命的长短取决于科技进步的速度或技术保密工作的好坏，以及企业的维护工作如何。

四、无形资产的入账价值

无形资产应当按照成本进行初始计量，即以取得无形资产并使之达到预定用途而发生的全部支出作为取得无形资产的成本。对于不同来源取得的无形资产，其成本构成不尽相同。

1. 外购无形资产的成本，包括购买价款、相关税费，以及直接归属于使该项资产达到预定用途所发生的其他支出。其中相关税费不包括按规定可以从销项税额中抵扣的增值税进项税额。

2. 企业自行研发无形资产的成本。企业内部研究开发项目的支出，应当区分研究阶段支出与开发阶段支出。

（1）研究阶段。企业内部研究开发项目在研究阶段具有探索性及其成果的不确定性，企业无法证明其能够带来未来经济利益的无形资产的存在，因此，对于企业内部研究开发项目，研究阶段的有关支出，应当在发生时全部费用化，计入当期损益（管理费用）。

（2）开发阶段。考虑到进入开发阶段的研究项目形成成果的可能性往往较大，因此，开发阶段的支出如果满足资本化条件，则确认为无形资产，否则应计入当期损益（管理费用）。

无法区分研究阶段和开发阶段的支出，应当在其发生时全部费用化，计入当期损益。

3. 投资者投入的无形资产成本，应当按投资合同或协议约定的价值确定。但是合同或协议约定的价值不公允的除外。

4. 接受捐赠的无形资产，捐赠方提供了有关凭据的，按凭据上标明的金额加上应支付的相关税费，作为实际成本。

【知识专栏7-1】

无形资产的可辨认性

《企业会计准则第6号——无形资产》规定：资产满足下列条件之一的，符合无形资产定义中的可辨认性标准：（一）能够从企业中分离或者划分出来，并能单独或者与相关合同、资产或负债一起，用于出售、转移、授予许可、租赁或者交换。（二）源自合同性权利或其他法定权利，无论这些权利是否可以从企业或其他权利和义务中转移或者分离。这两条标准是从会计准则层面作出的被用于区分是否是可辨认无形资产的最一般的规定。另外，《企业会计准则——应用指南》中运用了列举的方式来介绍无形资产，即无形资产通常包括专利权、非专利技术、商标权、著作权、特许权和土地使用权等，这为理解和研究新会计准则下的无形资产提供了思路，即从所列举的无形资产中归纳出可辨认特性，再运用演绎法和可辨认标准来检验特性的可靠性，从而找到可辨认的一般特性，清楚地划分出不可辨认资产的范围。

第二节 无形资产的核算

一、账户设置

为了核算和监督无形资产的取得、摊销和处置等情况，企业应设置"无形资产""累计摊销"等账户。

1. "无形资产"账户。用来核算企业持有的无形资产的增减变化情况。借方登记取得无形资产的成本；贷方登记处置无形资产转出的无形资产账面余额，期末余额在借方，反映企业期末无形资产的成本。该账户应按无形资产项目设置明细账，进行明细核算。

2. "累计摊销"账户。用来反映企业无形资产的摊销情况。贷方登记企业按月计提的无形资产摊销额；借方登记处置无形资产时转销的累计摊销额；余额在贷方，反映企业无形资产的累计摊销额。该账户应按无形资产种类设置明细账，进行明细核算。

二、无形资产取得的核算

取得无形资产的方式主要有外购、自行研发、投资者投入等。

（一）外购无形资产

外购无形资产，按其成本借记"无形资产"账户，按增值税专用发票上注明的增值税税额借记"应交税费——应交增值税（进项税额）"账户，按实际支付的款项贷记"银行存款"等账户。

❋【例7-1】某公司为一般纳税人，购入一项商标权，取得增值税专用发票上注明的价款为200 000元，增值税税率6%，增值税税额12 000元，用银行存款支付。编制会计分录如下：

借：无形资产——商标权　　　　　　　　　　　　　　　　　200 000
　　应交税费——应交增值税（进项税额）　　　　　　　　　　12 000
　　贷：银行存款　　　　　　　　　　　　　　　　　　　　　　　212 000

（二）自行研发的无形资产

1. 账户设置。为了反映和监督企业无形资产的研发情况，应设置"研发支出"账户。该账户核算企业进行研究与开发无形资产过程中发生的各项支出。借方登记企业自行开发无形资产发生的研发支出，包括费用化支出和资本化支出；贷方登记结转的研究开发项目达到预定用途形成无形资产的资本化支出，以及不构成无形资产实际成本的费用化支出；期末余额在借方，反映企业正在进行中的研究开发项目中的资本化支出。该账户应当按照研究开发项目，分别"费用化支出"与"资本化支出"进行明细核算。

2. 自行研发无形资产的核算。企业自行研发无形资产，研究阶段发生的支出，应予以费用化，借记"研发支出——费用化支出"账户，取得增值税专用发票可抵扣的进项税额，借记"应交税费——应交增值税（进项税额）"账户，贷记"银行存款""原材料""应付职工薪酬"等账户。

开发阶段发生的支出，满足资本化条件的，借记"研发支出——资本化支出"账户，取得增值税专用发票可抵扣的进项税额，借记"应交税费——应交增值税（进项税额）"账户，贷记"银行存款""原材料""应付职工薪酬"等账户；不符合资本化条件的予以费用化。

研究开发项目达到预定用途形成无形资产时，应当按照"研发支出——资本化支出"账户余额借记"无形资产"账户，贷记"研发支出——资本化支出"账户。

无法区分研究阶段和开发阶段的支出，应当在其发生时全部费用化，计入当期损益，计入"管理费用"账户的借方。

期末，应将"研发支出——费用化支出"账户归集的费用转入"管理费用"账户，借记"管理费用"账户，贷记"研发支出——费用化支出"账户。

★【例7-2】某公司自行成功研制一项专有技术，并依法取得专利权。研究阶段的支出为60 000元；开发阶段的支出为110 000元，符合资本化条件；取得的增值税专用发票上注明的增值税税额为17 600元。申请专利支付的费用12 000元。全部款项均用银行存款支付。编制会计分录如下：

（1）研究阶段发生的费用：

借：研发支出——费用化支出　　　　　　　　　　　　　60 000
　　贷：银行存款　　　　　　　　　　　　　　　　　　　60 000

（2）开发阶段发生的费用：

借：研发支出——资本化支出　　　　　　　　　　　　110 000
　　应交税费——应交增值税（进项税额）　　　　　　　17 600
　　贷：银行存款　　　　　　　　　　　　　　　　　　110 000

（3）取得申请专利权时：

借：无形资产——专利权　　　　　　　　　　　　　　127 600
　　贷：银行存款　　　　　　　　　　　　　　　　　　12 000
　　　　研发支出——资本化支出　　　　　　　　　　　110 000

（4）期末结转费用化支出：

借：管理费用　　　　　　　　　　　　　　　　　　　60 000
　　贷：研发支出——费用化支出　　　　　　　　　　　　60 000

（三）投资者投入的固定资产

投资者投入的无形资产，按投资合同或双方协议价值入账，借记"无形资产"账户、"应交税费——应交增值税（进项税额）"账户，贷记"实收资本"等账户。

三、无形资产价值摊销的核算

按《企业会计准则》规定：使用寿命有限的无形资产，其价值应进行摊销；使用寿命不确定的无形资产不予摊销。使用寿命有限的无形资产，通常其残值视为零，应当自无形资产可供使用（即达到预定用途）当月起开始摊销，处置当月不再摊销。

无形资产摊销方法一般采用直线法、生产总量法等。

企业应当按月对无形资产进行摊销，无形资产的摊销额一般应当计入当期损益。企业自用的无形资产，其摊销额计入管理费用；出租的无形资产，其摊销额应计入其他业务成本。

❂【例 7-3】某公司专利权账面原值为 108 000 元，商标权账面原值为 96 000 元，该企业对专利权和商标权按 10 年分期摊销。编制会计分录如下：

专利权每月摊销 800 元（96 000÷10÷12）

商标权每月摊销 700 元（84 000÷10÷12）

借：管理费用——无形资产摊销　　　　　　　　　　　　　　　　　　1 500

　　贷：累计摊销——专利权　　　　　　　　　　　　　　　　　　　　　800

　　　　　　　　　——商标权　　　　　　　　　　　　　　　　　　　　700

【知识专栏 7-2】

无形资产的使用寿命如何确定

无形资产的使用寿命，通常按照以下顺序确定：

（1）有法律法规规定的，其使用寿命通常不应超过法律法规规定期限；

（2）无法律法规规定的，看合同是否有规定年限；

（3）参照其他单位类似无形资产的使用寿命或综合各方面因素合理确定；

（4）上述三种情况都无法确定的，则界定为使用寿命不确定的无形资产。

四、无形资产减值的核算

企业对无形资产应当定期或至少每年年度终了逐项进行检查，检查各项无形资产预计给企业带来未来经济利益的能力，对于预计可收回金额低于其账面价值的，应按减记的金额确认为减值损失，计提减值准备。无形资产应当按单项计提减值准备。

为了反映和监督无形资产的减值情况，应设置"无形资产减值准备"账户。该账户贷方登记计提的无形资产减值准备；借方登记处置无形资产时转销的已计提的无形资产减值准备；余额在贷方，反映企业已计提的无形资产减值准备。该账户应按无形资产项目进行明细核算。

❂【例 7-4】某公司对无形资产进行逐项检查，其中 2018 年 11 月购入的一项专利权，价值 60 000 元，有效期 10 年，已摊销 21 000 元，由于该项技术已陈旧，导致其可回收金额为 25 000 元。

分析：该项无形资产的账面价值为 60 000-21 000=39 000（元）

该项无形资产可回收金额为 25 000 元，低于其账面价值 39 000 元，将其差额 14 000

元确认为无形资产减值损失。编制会计分录如下：

借：资产减值损失——计提无形资产减值准备　　　　　　　14 000

　　贷：无形资产减值准备　　　　　　　　　　　　　　　　　　14 000

五、无形资产转让的核算

企业的无形资产可以依法有偿转让，无形资产的转让分为两种形式：一是转让其所有权，即出售无形资产；二是转让其使用权，即出租无形资产。

（一）出售无形资产

企业出售无形资产，应当将取得的价款扣除无形资产账面价值以及相关税费后的差额处置损益，和固定资产出售的会计处理一样，将无形资产出售损益计入"资产处置损益"账户。

企业出售无形资产时，应按实际收到的价款，借记"银行存款"等账户；按已计提的累计摊销额，借记"累计摊销"账户；同时转销无形资产的账面余额，贷记"无形资产"账户，按增值税专用发票上注名的增值税销项税额，贷记"应交税费——应交增值税（销项税额）"账户；出售净损益计入"资产处置损益"账户。若已计提减值准备的，应予以转销，借记"无形资产减值准备"账户。

★【例7-5】甲公司为增值税一般纳税人，出售一项商标权，开具的增值税专用发票上注明的价款为1 200 000元，增值税税率6%，增值税税额72 000元，款项已收存银行；该商标权成本为3 000 000元，出售时已摊销金额为1 800 000元，已计提的减值准备为300 000元。编制会计分录如下：

本例中在出售时，该项商标权的账面价值为900 000元（3 000 000 - 1 800 000 - 300 000），取得出售价款1 200 000元，企业出售该项商标权的净收益为300 000元（1 200 000 - 900 000）。

借：银行存款　　　　　　　　　　　　　　　　　　　　　1 272 000

　　累计摊销　　　　　　　　　　　　　　　　　　　　　　1 800 000

　　无形资产减值准备　　　　　　　　　　　　　　　　　　　300 000

　　贷：无形资产　　　　　　　　　　　　　　　　　　　　　　3 000 000

　　　　应交税费——应交增值税（销项税额）　　　　　　　　　　72 000

　　　　资产处置损益——处置无形资产净收益　　　　　　　　　　300 000

（二）出租无形资产

出租无形资产，是指企业将无形资产的使用权让渡给其他单位或个人，并收取租金。

企业出租无形资产属于其他业务，应将租金收入确认为其他业务收入，同时，与出租无形资产相关的费用确认为其他业务成本。

★【例7-6】甲公司是一般纳税人，2018年1月1日，甲公司将某商标权出租给乙公司使用，租期为4年，每年收取不含税租金150 000元，增值税税率为6%，在出租期间甲公司不再使用该商标权。该商标权系甲公司2017年1月1日购入的，初始入账价值为 1 800 000 元，预计使用年限为 15 年，采用直线法摊销。假定按年摊销商标权，且不考虑增值税以外的其他相关税费。甲公司的账务处理为：

1. 每年取得租金：

借：银行存款 159 000
　　贷：其他业务收入 150 000
　　　　应交税费——应交增值税（销项税额） 9 000

2. 按年对该商标权进行摊销：

借：其他业务成本 120 000
　　贷：累计摊销 120 000

六、无形资产报废的核算

如果无形资产预期不能为企业带来经济利益，应将其报废并予以转销，其账面价值转作当期损益。

转销时，应按已计提的累计摊销额，借记"累计摊销"账户，按已计提的减值准备，借记"无形资产减值准备"账户，按无形资产账面余额贷记"无形资产"账户，按其差额借记"营业外支出"账户。

★【例 7-7】某公司原拥有一项非专利技术，采用直线法进行摊销，预计使用年限为 10 年。该技术已被本企业研发的新技术所代替，并且用原非专利技术生产的产品已没有市场，预期不能再给公司带来经济利益，故予以报废。该非专利技术的成本为4 500 000元，已摊销 6 年，累计计提减值准备 1 200 000 元，该项非专利技术的残值为零。假定不考虑其他相关因素。编制的会计分录如下：

借：累计摊销 2 700 000
　　无形资产减值准备 1 200 000
　　营业外支出 600 000
　　贷：无形资产——非专利技术 4 500 000

【本章小结】

本章在阐述无形资产的概念、特征及内容的基础上，着重讲述了取得无形资产的计价以及无形资产价值摊销、出租出售的核算方法。按照税法规定，转让无形资产使用权和所有权都应交纳营业税。为了真实反映企业资产状况，企业应当定期或至少每年年度终了，检查各项无形资产预计给企业带来经济利益的能力，当无形资产可收回金额低于其账面价值的，应当计提减值准备。无形资产的账面价值等于"无形资产"账户借方余额减去"累计摊销"账户贷方余额和"无形资产减值准备"账户贷方余额后的差额。

本章重点是无形资产取得、价值摊销、出租出售的核算，难点是自行开发无形资产、无形资产减值的核算。

【思考题】

1. 什么是无形资产，有何特征？
2. 无形资产的内容有哪些？
3. 无形资产取得、摊销、转让如何核算？

【技能训练】

一、单项选择题

1. 无形资产出租收入应计入（   ）。

A. 主营业务收入   B. 其他业务收入   C. 营业外收入   D. 投资收益

2. 下列项目中，不能列入无形资产的是（   ）。

A. 专利权   B. 商标权   C. 非专利技术   D. 债权

3. 无形资产出租收入应交纳的增值税计入（   ）。

A. 营业外支出   B. 应交税费——应交增值税

C. 其他业务成本   D. 管理费用

4. 企业接受投资者以无形资产进行的投资，账面原价50 000元，已摊销10 000元，已计提减值准备10 000元，投资合同中约定的价值60 000元，增值税税率为6%，则入账价值为（   ）元。

A. 50 000   B. 40 000   C. 30 000   D. 60 000

5. 企业出售无形资产的净损失应计入（   ）。

A. 营业外支出   B. 主营业务成本   C. 其他业务成本   D. 管理费用

6. 自用的无形资产的摊销一般应计入（   ）。

A. 制造费用   B. 销售费用   C. 财务费用   D. 管理费用

7. 企业某专利权账面原价为80 000元，已摊销30 000元，已经计提减值准备为10 000元，期末企业预期可收回金额为30 000元，应计提的减值准备为（   ）元。

A. 10 000   B. 20 000   C. 30 000   D. 40 000

8. 企业计提的无形资产减值准备，应计入（   ）。

A. 营业外支出   B. 管理费用   C. 其他业务支出   D. 资产减值损失

9. 下列反映企业无形资产账面价值的是（   ）。

A. "无形资产"账户借方余额

B. "无形资产"账户借方余额减去"坏账准备"账户贷方余额

C. "无形资产"账户借方余额与"无形资产减值准备"账户贷方余额之和

D. "无形资产"账户借方余额与"累计摊销"账户、"无形资产减值准备"账户贷方余额之差

10. 期末，企业"无形资产"账户的账面价值高于其可收回金额，计提减值准备时，应（   ）。

A. 借：营业外支出——计提无形资产减值准备

贷：无形资产减值准备

B. 借：管理费用——计提无形资产减值准备

　　贷：无形资产减值准备

C. 借：无形资产减值准备

　　贷：营业外支出——计提无形资产减值准备

D. 借：资产减值损失

　　贷：无形资产减值准备

二、多项选择题

1. 下列属于无形资产的是（　　　）。

A. 商标权　　　　　　B. 非专利技术　　　　C. 特许权　　　　D. 专利权

E. 行政划拨无偿获得的土地使用权

2. "累计摊销"账户的结构是（　　　）。

A. 贷方登记企业按月计提的无形资产摊销额

B. 借方登记处置无形资产时转销的摊销额

C. 余额在贷方，表示企业无形资产累计摊销额

D. 借方登记企业按月计提的无形资产摊销额

E. 贷方登记处置无形资产时转销的摊销额

3. 计提无形资产摊销额时，可能计入的账户是（　　　）。

A. 制造费用　　　　　B. 其他业务成本　　　C. 管理费用　　　D. 累计摊销

E. 生产成本

4. 下列属于无形资产的是（　　　）。

A. 专利权　　　　　　B. 商标权　　　　　　C. 著作权　　　　D. 土地使用权

E. 土地

三、判断题（正确的打"√"，错误的打"×"）

1. 无形资产是没有实物形态的资产。　　　　　　　　　　　　　　　　　（　　　）

2. 按现行制度规定，无形资产摊销时无论是生产车间使用还是企业管理部门使用，均计入"管理费用"。　　　　　　　　　　　　　　　　　　　　　　　　　（　　　）

3. 无形资产摊销的价值，直接冲减"无形资产"账户。　　　　　　　　　（　　　）

4. 企业转让无形资产时，无论采用何种转让方式，都应将转让收入计入其他业务收入，并注销已转让无形资产的账面价值。　　　　　　　　　　　　　　　　　（　　　）

5. 投资者投入无形资产的成本，应当按照投资方无形资产的账面价值确定。（　　　）

6. 当月取得的无形资产，应当从下一个月起在预计使用年限内平均摊销。（　　　）

7. 企业出售无形资产的净收益应计入营业外收入。　　　　　　　　　　（　　　）

四、实务题

实务操作（7-1）

（一）目的：练习无形资产取得和转让的核算。

（二）资料：宏翔公司 2018 年 6 月发生如下经济业务：

1. 企业从 A 公司购入一项专利权，不含税买价 300 000 元，增值税税率为 6%，注册费、律师费等 12 000 元，价款均以银行存款支付。该项专利权购入后立即投入使用。

2. 接受 B 公司以某项商标权向本企业投资，投资合同中约定的价值 150 000 元，增值税税率为 6%。该项商标权正投入使用。

3. 企业自行研究开发专利权一项取得成功，并已申请取得专利权。在研究阶段发生费用共计 90 000 元，其中：材料费 50 000 元，应付人员工资 30 000 元，以存款支付其他费用 10 000 元。在开发阶段发生费用 50 000 元，其中：材料费 30 000 元，应付人员工资 20 000 元，发生的费用均符合资本化条件，增值税税率为 16%。在申请专利时，支付专利注册费 20 000 元，律师费用 40 000 元，以银行存款支付。该项专利已投入使用。

4. 企业将一项专利权出租给××企业使用，取得收入 40 000 元存入银行，该项专利权当月应摊销金额为 20 000 元，并按 6% 的增值税税率计算。

5. 企业将一项专利权出售给其他单位，双方协商作价 50 000 元，价款收到存入银行，该项专利的账面余额为 80 000 元，累计摊销额为 40 000 元，增值税税率为 6%。

（三）要求：根据以上经济业务编制有关会计分录。

实务操作（7-2）

（一）目的：练习无形资产摊销、报废和减值的核算。

（二）资料：宏翔公司 2018 年发生有关无形资产的经济业务如下：

1. 本月份企业无形资产的摊销资料如表 1 所示。

2. 企业经核查发现，某项专利权由于科技进步等原因，已丧失使用价值，预期不能为企业带来经济利益，决定应予转销，该专利权账面余额 90 000 元，累计摊销额为 60 000 元，已计提减值准备 12 000 元。

3. 年末企业对现有无形资产进行核查，各项无形资产的账面价值与可收回金额对比资料如表 2 所示。计提本期无形资产的减值。

表 1 　　　　**无形资产摊销表**

2018 年 ×月 ×日

项目	账面余额	摊销期限	每月摊销
专利权	360 000	15	2 000
专有技术	115 200	8	1 200
商标权	384 000	10	3 200
合计	859 200	—	6 400

表 2 　　　　**计提无形资产减值表**

2018 年 ×月 ×日　　　单位：元

项目	原账面价值	可收回余额	减值
专利权	358 000	330 000	28 000
商标权	378 000	310 000	68 000
土地使用权	660 000	660 000	—
合计	1 396 000	1 300 000	96 000

（三）要求：根据上述经济业务编制有关会计分录。

【案例分析】

案例一：娃哈哈与法国达能曾签署了一份商标权使用合同，合同约定"中方将来可以使用（娃哈哈）商标在其他产品的生产和销售上，而这些产品项目已提交给娃哈哈与其合营企业的董事会进行考虑……"这一条款简单地说，即娃哈哈与达能公司共同控制商标的使用权，娃哈哈要使用自己的商标生产和销售产品，需要经过达能同意或者与其合资。

签过之后，宗庆后建立了一批与达能没有合资关系的公司，到 2006 年，这些公司的总资产已达 56 亿元，当年利润达 10.4 亿元。达能以当年商标使用合同中娃哈哈集团"不应许可除娃哈哈达能合资公司外的任何其他方使用商标"为由，要求强行收购这几家由娃哈哈职工集资持股成立的公司建立的、与达能没有合资关系的公司。

要求分析：娃哈哈与达能案例中的商标权具有什么特点？娃哈哈"商标权"为何能掀起如此风波？

案例二：注册会计师审计东方公司 2013 年度会计报表时，发现该公司从当年初开始研究开发一项新专有技术，至 2013 年 10 月 10 日开发成功并投入生产，共发生研究费用 30 万元，开发费用 200 万元。公司已将所有费用计入当年损益。经分析证实，开发该项专有技术的费用符合资本化条件，该专有技术预计使用 8 年。

要求分析：CPA 应对此作何调整？

第八章

流动负债

【学习目标】

● 了解流动负债的概念、特点及种类；
● 熟悉各种流动负债的内容及账户设置；
● 熟练掌握短期借款、应付账款、应付票据、应交税费等各种流动负债的核算。

第一节　流动负债概述

一、流动负债的概念及特点

负债是指企业过去的交易或者事项形成的、预期会导致经济利益流出企业的现时义务。一个企业从事经营活动，其自有资金往往是有限的，负债是企业一项重要的资金来源。适度负债经营是所有企业生产经营的策略和方式，它能够给企业解决资金短缺困难，便于抓住机会为企业带来利益。

负债的内容较多，为了便于分析企业的财务状况和偿债能力，会计上一般按负债的流动性，即偿还期限的长短，将其分为流动负债和非流动负债（长期负债）。流动负债是指将在 1 年内（含 1 年）或者超过 1 年的一个营业周期内要偿还的债务。流动负债除具有负债的一般特征外，还具有以下特点：

1. 偿还期限短。偿还期限短是流动负债的最大特点，它是在一年内或超过一年的一个经营周期内必须偿付的债务。

2. 负债数额小。企业流动负债中各项目与非流动负债相比较数额通常较小。

3. 企业举借流动负债主要是为了解决企业日常经营资金周转不足的困难，满足企业对短期资金的需要。

4. 流动负债到期必须用企业流动资产、提供劳务或者举借新债来偿还。

二、流动负债的分类

流动负债的内容也有很多，可以按不同的标准进行分类，以便于满足不同的需要。

（一）按偿付手段分类

流动负债按照偿付手段分类，可分为货币性流动负债和非货币性流动负债。

1. 货币性流动负债。它是指负债到期时需要以现金、银行存款或其他货币性资产偿付的债务，如短期借款、应付票据、应付账款、应付职工薪酬、应交税费、应付股利等。

2. 非货币性流动负债。它是指负债到期时需要用商品或劳务等非货币性资产抵偿的债务，如预收账款等。

（二）按形成方式分类

流动负债按照形成方式分类，可分为以下几类：

1. 生产经营活动形成的流动负债。它是指企业在开展正常生产经营活动中形成的流动负债。如应付账款、应付票据、应付职工薪酬、预收账款、应交税费中的应交增值税等。

2. 融资活动中形成的流动负债。它是指企业向银行或其他金融机构筹集资金时形成的流动负债，如短期借款、预提的短期借款利息等。

3. 收益分配中形成的流动负债。它是指企业对实现的净收益进行分配时形成的流动负债，如应付股利等。

（三）按偿付金额是否确定分类

流动负债按应付金额是否确定，可分为以下几类：

1. 应付金额确定的流动负债。它是指企业根据合同、协议或法律规定，具有确切的金额乃至有确切的债权人和付款日，并且到期必须偿还的负债，如短期借款、应付票据、应付账款、预收账款、其他应付款等。

2. 应付金额视经营情况而定的流动负债。它是指根据企业在一定期间内的经营情况，到期末才能予以确定金额的负债。如应交税费、应付股利等，必须到一定的会计期终了后才能确定应付、应交金额是多少。

3. 应付金额需要估计的流动负债。它是指该项负债是过去发生的现存义务，但其金额乃至债权人和偿还日期在编制资产负债表日仍难以确定，需合理估计的负债。如实行产品售后"三包"服务的企业应付的售后修理费用或损失等。

三、流动负债的计价

企业的各项流动负债，应按实际发生额记账。从理论上讲，企业的流动负债应当按未来偿付金额的现值记账，因为流动负债的偿付意味着未来的现金流出。但是企业的流动负债偿还期限短、负债数额小，其到期值与现值数额相差不大，所以我国《企业会计制度》规定，流动负债按未来应付金额计价，而不是按其现值计价。在具体确定流动负债的计价时，有以下三种情况：一是按合同或协议规定的金额计价，如应付账款等；二是期末按企业经营情况确定的金额计价，如应交税费等；三是按会计职业判断估计的数额计价。

【知识专栏 8 –1】

流动负债的经营优势

除了成本和风险的不同，企业在融资时使用流动负债和非流动负债还存在经营上的不同。

流动负债的主要经营优势包括：容易获得，具有灵活性，能有效地为季节性信贷需要进行融资，这创造了需要融资和获得融资之间的同步性。另外，短期借款一般比长期借款具有更少的约束性条款。流动负债是为流动资产中的临时性的、季节性的增长进行融资的主要工具。

流动负债的一个经营劣势是需要持续地重新谈判或滚动安排负债。贷款人由于企业财务状况的变化，或整体经济环境的变化，可能在到期日不愿滚动贷款，或重新设定信贷额度。而且，提供信贷额度的贷款人一般要求，用于为短期营运资金缺口而筹集的贷款，必须每年支付至少 1~3 个月的全额款项，这 1~3 个月被称为结清期。贷款人之所以这么做，是为了确认企业是否在长期负债是合适的融资来源时仍然使用流动负债。许多企业的实践说明，使用短期贷款来为永久性流动资产融资是一件危险的事。

第二节　应付账款与应付票据

一、应付账款

应付账款是指企业因购买材料、商品或接受劳务供应等应支付给供应者的款项，包括购买材料、商品或接受劳务的价款、增值税进项税以及货物的运杂费等。应付账款主要是由于企业取得资产的时间与结算款项的时间不一致而产生的，是一种最常见的流动负债。

（一）应付账款的确认与计价

1. 应付账款的确认。应付账款的入账时间，应在企业取得所购材料、商品等的所有权和已接受劳务供应时确认。在会计实务中，对应付账款的入账时间分以下两种情况规定：

（1）在所购材料、商品有关的发票账单同时到达的情况下，不管材料、商品是否验收入库，应付账款通常按发票账单所记载的实际价款入账。

（2）在所购材料、商品已入库，但尚未收到发票账单的情况下，企业因无法知晓确定的应付账款金额而无法入账，只能在收到发票账单后按第一种情况处理；如果在月度终了仍未收到已入库的材料、商品等发票账单时，则应在月末按暂估价先入账，以使在月末编报的资产负债表中客观地反映企业所拥有的资产和应承担的债务。待下月初作相反的会计分录予以冲回。

2. 应付账款的计价。应付账款的入账金额要考虑是否享受销售折扣。在企业享受商业折扣的情况下，企业应付账款入账金额应按扣除商业折扣以后的金额入账；在有现金折扣的情况下，按照准则规定采用总价法计价。

（二）应付账款的核算

为了反映企业应付账款的增减变化及结存情况，应设置"应付账款"账户，该账户属于负债类，贷方登记企业因购入材料、商品、接受劳务等而产生的应付款项，借方登记偿还的应付账款，期末余额在贷方，表示尚未支付的应付账款余额。该账户应按供应单位设置明细账户，进行明细分类核算。

企业购入材料、商品和接受劳务等，在货款尚未支付时，应根据有关凭证（发票账单、随货同行发票上记载的实际价款或暂估价值），借记"原材料""在途物资"等账户；按可抵扣的增值税税额，借记"应交税费——应交增值税（进项税额）"等账户；按应付的价款，贷记"应付账款"账户；归还款项时，借记"应付账款"账户，贷记"银行存款"等账户。

★【例8－1】A公司为一般纳税人，从××钢厂购进钢材一批，价目单标价200 000元，钢厂给予10%的商业折扣。取得的增值税专用发票上注明：买价180 000元，增值税税额28 800元，运输费1 000元，增值税税额100元。该批钢材已验收入库，款项均未支付。A公司根据发票账单，应编制如下会计分录：

应付账款入账金额＝180 000（1＋17%）＋1 000＝211 600（元）

借：原材料——××钢材   181 000

    应交税费——应交增值税（进项税额）   28 900

      贷：应付账款——某钢厂   209 900

A公司向钢厂支付款项时，编制会计分录如下：

借：应付账款——××钢厂   209 900

      贷：银行存款   209 900

★【例8－2】2月6日，A公司从某公司购入甲材料一批，买价20 000元，增值税税率17%，款项尚未支付，付款条件为"2/10，N/30"。2月14日用银行存款支付款项。

2月6日购货时：

借：原材料——甲材料   20 000

    应交税费——应交增值税（进项税额）   3 200

      贷：应付账款——某公司   23 200

2月14日付款时，享受2%的折扣：

借：应付账款   23 200

    财务费用   464

      贷：银行存款   22 736

二、应付票据

（一）应付票据概念

应付票据是指企业购买材料、商品和接受劳务供应等而开出、承兑的商业汇票。商业汇票按照承兑人的不同分为商业承兑汇票和银行承兑汇票。

商业汇票的付款期限不超过 6 个月，因此在会计上应作为流动负债管理和核算。由于应付票据的偿付时间较短，在会计实务中，一般均按照开出、承兑的商业汇票的面值入账。

（二）应付票据的核算

企业因购买材料、商品、接受劳务等而开出、承兑商业汇票时，应设置"应付票据"账户进行核算，该账户属于负债类账户，贷方登记企业开出并经承兑的商业汇票的票面金额；借方登记企业到期支付或无力支付而转出的应付票据的票面金额；期末贷方余额反映企业持有尚未到期的应付票据的票面金额。该账户可按债权人进行明细核算。

企业支付银行承兑汇票的手续费，应计入"财务费用"账户。

企业还应设置"应付票据备查簿"，详细登记每一商业汇票的种类、号码、出票日期、到期日、票面金额、交易合同号、收款人姓名或单位名称、付款日期和金额等资料。应付票据到期结清时，应当在备查簿中逐笔注销。

1. 开出商业汇票的核算。企业因购买材料、商品、接受劳务而开出、承兑商业汇票时，应借记"原材料""在途物资""应交税费——应交增值税（进项税额）"等账户，贷记"应付票据"账户。支付银行承兑汇票手续费时，应计入财务费用，借记"财务费用"账户，贷记"银行存款"账户。

❂【例 8 - 3】A 公司为一般纳税人，于 2018 年 2 月 16 日开出一张面值为 116 000 元、期限 5 个月的商业承兑汇票，用于采购一批材料。增值税专用发票上注明的材料价款为 100 000 元，增值税税额为 16 000 元。该批材料已验收入库，该公司对原材料采用实际成本核算，编制会计分录如下：

借：原材料　　　　　　　　　　　　　　　　　　　　　　　100 000
　　应交税费——应交增值税（进项税额）　　　　　　　　　　16 000
　　贷：应付票据　　　　　　　　　　　　　　　　　　　　　116 000

假设【例 8 - 3】中的商业承兑汇票为银行承兑汇票，已支付承兑手续费 60 元。应作如下会计分录：

借：财务费用　　　　　　　　　　　　　　　　　　　　　　　　60
　　贷：银行存款　　　　　　　　　　　　　　　　　　　　　　　60

2. 商业汇票到期的核算。应付票据到期支付票款时，借记"应付票据"账户，贷记"银行存款"账户。对于到期企业无力付款的商业承兑汇票或银行承兑汇票，应将应付票据的票面金额分别转入"应付账款"或"短期借款"账户。

❂【例 8 - 4】承【例 8 - 3】，2018 年 7 月 16 日，该公司于 2 月 16 月开出的商业承兑汇票到期，通知其开户银行以银行存款支付票款。编制会计分录如下：

借：应付票据　　　　　　　　　　　　　　　　　　　　　　116 000
　　贷：银行存款　　　　　　　　　　　　　　　　　　　　　116 000

❂【例 8 - 5】承【例 8 - 3】，假设该商业承兑汇票到期时，该公司无力支付票款，编制会计分录如下：

借：应付票据　　　　　　　　　　　　　　　　　　　　　　116 000

　　　贷：应付账款　　　　　　　　　　　　　　　　　　　　　　　　　　116 000

　　❉【例8－6】假设【例8－3】的商业承兑汇票为银行承兑汇票，到期时该公司无力支付票款，编制会计分录如下：

　　　借：应付票据　　　　　　　　　　　　　　　　　　　　　　　　　　116 000

　　　　贷：短期借款　　　　　　　　　　　　　　　　　　　　　　　　　116 000

第三节　应付职工薪酬

一、职工薪酬的内容

　　职工薪酬是指企业为获得职工提供的服务或解除劳动关系而给予各种形式的报酬或补偿。职工薪酬包括短期薪酬、离职后福利、辞退福利和其他长期职工福利。其中，职工包括与企业订立劳动合同的所有人员（含全职、兼职、临时工），也包括没有与企业订立劳动合同但由企业正式任命的人员。

　　1. 短期薪酬。短期薪酬是指企业在职工提供相关服务的年度报告期间结束后12个月内需要全部予以支付的职工薪酬，因解除与职工的劳动关系给予的补偿除外。短期薪酬具体包括：职工工资、奖金、津贴和补贴，职工福利费，医疗保险费，工伤保险费和生育保险费等社会保险费，住房公积金，工会经费和职工教育经费，短期带薪缺勤，短期利润分享计划，非货币性福利以及其他短期薪酬。本节主要讲部分短期职工薪酬的核算。

　　2. 离职后福利。离职后福利是指企业为获得职工提供的服务而在职工退休或与企业解除劳动关系后，提供的各种形式的报酬和福利，短期薪酬和辞退福利除外。

　　3. 辞退福利。辞退福利是指企业在职工劳动合同到期之前解除与职工的劳动关系，或者为鼓励职工自愿接受裁减而给予职工的补偿。

　　4. 其他长期职工福利。其他长期职工福利是指除短期职工薪酬、离职后福利、辞退福利之外所有的职工薪酬，包括长期带薪缺勤、长期残疾福利、长期利润分享计划。

二、应付短期职工薪酬的核算

　　企业应付职工薪酬的核算，应设置"应付职工薪酬"账户，用于核算应付职工薪酬的提取、结算和支付等情况。该账户属于负债类账户，贷方登记应计入当期损益或相关资产成本的职工薪酬数额，借方登记实际发放的职工薪酬数额，贷方余额反映企业应付未付的职工薪酬。该账户应当按照职工薪酬的类别设置明细科目，进行明细核算。

　　企业应当在职工为其提供服务的会计期间，将实际发生的短期薪酬确认为负债，并计入当期损益或相关资产成本。

　　（一）货币性职工薪酬的核算

　　1. 职工工资、奖金、津贴和补贴。

　　（1）职工工资、奖金、津贴和补贴的结算。企业职工工资、奖金、津贴和补贴一般应按月发放，每月发放时，应按照实发工资数额从银行提取现金，借记"库存现金"账户，贷记"银行存款"账户。实际发放职工工资时，借记"应付职工薪酬——工资"账户，贷记"库存现金"账户。从应付工资中代扣的各种款项，借记"应付职工薪酬——工资"账户，贷记"其他应付款""应交税费"等账户。

❂【例8-7】A公司5月结算的应付工资总额为160 000元，代扣的水费为3 200元，实发工资156 800元。该企业的有关会计处理如下：

①向银行提取现金备发工资：

借：库存现金　　　　　　　　　　　　　　　　　　　　156 800

　　贷：银行存款　　　　　　　　　　　　　　　　　　156 800

②实际发放职工工资：

借：应付职工薪酬——工资　　　　　　　　　　　　　　156 800

　　贷：库存现金　　　　　　　　　　　　　　　　　　156 800

③结转代扣水费：

借：应付职工薪酬——工资　　　　　　　　　　　　　　　3 200

　　贷：其他应付款——自来水公司　　　　　　　　　　　3 200

④以银行存款支付代扣水费：

借：其他应付款——自来水公司　　　　　　　　　　　　　3 200

　　贷：银行存款　　　　　　　　　　　　　　　　　　　3 200

（2）职工工资、奖金、津贴和补贴费用的分配。每月终了，企业应将本月应发的职工工资、奖金、津贴和补贴根据职工提供服务的受益对象进行分配，计入相关的成本、费用，具体分配情况如下：

产品生产工人的工资、奖金、津贴和补贴借记"生产成本"账户；车间管理部门人员的工资、奖金、津贴和补贴借记"制造费用"账户；厂部管理部门人员的工资、奖金、津贴和补贴借记"管理费用"账户；产品销售部门人员的工资、奖金、津贴和补贴借记"销售费用"账户；按企业应付职工的工资、奖金、津贴和补贴的数额贷记"应付职工薪酬——工资"账户。

❂【例8-8】承【例8-7】，A公司5月末分配本月应付工资薪酬160 000元。其中，生产甲产品工人工资为120 000元，生产乙产品工人工资为16 000元，车间管理人员工资为6 000元，厂部管理人员工资为14 000元，销售部门人员工资为4 000元。编制会计分录如下：

借：生产成本——甲产品　　　　　　　　　　　　　　　120 000

　　生产成本——乙产品　　　　　　　　　　　　　　　　16 000

　　制造费用　　　　　　　　　　　　　　　　　　　　　6 000

　　管理费用　　　　　　　　　　　　　　　　　　　　14 000

　　销售费用　　　　　　　　　　　　　　　　　　　　　4 000

　　贷：应付职工薪酬——工资　　　　　　　　　　　　160 000

2. 职工福利费。作为短期薪酬组成部分的职工福利费是指企业职工的医药费、医疗机构人员的工资、医务经费、职工因公负伤赴外地就医路费、职工生活困难补助、职工浴室、理发托儿所、幼儿园人员的工资以及按国家规定开支的其他职工福利支出。不包括非货币性福利、辞退福利、离职后福利和其他长期福利。

对于职工福利费，企业应当在实际发生时根据实际发生额计入当期损益或相关资产成本。借记"生产成本""制造费用""管理费用""销售费用"等账户，贷记"应付职工薪酬——职工福利费"账户。

★【例8-9】A公司下设一职工食堂，每月根据在岗职工数量及岗位分布情况、相关历史数据等计算需要补贴食堂的金额，从而确定公司每期因补贴职工食堂需要承担的福利费金额。2018年9月公司在职职工共计200人，其中管理部门30人，生产车间170人。公司的历史数据表明，每个职工每月需补贴食堂150元。A公司应编制会计分录如下：

借：生产成本　　　　　　　　　　　　　　　　　　　　　　25 500

　　管理费用　　　　　　　　　　　　　　　　　　　　　　 4 500

　　贷：应付职工薪酬——职工福利费　　　　　　　　　　　　　30 000

★【例8-10】承【例8-9】，2018年10月，A公司以银行存款支付30 000元给职工食堂作为补贴款。编制会计分录如下：

借：应付职工薪酬——职工福利　　　　　　　　　　　　　30 000

　　贷：银行存款　　　　　　　　　　　　　　　　　　　　　30 000

3. 社会保险费、住房公积金、工会经费、职工教育经费的核算。对于社会保险费、住房公积金、工会经费、职工教育经费的计量，国家规定了统一的计提基础和计提比例，企业应当按国家规定的标准计提。计提的社会保险费、住房公积金、工会经费、职工教育经费应分配计入相应的成本、费用，在分配计入相应的成本、费用时，与职工工资、奖金、津贴和补贴的分配相同。企业按照国家有关规定缴纳社会保险费和住房公积金时，借记"应付职工薪酬"账户，贷记"银行存款"账户。企业支付工会经费和职工教育经费用于工会运作和职工培训，借记"应付职工薪酬"账户，贷记"银行存款"等账户。

（二）非货币性职工薪酬的核算

企业以其自产产品作为福利发放给职工的，则为非货币性职工薪酬。在决定发放时，应当根据受益对象，按照该产品的公允价值和相关税费计入产品成本或当期损益，同时确认应付职工薪酬。在实际发放时应作为产品销售处理。

★【例8-11】B公司是一家家电生产企业，且属于一般纳税人。现有职工1 000名，其中生产工人950人，行政管理人员50人，6月该公司决定将自行生产的电冰箱作为福利发放给职工。该电冰箱的实际单位生产成本为1 200元，单位公允价值为1 800元，适用的增值税税率为16%。编制会计分录如下：

（1）决定将电冰箱作为福利发放给职工时：

借：生产成本　　　　　　　　　　　　　　　　　　　　 1 983 600

　　管理费用　　　　　　　　　　　　　　　　　　　　　 104 400

　　贷：应付职工薪酬——非货币性福利　　　　　　　　　　 2 088 000

（2）实际向职工发放电冰箱时：

借：应付职工薪酬——非货币性福利 　　　　　　　　 2 088 000
　　贷：主营业务收入 　　　　　　　　　　　　　　 1 800 000
　　　　应交税费——应交增值税（销项税额） 　　　 288 000
同时结转产品销售成本：
借：主营业务成本 　　　　　　　　　　　　　　　　 1 200 000
　　贷：库存商品 　　　　　　　　　　　　　　　　 1 200 000

【知识专栏 8 - 2】

税　　收

在人类历史长河中，税收曾经被称为"赋税""租税""捐税"等，也简称为"税"。

税收自产生以来，一直是国家取得财政收入的主要形式。与其他财政收入形式相比较，税收具有以下基本特征：强制性、无偿性、固定性。税收的强制性是指国家凭借其公共权力以法律、法令形式对税收征纳双方的权利与义务进行规范，依据法律进行征税。而法律是靠国家强制力保证实施的，因此，税收具有强制性。税收的无偿性是指国家征税后，税款一律纳入国家财政预算统一分配，而不直接向具体纳税人返还或支付报酬。税收的固定性是指国家征税之前预先规定了统一的征税标准，包括纳税人、课税对象、税率、纳税期限、纳税地点等。这些标准一经确定，在一定时间内是相对稳定的。

税收的三个特征是区别税与非税的根本标志。

第四节　应交税费

目前，我国税种有增值税、消费税、企业所得税、个人所得税、资源税、城镇土地使用税、房产税、城市维护建设税、耕地占用税、土地增值税、车辆购置税、车船税、印花税、契税、烟叶税、关税、船舶吨税等。其中，绝大部分税种由税务部门负责征收；关税和船舶吨税由海关部门征收，另外，进口货物的增值税、消费税也由海关部门代征。应交税费是指企业按照税法规定应向国家交纳的各种税费，主要包括：增值税、消费税、营业税、城市维护建设税、所得税、教育费附加等。

一、应交增值税

根据 2017 年 11 月修订的《中华人民共和国增值税暂行条例》，在中华人民共和国境内销售货物或者加工、修理修配劳务，销售服务、无形资产、不动产以及进口货物的单位和个人，为增值税的纳税人，应当交纳增值税。

增值税纳税人，包括小规模纳税人和一般纳税人。小规模纳税人标准为年应征增值税销售额 500 万元及以下。增值税纳税人，年应税销售额超过财政部、国家税务总局规定的小规模纳税人标准的，应当向主管税务机关办理一般纳税人登记；年应税销售额未超过规定标准的纳税人，会计核算健全，能够提供准确税务资料的，可以向主管税务机关办理一般纳税人登记。会计核算健全，是指能够按照国家统一的会计制度规定设置账簿，根据合法、有效凭证进行核算。

目前，纳税人销售货物、劳务、有形动产租赁服务或者进口货物，除另有规定外，税率为 16%；纳税人销售服务、无形资产，除另有规定外，税率为 6%。

纳税人销售交通运输、邮政、基础电信、建筑、不动产租赁服务，销售不动产，转让土地使用权，销售或者进口下列货物，税率为 10%：

（1）粮食等农产品、食用植物油、食用盐；

（2）自来水、暖气、冷气、热水、煤气、石油液化气、天然气、二甲醚、沼气、居民用煤炭制品；

（3）图书、报纸、杂志、音像制品、电子出版物；

（4）饲料、化肥、农药、农机、农膜；

（5）国务院规定的其他货物。

小规模纳税人增值税征收率为 3%。

（一）一般纳税人的核算

1. 应交增值税的计算。一般纳税人销售货物、劳务、服务、无形资产、不动产，应纳税额为当期销项税额抵扣当期进项税额后的余额。应纳税额计算公式为

$$应纳增值税税额 = 当期销项税额 - 当期进项税额$$

纳税人发生应税销售行为，按照销售额和规定的税率计算收取的增值税税额，为销项税额，计算公式为

$$销项税额 = 销售额 \times 税率$$

销售额为纳税人销售商品的单价与销售数量的乘积，不包括收取的销项税额。销售额以人民币计算。纳税人以人民币以外的货币结算销售额的，应当折合成人民币计算。

纳税人购进货物、劳务、服务、无形资产、不动产支付或者负担的增值税税额，为进项税额。

当期销项税额小于当期进项税额不足抵扣时，其不足部分可以结转下期继续抵扣。

2. 账户设置。增值税一般纳税人应当在"应交税费"科目下设置"应交增值税""未交增值税""预交增值税""待抵扣进项税额""待认证进项税额""待转销项税额""增值税留抵税额""简易计税""转让金融商品应交增值税""代扣代交增值税"等明细科目。"简易计税"明细科目，核算一般纳税人采用简易计税方法发生的增值税计提、扣减、预缴、缴纳等业务。

增值税一般纳税人应在"应交增值税"明细账内设置"进项税额""销项税额抵减""已交税金""转出未交增值税""减免税款""出口抵减内销产品应纳税额""销项税额""出口退税""进项税额转出""转出多交增值税"等专栏。

3. 购销货物。一般纳税人国内采购物资时，应根据增值税专用发票上注明的价款和税额记账。借记"在途物资""原材料""库存商品""固定资产""应交税费——应交增值税（进项税额）"等账户，按应付或实际支付的金额贷记"银行存款""应付账款""应付票据"等账户。如果购入物资发生退货，作相反的会计分录处理。

☆【例8－12】A公司为一般纳税人，购入甲材料一批，取得增值税专用发票上注明的材料价款为50 000元，增值税税额8 000元，货款58 000元已通过银行转账支付，材料已验收入库。编制会计分录如下：

借：原材料——甲材料   50 000
    应交税费——应交增值税（进项税额）   8 000
  贷：银行存款   58 000

企业销售货物应按照销售收入和应收取的增值税税额，借记"银行存款""应收账款""应收票据"等账户，根据计算确定的增值税税额，贷记"应交税费——应交增值税（销项税额）"账户，按照实现的销售收入贷记"主营业务收入""其他业务收入"等账户。如果企业采用价税合并定价销售时，应将价税分离后，据以进行账务处理。其计算公式为

$$不含税销售额 = \frac{不含税销售额}{1 + 增值税税率}$$

$$应纳增值税税额 = 不含税销售额 \times 增值税税率$$

☆【例8－13】A公司销售产品1 000件，不含税单位售价120元，增值税税额19 200元，款项收到存入银行。编制会计分录如下：

借：银行存款   139 200
  贷：主营业务收入   120 000
    应交税费——应交增值税（销项税额）   19 200

4. 提供服务或接受应税劳务。纳税人销售交通运输、邮政、基础电信、建筑、不动产租赁服务，按照销售收入和应收取的增值税税额，借记"银行存款""应收账款""应收票据"等账户，根据计算确定的增值税税额，贷记"应交税费——应交增值税（销项税额）"账户，按照实现的销售收入贷记"主营业务收入""其他业务收入"等账户。

☆【例8－14】某建筑承包商承建一笔工程收款5 500 000元，存入银行。适用增值税税率为10%。企业应编制会计分录如下：

借：银行存款   5 500 000
  贷：主营业务收入   5 000 000
    应交税费——应交增值税（销项税额）   500 000

企业接受应税劳务，应按增值税专用发票上注明的增值税税额借记"应交税费——应交增值税（进项税额）"账户，按专用发票上记载的应当计入加工、修理修配等物资成本的金额，借记"生产成本""制造费用""委托加工物资""管理费用"等账户，按应付或实际支付的金额贷记"银行存款""应付账款""应付票据"等账户。

☆【例8－15】A公司以银行存款支付设备修理费，增值税专用发票上注明的修理费为1 000元，增值税税额为160元，修理的设备有20%为生产车间专用，80%为行政管理部门专用。应编制会计分录如下：

借：管理费用 1 000
　　应交税费——应交增值税（进项税额） 160
　　贷：银行存款 1 160

5. 增值税进项税额转出。一般情况下，进项税额是要作为销项税额的抵扣项目，但当进项税额不能形成销项税额的情况下，例如购入的物资因改变用途用在了非应税项目上，或者发生了非正常损失时，就必须将计入"进项税额"的相应部分转出，借记"在建工程""应付职工薪酬""待处理财产损溢"等账户，贷记"应交税费——应交增值税（进项税额转出）"等账户。

☆【例8－16】A公司为生产产品购买原材料一批，买价100 000元，进项税额16 000元。因为工程需要，将这批原材料用于建造一栋厂房。应编制会计分录如下：

借：在建工程 116 000
　　贷：原材料 100 000
　　　　应交税费——应交增值税（进项税额转出） 16 000

6. 交纳增值税。企业应按主管税务机关核定的纳税期限，及时足额地交纳各期增值税。企业交纳当月增值税时，借记"应交税费——应交增值税（已交税金）"账户，贷记"银行存款"账户。"应交税费——应交增值税"账户的贷方余额，表示企业应交纳的增值税。

如果当月存在应交未交增值税的，应将其转入"应交税费——未交增值税"账户的贷方，同时借记"应交税费——应交增值税（转出未交增值税）"。待下期实际交纳时，借记"应交税费——未交增值税"，贷记"银行存款"等。

☆【例8－17】A公司7月末，"应交税费——应交增值税"明细账户各栏目资料如下：进项税额200 000元，销项税额300 000元，进项税额转出6 000元。8月5日，交纳7月增值税时，编制会计分录如下：

借：应交税费——应交增值税（转出未交增值税） 106 000
　　贷：应交税费——未交增值税 106 000
借：应交税费——未交增值税 106 000
　　贷：银行存款 106 000

（二）小规模纳税人

小规模纳税人是指年销售额在规定标准以下，并且会计核算不健全，不能按规定报送会计资料，实行简易办法征收增值税的纳税人。

1. 应交增值税税额计算。小规模纳税人发生应税销售行为，实行按照销售额和征收率计算应纳税额的简易办法，并不得抵扣进项税额。

由于小规模纳税企业销售货物或提供应税劳务时，不能开具增值税专用发票，因此，小规模纳税企业的销售额一般为含税销售额。进行会计处理时，应对其进行价税分

离。其计算公式为

$$不含税销售额 = \frac{不含税销售额}{1 + 征收率}$$

$$应交增值税税额 = 不含税销售额 \times 征收率$$

2. 应交增值税的核算。小规模纳税人增值税的核算，应在"应交税费"账户下设置"应交增值税"明细账户，该明细账格式采用三栏式。

❂【例8-18】某公司为小规模纳税企业，适用的增值税征收率为3%。该公司本期购入原材料，按照增值税发票上记载的原材料成本为500 000元，支付的增值税为85 000元，该公司已开出并承兑商业汇票，材料已验收入库。本期销售货物价款800 000元，货款暂欠。编制会计分录如下：

（1）购入材料时：

借：原材料 585 000
　　贷：应付票据 585 000

（2）销售货物时：

不含税价格=800 000÷（1+3%）=776 699（元）

应交增值税=776 699×3%≈23 301（元）

借：应收账款 800 000
　　贷：主营业务收入 776 699
　　　　应交税费——应交增值税 23 301

二、应交消费税

消费税是对在我国境内从事生产、委托加工和进口应税消费品的单位和个人征收的一种税。消费税属价内税。国家在对货物普遍征收增值税的基础上，选择部分消费品，再征收消费税，主要是为了调节消费结构、正确引导消费方向、保证国家财政收入。消费税的纳税人是指在我国境内从事生产、委托加工和进口应税消费品（不包括金银首饰）的单位和个人。

交纳消费税的企业，应在"应交税费"账户下设置"应交消费税"明细账户进行核算。其借方登记企业实际交纳和待扣的消费税；贷方登记企业按规定应交纳的消费税；贷方余额反映尚未交纳的消费税；借方余额反映多交或待扣的消费税。

（一）销售产品应交消费税的核算

消费税按不同应税消费品，分别采用从价定率和从量定额两种计算方法。

实行从价定率的应税消费品，其应纳消费税额的计算公式为

$$应纳消费税额 = 销售额 \times 适用税率$$

公式中的"销售额"是纳税人有偿转让应税消费品所取得的全部收入，即纳税人销售应税消费品向购买方收取的全部价款和价外费用，但不包括从购买方收取的增值税税款。

实行从量定额的应税消费品，其应纳消费税额的计算公式为

$$应纳消费税额 = 销售数量 \times 单位税额$$

公式中的"销售数量"是指应纳税的消费品数量。

销售产品应缴纳的消费税,应分不同情况处理。若企业将生产的产品直接对外销售,对销售产品应交的消费税,借记"税金及附加"账户,贷记"应交税费——应交消费税"账户;"税金及附加"科目核算企业经营活动发生的消费税、城市维护建设税、资源税、房产税、土地使用税、车船使用税、印花税、教育费附加等相关税费。期末,应将本科目余额转入"本年利润"科目,结转后本科目无余额。

❂【例8−19】某公司销售汽车轮胎应纳消费税额为6 000元。编制会计分录如下:

借:税金及附加　　　　　　　　　　　　　　　　　　　　　6 000
　　贷:应交税费——应交消费税　　　　　　　　　　　　　　　　　6 000

(二) 委托加工应税消费品(与存货中是否将委托加工物资相对应)

企业委托加工应税消费品(非金银首饰)的,受托方是法定的代收代缴义务人,应在向委托方交货时代收代缴消费税,受托方是个人的除外。委托加工收回后,如果直接销售的,代收代缴的消费税应计入加工物资的成本,委托方不再进一步缴纳消费税;如果收回后用于继续生产加工应税消费品,且符合规定范围的,委托加工环节缴纳的消费税可以在继续生产的应税消费品销售时,从其应纳的消费税额予以抵扣,代收代缴的消费税计入"应交税费"账户的借方。需要注意的是,从2012年9月1日起,所谓"直接销售",指的是以不高于受托方的计税价格出售。如果以高于受托方计税价格出售的,应按规定计算缴纳消费税,并可以扣除委托加工环节已经代收代缴的消费税。

❂【例8−20】某卷烟厂是增值税一般纳税人,将购一批成本为150 000元的烟叶运往某加工厂,委托加工厂将其加工成烟丝,支付加工费60 000元,增值税税率为16%,取得加工厂开具的增值税专用发票;同时,卷烟厂提货时,加工厂代收代缴消费税90 000元,假定上述款项均已支付。有关会计处理如下:

(1) 如果卷烟厂将收回的烟丝直接销售,则:

发出烟叶时:

借:委托加工物资　　　　　　　　　　　　　　　　　　　　150 000
　　贷:原材料　　　　　　　　　　　　　　　　　　　　　　　150 000

支付加工费、消费税、增值税时:

借:委托加工物资　　　　　　　　　　　　　　　　　　　　150 000
　　应交税费——应交增值税(进项税额)　　　　　　　　　　9 600
　　贷:银行存款　　　　　　　　　　　　　　　　　　　　　160 200

将烟丝收回并验收入库时:

借:原材料　　　　　　　　　　　　　　　　　　　　　　　300 000
　　贷:委托加工物资　　　　　　　　　　　　　　　　　　　300 000

(2) 如果卷烟厂将收回的烟丝进一步加工成卷烟,则:

发出烟叶时:

借:委托加工物资　　　　　　　　　　　　　　　　　　　　150 000

贷：原材料　150 000

支付加工费、消费税、增值税时：

借：委托加工物资　60 000
　　应交税费——应交增值税（进项税额）　10 200
　　　　　　——应交消费税　90 000
　贷：银行存款　160 200

将烟丝收回并验收入库时：

借：原材料　210 000
　贷：委托加工物资　210 000

若企业将应税消费品用于对外投资、在建工程等其他方面，按规定应交纳的消费税，借记有关账户，贷记"应交税费——应交消费税"账户。

（三）进口应税消费品

纳税人进口应税消费品的，应向报关地海关申报缴纳进口环节消费税，除非特殊情况，一般进口环节的消费税应计入所购物资、商品的成本。

（四）交纳消费税

企业实际交纳消费税时，应借记"应交税费——应交消费税"账户，贷记"银行存款"账户。发生退税时做相反的会计分录。

三、应交城市维护建设税、资源税、房产税、土地使用税、车船使用税

为加强城市维护建设，扩大和稳定城市维护建设的资金来源，国家开征了城市维护建设税。该税以纳税人实际缴纳的消费税、增值税税额为纳税依据，并按规定税率计算征收，税率为市区7%，县、镇5%，市区、县、镇以外1%，其计算公式为

应纳税额 =（实际缴纳的增值税 + 应交消费税）× 税率

企业应设置"应交税费——应交城市维护建设税"明细账户，核算企业城建税计提与缴纳情况。每月计提应交城建税时，借记"税金及附加"等账户，贷记"应交税费——应交城市维护建设税"账户；实际缴纳税款时，借记"应交税费——应交城市维护建设税"账户，贷记"银行存款"账户。

企业按规定计算确定的资源税、房产税、土地使用税、车船使用税，借记"税金及附加"科目，贷记"应交税费"科目；实际缴纳税款时，借记"应交税费"账户，贷记"银行存款"账户。

四、应交教育费附加

教育费附加是国家为了发展地方教育事业而随同"三税"同时征收的一种附加费，严格来说不属于税收的范畴，但由于同城市维护建设税类似，因此，也可以视同税款进行核算。教育费附加征收对象、计费依据、计算方法和征收管理与城市维护建设税相同。

企业对教育费附加通过"应交税费——应交教育费附加"明细账户核算。企业按规

160

定计算应交的教育费附加，借记"税金及附加"等账户，贷记"应交税费——应交教育费附加"账户。交纳的教育费附加，借记"应交税费——应交教育费附加"账户，贷记"银行存款"等账户。

【知识专栏8-3】

税与费的区别

与税收规范筹集财政收入的形式不同，费是政府有关部门为单位和居民个人提供特定服务，或被赋予某种权利而向直接受益者收取的代价。税和费的区别主要表现在：

主体不同。税收的主体是国家，税收管理的主体是代表国家的税务机关、海关或财政部门，而费的收取主体多是行政事业单位、行业主管部门等。

特征不同。税收具有无偿性，纳税人缴纳的税收与国家提供的公共产品和服务之间不具有对称性。费则通常具有补偿性，主要用于成本补偿的需要，特定的费与特定的服务往往具有对称性。税收具有稳定性，而费则具有灵活性。税法一经制定，对全国具有统一效力，并相对稳定；费的收取一般由不同部门、不同地区根据实际情况灵活确定。

用途不同。税收收入由国家预算统一安排，用于社会公共需要支出，而费一般具有专款专用的性质。

第五节 其他流动负债

一、短期借款

短期借款是指企业向银行或其他金融机构借入的、偿还期在一年以内（含一年）的各种借款。企业取得短期借款的目的是弥补短期经营资金不足。目前我国企业短期借款主要有流动资金借款、临时借款、结算借款、票据贴现借款等。

（一）账户设置

为了核算企业短期借款的取得和偿还情况，应设置"短期借款"账户。该账户属于负债类账户，贷方登记取得短期借款本金的数额，借方登记归还短期借款本金的数额，期末余额在贷方，表示尚未归还的短期借款。本账户可按贷款人和借款种类设置明细账户，进行明细核算。

（二）短期借款的核算

企业从银行或其他金融机构取得短期借款时，应按取得的借款本金，借记"银行存款"账户，贷记"短期借款"账户。

企业取得短期借款而发生的利息费用，一般应作为财务费用计入当期损益。按照权责发生制的要求，一般采用按月预提、按季支付的方式，设置"应付利息"账户进行核算。企业在月末按照计算确定的利息费用数额借记"财务费用"账户，贷记"应付利息"账户；在实际支付时，借记"应付利息"账户，贷记"银行存款"账户。如果利息费用数额较小，可不采用预提的方法，在支付时直接计入当月财务费用。

企业短期借款到期时，按偿还的借款本金借记"短期借款"账户，按应付未付利息的借记"应付利息"等账户，贷记"银行存款"账户。

★【例8－21】某公司于2018年1月1日从银行取得期限为6个月的借款80 000元，年利率为6%，利息按月计提、按季度支付，到期偿还本金。编制会计分录如下：

（1）1月1日取得借款时：

借：银行存款 　　　　　　　　　　　　　　　　　　　80 000
　　贷：短期借款 　　　　　　　　　　　　　　　　　　　80 000

（2）1月末计提利息时：

企业按月计提的短期借款利息确认为负债，并计入当期损益。

借：财务费用 　　　　　　　　　　　　　　　　　　　　 400
　　贷：应付利息 　　　　　　　　　　　　　　　　　　　　 400

（3）2月末计提利息时的会计处理与1月相同。

（4）3月末实际支付第一季度利息时：

借：应付利息 　　　　　　　　　　　　　　　　　　　　 800
　　财务费用 　　　　　　　　　　　　　　　　　　　　 400
　　贷：银行存款 　　　　　　　　　　　　　　　　　　 1 200

（5）第二季度计提利息和支付利息的会计处理与第一季度相同。

（6）7月1日偿还短期借款本金时：

借：短期借款 　　　　　　　　　　　　　　　　　　　80 000
　　贷：银行存款 　　　　　　　　　　　　　　　　　　　80 000

二、预收账款

预收账款是指企业按照合同规定，向购货单位预收的款项。有些购销合同规定，销货企业可向购货企业预先收取一部分货款，待向对方发货后再收取其余货款。企业在发货前收取的货款，表明企业承担了会在未来导致经济利益流出企业的应履行的义务，就成为企业的一项负债。与应付账款不同，这一负债不是以货币偿付，而是以在一定时间内提供一定数量和质量的货物偿付。

（一）账户设置

企业应设置"预收账款"账户，贷方登记发生的预收账款的数额和购货单位补付账款的数额；借方登记企业向购货方发货后冲销的预收账款数额和退回购货方多付账款的数额；余额一般在贷方，表示已预收货款但尚未向购货方发货的数额。该账户按购买单位设置明细账进行明细核算。

（二）预收账款的核算

销售企业预收购货单位的款项时，借记"银行存款"账户，贷记"预收账款"账户；销售实现时，按售价及增值税销项税额，借记"预收账款"账户，按照实现的营业收入，贷记"主营业务收入"账户，按照增值税专用发票上注明的增值税税额，贷记"应交税费——应交增值税（销项税额）"账户；收到购货单位补付的货款，借记"银行存款"账户，贷记"预收账款"账户；向购货单位退回其多付的款项时，借记"预收账款"账户，贷记"银行存款"账户。

✪【例8－22】甲公司为增值税一般纳税人，4月4日与乙公司签订供货合同，供货金额100 000元，增值税销项税额为16 000元。4月5日预收乙公司交来的货款60 000元，存入银行；5月10日按合同规定向乙公司发出商品，剩余货款付清。编制会计分录如下：

（1）4月5日预收乙公司预付的货款时：

借：银行存款　　　　　　　　　　　　　　　　　　　　60 000
　　贷：预收账款——乙公司　　　　　　　　　　　　　　　　60 000

（2）5月10日销售商品时：

借：预收账款——乙公司　　　　　　　　　　　　　　　116 000
　　贷：主营业务收入　　　　　　　　　　　　　　　　　　100 000
　　　　应交税费——应交增值税（销项税额）　　　　　　　16 000

在这种情况下，"预收账款"账户就会出现借方余额（57 000元），它表示甲公司的债权，相当于应收账款。收到乙公司补付的货款时，借记"银行存款"账户，贷记"预收账款"账户。

（3）收到乙公司补付的货款时：

借：银行存款　　　　　　　　　　　　　　　　　　　　56 000
　　贷：预收账款——D公司　　　　　　　　　　　　　　　　56 000

若甲公司只能供货40 000元，该批货物增值税销项税额为6 400元，则应退回预收款13 600元。

预收账款业务不多的企业，可以不设置"预收账款"账户，直接将预收的款项用"应收账款"账户核算。

三、其他应付款

（一）其他应付款的内容

其他应付款是指企业除了应付票据、应付账款、预收账款、应交税费、应付职工薪酬等以外的其他各项应付、暂收的款项，具体包括：应付经营租入固定资产和包装物租金，存入保证金（如收取的包装物押金等），应付、暂收所属单位或个人的款项（如应付统筹退休金等），以及其他应付、暂收款项。这些应付、暂收款项构成了企业的一项流动负债。

（二）其他应付款的核算

企业应设置"其他应付款"账户，用于核算其他应付款的增减变动情况。该账户属于负债类，贷方登记发生的各种应付、暂收款项，借方登记偿还或转销的各种应付、暂收款项，期末贷方余额反映企业应付未付的其他应付款项。该账户应当按照其他应付款的项目和对方单位（或个人）设置明细账户，进行明细核算。

企业发生其他各种应付、暂收款项时，借记"银行存款""管理费用"等账户，贷记"其他应付款"账户；支付其他各种应付、暂收款项时，借记"其他应付款"账户，贷记"银行存款"等账户。

✪【例 8 - 23】某公司从 2018 年 1 月 1 日起，以经营租赁方式租入管理用办公设备一批，每月租金 5 000 元，按季度支付。1 月 31 日，该公司编制会计分录如下：

借：管理费用   5 000
　贷：其他应付款——××公司   5 000

2 月底计提应付经营租入固定资产租金的会计处理同上。3 月 31 日，该公司以银行存款支付应付固定资产租金：

借：其他应付款——××公司   10 000
　　管理费用   5 000
　贷：银行存款   15 000

【本章小结】

流动负债是指将在 1 年内（含 1 年）或者超过 1 年的一个营业周期内要偿还的债务。它与长期负债相比，具有偿还期限短、负债数额小、举债目的是解决企业经营资金周转不足的困难、必须用企业流动资产或提供劳务来偿还等特点。企业的各项流动负债应按实际发生额计价。从理论上讲，企业的流动负债应当按未来偿付金额的现值记账，但是企业的流动负债偿还期限短、负债数额小，其到期值与现值数额相差不大，所以我国企业会计制度规定，流动负债按未来应付金额计价，而不是按其现值计价。

本章主要阐述了应付账款、应付票据、应付职工薪酬、应交税费、短期借款、预收账款、其他应付款等各种主要流动负债的形成、核算的内容、入账价值的确定、账户的设置及具体核算方法。本章的难点是应付职工薪酬、应交税费的核算。

【思考题】

1. 什么是流动负债，有哪些特点，主要包括哪些内容？
2. 短期借款的核算内容有哪些？如何进行核算？
3. 应付账款在总价法下如何核算？
4. 银行承兑汇票、商业承兑汇票在取得、到期时如何核算？
5. 应付职工薪酬的内容有哪些？应如何进行会计处理？
6. 预收账款会出现借方余额吗？

7. 简述增值税一般纳税人和小规模纳税人在会计核算上的区别？

8. 什么是营业税、消费税、教育费附加、城市维护建设税？

【技能训练】

一、单项选择题

1. 下列不属于流动负债的有（　　）。

A. 短期借款　　　B. 预收账款　　　C. 预付账款　　　D. 应付账款

2. 企业短期借款利息费用应借记的账户是（　　）。

A. 管理费用　　　B. 制造费用　　　C. 财务费用　　　D. 税金及附加

3. 对于到期企业无力支付的商业承兑汇票，应将应付票据的票面金额转入下列账户的有（　　）。

A. 长期借款　　　B. 应付账款　　　C. 其他应付款　　　D. 短期借款

4. 从应付工资中代扣的各种款项，借记下列账户的是（　　）。

A. 营业外支出　　B. 管理费用　　　C. 应付职工薪酬　　D. 生产成本

5. 产品生产工人的各项薪酬应借记下列账户的是（　　）。

A. 管理费用　　　B. 制造费用　　　C. 应交税费　　　D. 生产成本

6. 企业提供交通运输、建筑等应税劳务，按规定计算出应纳的增值税时，应借记下列账户的是（　　）。

A. 管理费用　　　B. 制造费用　　　C. 应交税费　　　D. 税金及附加

7. 企业销售产品应交纳的消费税，应借记的账户是（　　）。

A. 管理费用　　　　　　　　　　B. 制造费用

C. 应交税费　　　　　　　　　　D. 税金及附加

8. 一般纳税人企业国内采购物资时，应根据增值税专用发票上注明的税额借记的账户是（　　）。

A. 在途物资　　　　　　　　　　B. 原材料

C. 应交税费——应交增值税（进项税额）　D. 固定资产

9. 在"应付票据"账户中核算的票据是指（　　）。

A. 商业汇票　　　B. 银行本票　　　C. 银行汇票　　　D. 支票

10. 商业汇票的承兑期限最长不得超过（　　）。

A. 一个月　　　B. 三个月　　　C. 六个月　　　D. 九个月

11. 在以下的税金中，属于价外税的是（　　）。

A. 增值税　　　B. 消费税　　　C. 城市维护建设税　D. 资源税

二、多项选择题

1. 下列属于流动负债的有（　　）。

A. 短期借款　　　B. 应付账款　　　C. 应付票据　　　D. 应付债券

2. 企业销售货物或提供应税劳务，应收取的增值税税额，借记的账户有（　　）。

A. 银行存款　　　B. 应收账款　　　C. 应收票据　　　D. 应付账款

3. 下列属于应付职工薪酬的内容有（　　　　）。

A. 职工工资、奖金、津贴和补贴　　　　B. 职工福利费

C. 应付债券　　　　　　　　　　　　　D. 社会保险费

4. "税金及附加"账户核算的税有（　　　　）。

A. 增值税　　　　B. 城市维护建设税　　C. 消费税　　　　D. 教育费附加

5. "应交税费——应交增值税"明细账户的借方登记的内容有（　　　　）。

A. 进项税额　　　B. 已交税金　　　　　C. 销项税额　　　D. 进项税额转出

6. 甲企业为一般纳税人企业，销售产品 1 000 件，单位不含税售价 10 元，增值税税额 1 600 元，款项收到存入银行。对于该项经济业务，应计入账户贷方的有（　　　　）。

A. 银行存款　　　　　　　　　　　　　B. 主营业务收入

C. 应交税费——应交增值税（销项税额）　D. 其他业务收入

7. 下列行为中，应计征增值税的有（　　　　）。

A. 销售产品　　　　　　　　　　　　　B. 销售不动产

C. 转让无形资产　　　　　　　　　　　D. 交通运输企业提供的应税劳务

三、判断题（正确的打"√"，错误的打"×"）

1. 负债是由预计未来的交易或事项形成的义务。　　　　　　　　　　（　　）

2. 企业取得短期借款而发生的利息费用，应作为财务费用处理，计入当期损益。（　　）

3. 对于到期企业无力支付的商业承兑汇票，应将应付票据的票面金额分别转入"应付账款"科目。　　　　　　　　　　　　　　　　　　　　　　　　　　　（　　）

4. 应由生产产品或提供劳务负担的职工薪酬，计入产品成本或劳务成本。（　　）

5. 产品生产工人的工资、奖金、津贴和补贴借记"生产成本"账户；车间管理部门人员的工资、奖金、津贴和补贴借记"管理费用"账户；厂部管理部门人员的工资、奖金、津贴和补贴借记"制造费用"账户。　　　　　　　　　　　　　　　　（　　）

6. 企业以其自产产品作为非货币性福利发放给职工的，应当根据受益对象，按照该产品的实际成本和相关税费计入产品成本或当期损益。　　　　　　　　　（　　）

7. 增值税是指对我国境内销售货物、进口货物，或提供加工、修理修配劳务的销售额征收的一种流转税。　　　　　　　　　　　　　　　　　　　　　　（　　）

8. 凡在我国境内销售货物、提供加工修理修配劳务以及进口货物的单位和个人，均为增值税的纳税义务人。　　　　　　　　　　　　　　　　　　　　　　（　　）

9. 一般纳税人企业应纳增值税的计税方法是，以企业当期销项税额抵扣当期准予抵扣进项税额后的余额，即为企业当期应交的增值税。　　　　　　　　　　（　　）

10. 一般纳税人企业销售商品时，应根据增值税专用发票注明的税额，贷记"应交税费——应交增值税（销项税额）"账户。　　　　　　　　　　　　　　　　（　　）

11. 小规模纳税人企业，即购进货物或接受应税劳务支付的增值税进项税额，无论是否取得扣税凭证，均计入所购货物或劳务的成本中。　　　　　　　　　（　　）

12. 委托加工的应税消费品，应交的消费税均应计入委托加工消费品的成本。（　　）

13. 小规模纳税人企业购进货物时，对取得的增值税专用发票上注明的增值税税额，

应和一般纳税人企业的会计处理方法是相同的。 （ ）

四、实务题

实务操作（8-1）

（一）目的：练习应付账款的核算。

（二）资料：某企业2018年发生下列经济业务：

1. 6月10日，从甲公司购进A材料一批，增值税专用发票上注明：价款20万元，增值税税率为16%，该材料已入库，款项尚未支付。

2. 6月30日，从乙公司购入的B材料到达，托收承付结算凭证未到，B材料估价100 000元入库。

3. 7月3日，乙公司托收承付结算凭证到达，托收金额共计116 000万元，其中，买价100 000元，进项税额16 000元，审核无误，三日后承付。

4. 7月13日，向丙公司购入D材料一批，价款100 000元，增值税税额为16 000元，付款条件为2/10，1/20，n/30；若该企业18日或26日开出转账支票付款，作出有关会计分录。

（三）要求：根据上述经济业务编制会计分录。

实务操作（8-2）

（一）目的：练习应付票据的核算。

（二）资料：某企业发生下列经济业务：

1. 3月1日，从甲企业购入A材料一批买价100 000元，增值税税率16%，该材料已入库，向甲企业签发并承兑期限6个月，面值116 000元的商业汇票一张。

2. 3月5日，签发一张面值为20万元的银行承兑汇票，期限5个月，向银行申请承兑，交付0.5‰的承兑手续费。

3. 3月6日，将上述银行承兑汇票交付乙企业，以抵前欠货款。

4. 3月20日，3个月前交付给丙企业的面值200 000元的商业承兑汇票已到期，支付票款。

5. 从曙光工厂购入原材料一批，买价20 000元，增值税进项税额3 200元，对方代垫运费2 000元，材料到达并验收入库。签发并承兑期限3个月、面值25 200元的商业承兑汇票一张。

6. 上述商业承兑汇票到期，企业账面银行存款金额不足以支付。

（三）要求：根据上述经济业务编制会计分录。

实务操作（8-3）

（一）目的：练习应付职工薪酬的核算。

（二）资料：新华有限责任公司2018年5月发生下列经济业务：

1. 分配本月应付工资总额160 000元。其中，生产A产品工人工资为120 000元，生产B产品工人工资为16 000元，车间管理人员工资为6 000元，厂部管理人员工资为14 000元，销售部门人员工资为4 000元。

2. 按当月应付工资总额的 5% 计提职工福利费。

3. 本月职工报销医药费 2 000 元，以银行存款支付。

4. 代扣的水费 2 000 元、电费 2 500 元。

5. 用银行存款发放工资。

6. 用银行存款支付代扣的水费 2 000 元、电费 2 500 元。

（三）要求：根据资料编制会计分录。

实务操作（8-4）

（一）目的：练习应交增值税的核算。

（二）资料：某企业为增值税一般纳税人，2018 年 5 月发生下列经济业务：

1. 购入甲材料一批，增值税专用发票上注明货款 8 000 000 元，增值税税额为
1 280 000 元，款项签发转账支票支付。

2. 销售产品一批，价款为 120 000 元，增值税为 19 200 元，开出增值税专用发票，
款项收存银行。

3. 以银行存款支付管理部门修理费，增值税专用发票上注明的修理费 1 000 元，增
值税税额为 160 元。

4. 办公楼在建工程中，从原材料仓库领用丁材料一批，其实际成本 500 000 元，增
值税税率为 16%。

5. 以银行存款购入生产用设备一台，专用发票上注明设备价款 1 000 000 元，增值
税税额为 160 000 元。

6. 销售甲产品一批，不含税售价 50 000 000 元，增值税税率为 16%。货款尚未
收到。

7. 因火灾损失原材料 10 000 元，增值税税额为 1 600 元，经批准核销。

8. 以银行存款交纳增值税 360 000 元。

（三）要求：根据上述经济业务编制会计分录。

实务操作（8-5）

（一）目的：练习短期借款、预收账款的核算。

（二）资料：

1. 甲公司 2018 年 7 月 1 日从银行取得期限为 6 个月的借款 100 000 元，年利率为
5%，利息按月计提，按季度支付，到期偿还本金。

2. 乙公司 2018 年 7 月发生下列业务：

（1）13 日，预收丙公司货款 100 000 元，存入银行。

（2）23 日，向丙公司销售产品一批，售价 150 000 元，增值税税率为 16%。

（3）28 日，丙公司交来欠款，存入银行。

（三）要求：

1. 根据上述资料 1，甲公司编制取得借款本金，按月计提利息、按季度支付利息和
到期偿还本金的会计分录。

2. 根据上述资料2，乙公司编制有关会计分录。

【案例分析】

东方公司是一家生产化工产品的公司，该公司是增值税一般纳税人，增值税税率为16%，城市维护建设税税率7%。该公司2018年10月发生以下经济业务：

1. 购入甲材料一批，增值税专用发票上注明货款20 000元，增值税税额为3 200元。

2. 以银行存款购入生产用设备一台，专用发票上注明设备价款100 000元，增值税税额为16 000元。

3. 在建办公楼工程中，从原材料仓库领用丁材料一批，其实际成本500 000元，增值税税率为16%。

4. 销售甲产品一批，不含税售价1 000 000元，增值税税率为16%。

5. 因火灾损失原材料10 000元，增值税税额为1 600元。

6. 销售不用的材料一批，价款为120 000元，增值税税额为19 200元。

7. 从小规模纳税人企业购入乙材料一批，实际支付款项51 000元。

小李是该公司刚招聘来担任税务核算的会计人员，主管会计让小李根据该公司2018年10月发生的经济业务，计算出该公司本月应交的增值税和城市维护建设税，小李经计算得出本月应交的增值税为17 680元，城市维护建设税1 237.6元。

案例要求： 请你验证一下小李计算的本月应交的增值税和城市维护建设税是否正确？如不正确，请你计算出正确的金额。

第九章

非流动负债

【学习目标】

● 了解非流动负债的概念、特点及分类;
● 熟悉长期借款费用的处理规定;
● 理解债券发行溢价、折价的含义;
● 熟练掌握长期借款、应付债券的核算。

第一节 非流动负债概述

一、非流动负债的概念及特点

非流动负债即长期负债,是指偿还期在 1 年以上或者超过 1 年的一个营业周期以上的负债。非流动负债主要是为满足企业扩大生产经营规模、增加固定资产、对外进行长期投资等资金的需要。它除具有负债的一般特征外,还具有以下特点:

1. 偿还期长。偿还期在 1 年以上或者超过 1 年的一个营业周期以上的负债才是长期负债。

2. 债务数额大。企业举借长期负债主要是为了购置长期资产,以满足扩大经营规模或取得长期对外投资效益的需要,所以长期债务数额较大。

3. 成本高收益大。长期负债与流动负债相比,资金成本高;企业通过举借长期负债进行扩大经营,如果其经营所得的利润率大于长期债务的利息率,企业就会得到更多的利益。

4. 风险大。长期负债与流动负债相比,期限长往往会使企业面临利率风险,数额大可能会给企业带来较大的财务风险。债权人对企业的财产享有优先求偿权,如果企业因资金周转困难而无法定期支付利息或按期偿还本金,债权人的求偿权可能迫使企业破产清算。

二、非流动负债的分类

（一）非流动负债按筹措方式分类

非流动负债按筹措的方式不同，可分为长期借款、应付债券、长期应付款和专项应付款等。具体内容详见本章第二、第三、第四节内容。

（二）非流动负债按偿还方式分类

非流动负债按偿还方式不同，分为定期偿还的非流动负债和分期偿还的非流动负债。前者在到期日一次偿还本金，企业发行债券通常采用这种方式；后者在到期日之前分期偿还本金，应付融资租入固定资产租赁费通常采用这种方式。

（三）非流动负债按付息方式分类

非流动负债按付息方式不同，分为一次付息的非流动负债和分期付息的非流动负债两种。企业债券利息大多采用到期一次付息的方式，若债券发行期限较长时，也采用分期付息；非流动借款利息通常采用分期付息的方式。分期偿还本金的非流动负债，其利息也相应采用分期支付的方式。

三、借款费用的处理

借款费用是指企业因借款而发生的利息及其他相关成本。具体包括：借款利息、债券折价或者溢价的摊销、辅助费用，以及因外币借款而发生的汇兑差额等。

非流动负债借款费用的会计处理，从理论上讲有两种处理方法：一是"费用化"，即在发生时直接计入当期损益；二是予以"资本化"，即在发生时直接计入所购建资产的价值，作为购建资产历史成本的一部分。我国《企业会计准则第 17 号——借款费用》规定：企业发生的借款费用，可直接归属于符合资本化条件的购建或生产的，应当予以资本化，计入相关资产成本；其他借款费用，应当在发生时根据其发生额确认为费用，计入当期损益。所谓符合资本化条件的资产，是指需要经过相当长时间（通常 1 年及以上）的购建或生产才能达到预定可使用或可销售状态的固定资产、无形资产等。具体地讲：

（1）为购建或生产符合资本化条件的资产而发生的专门借款，在资产尚未达到预定可使用或可销售状态之前发生的借款费用应当予以资本化，计入所购建或生产相关资产的成本；在资产达到预定可使用或可销售状态之后发生的借款费用，作为当期的费用处理，计入财务费用。

（2）不是为购建或生产符合资本化条件的资产所发生的借款费用，属于筹建期间发生的，计入管理费用；属于正常生产经营期间的，计入财务费用。

第二节　长期借款

一、长期借款的概念及分类

长期借款是指企业向银行或其他金融机构借入的期限在 1 年以上（不含 1 年）的各

项借款。长期借款一般用于固定资产购建、改扩建工程、大修理工程等方面，它是企业长期负债的重要组成部分。与短期借款相比，长期借款具有借款期限长、风险高、数额多和利息费用高等特点。

企业长期借款可以按不同的标准进行分类，按本金偿还方式的不同，分为定期偿还的长期借款和分期偿还的长期借款；按付息方式的不同，分为到期一次付息的长期借款和分期付息的长期借款。

二、长期借款的核算

为核算企业向银行或其他金融机构借入的各种长期借款，企业应设置"长期借款"账户。该账户属于负债类账户，贷方登记借入长期借款的本金及其应计利息，借方登记偿还长期借款的本息，期末余额在贷方，反映企业尚未偿还的长期借款本息。该账户应按照贷款单位和贷款种类，分别"本金""应计利息""利息调整"等进行明细核算。

长期借款核算的主要内容包括：长期借款的取得、借款利息的处理、借款本息的归还等。

（一）取得长期借款

企业取得长期借款时，应按实际收到的金额借记"银行存款"账户，按长期借款额本金贷记"长期借款——本金"账户，如以上两者之间存在差额，按其差额，借记"长期借款——利息调整"账户。

（二）长期借款利息

长期借款利息是取得长期借款的一种资金成本，是企业为借入资金而付出的代价。计算长期借款的利息有单利和复利两种方法。单利是指仅按借款本金计算利息，其发生的利息不再加入本金重复计算利息。复利是指根据本金和前期利息之和计算本期利息，即不仅要计算本金的利息，还要计算利息的利息。一般公式为

$$借款利息 = 本金 \times 利率 \times 期限$$

长期借款利息可按借款合同规定，于到期时一次支付或在借款期内分期支付。不论采用何种支付方式，应按照权责发生制原则，将应由本期负担的长期借款利息先计提入账。

在会计期末，长期借款按合同利率计算确定的应付未付利息，如果属于分期付息一次还本的，计入"应付利息"账户；如果属于到期一次还本付息的，计入"长期借款——应计利息"账户。即借记"在建工程""财务费用"等账户，贷记"长期借款——应计利息"账户或"应付利息"账户。

（三）归还长期借款

归还长期借款时，应按归还的本金数额，借记"长期借款——本金"账户，按归还的利息数额借记"长期借款——应计利息"账户或"应付利息"账户，贷记"银行存款"账户。

⭐【例9－1】某企业于2017年1月1日向银行借入3年期长期借款200万元，合同约定年利率为6%，每年计息一次，到期一次还本付息。该企业用借款购建生产流水

线，1 月 1 日投入生产流水线工程 200 万元，该生产流水线于 2018 年 12 月 31 日完工，达到预定使用状态，交付使用。借款利息按合同约定的利率计算。编制会计分录如下：

（1）2017 年 1 月 1 日取得长期借款：

借：银行存款　　　　　　　　　　　　　　　　　　　　　2 000 000

　　贷：长期借款——本金　　　　　　　　　　　　　　　　　　　　2 000 000

（2）2017 年 1 月 1 日支付建设生产线支出：

借：在建工程——生产流水线工程　　　　　　　　　　　　2 000 000

　　贷：银行存款　　　　　　　　　　　　　　　　　　　　　　　　2 000 000

（3）2017 年 12 月 31 日计提长期借款利息（假定利息符合资本化条件）：

2 000 000×6% ＝ 120 000（元）

借：在建工程——生产流水线工程　　　　　　　　　　　　　120 000

　　贷：长期借款——应计利息　　　　　　　　　　　　　　　　　　120 000

（4）2018 年 12 月 31 日计提长期借款利息和 2017 年 12 月 31 日相同。

2018 年 12 月 31 日生产线交付使用：

借：固定资产——生产流水线　　　　　　　　　　　　　　2 240 000

　　贷：在建工程——生产流水线工程　　　　　　　　　　　　　　2 240 000

（5）2019 年 12 月 31 日计提长期借款利息：

借：财务费用——利息支出　　　　　　　　　　　　　　　　120 000

　　贷：长期借款——应计利息　　　　　　　　　　　　　　　　　　120 000

（6）2020 年 1 月 1 日到期偿还本金和利息时：

借：长期借款——本金　　　　　　　　　　　　　　　　　2 000 000

　　　　　　——应计利息　　　　　　　　　　　　　　　　　360 000

　　贷：银行存款　　　　　　　　　　　　　　　　　　　　　　　2 360 000

第三节　应付债券

一、应付债券概述

应付债券是指企业为筹集长期资金而发行的债券。债券是企业按照法定程序发行，约定在一定期限内还本付息的一种书面凭证。企业发行的债券，其票面一般须载明企业名称、债券面值、票面利率、还本期限和方式、付息方式、债券发行日期等内容。

企业债券发行价格的确定一般取决于债券的票面金额、票面利率、发行当时的实际利率以及债券期限的长短等因素。企业发行债券时确定的利率，一般固定不变，称为票面利率。债券发行企业实际负担的利率称为实际利率，实际利率是债券发行当时的市场利率。企业债券的发行价格受同期市场利率的影响，经常会出现实际利率大于或小于票面利率的情况。当债券的票面利率高于实际利率时，可按超过债券面值的价格发行债券，称为溢价发行。溢价表明企业为以后期间多付利息而事先得到的补偿。如果债券的票面利率低于实际利率时，可按低于债券面值的价格发行债券，称为折价发行。折价表明企业为以后期间少付利息而预先给投资者的补偿。如果债券的票面利率与实际利率一致，可按债券的票面金额发行，称为面值发行债券。债券溢价或折价不是债券发行企业的收益或损失，而是发行债券企业在债券存续期间内对利息费用的一种调整。

企业发行的债券，按支付利息方式的不同，可以分为到期一次还本付息债券和分期付息、到期一次还本债券两种。

二、应付债券的核算

为了核算债券的发行、计息、归还等情况，企业应设置"应付债券"账户。该账户属于负债类账户，贷方登记应付债券的本息、债券的溢价以及摊销的债券折价；借方登记归还债券本息、债券折价，以及摊销的债券溢价。期末余额在贷方，表示尚未归还的应付债券本息。在"应付债券"账户下，应设置"面值""利息调整""应计利息"等明细账户，并按债券类别进行明细核算。若为分期付息到期还本的债券，应设置"应付利息"账户，反映已到付息期尚未支付的债券利息。

（一）发行债券的核算

债券无论是按面值发行，还是溢价发行或折价发行，企业均按实际收到的款项借记"银行存款"账户，按债券面值贷记"应付债券——面值"账户，按实际收到的款项与债券面值之间的差额，贷记或借记"应付债券——利息调整"账户。

❂【例 9-2】甲企业于 2018 年 1 月 1 日发行面值为 100 万元、期限 3 年的公司债券，该债券票面利率为 8%，实际利率为 8%，收回发行债券价款 100 万元存入银行。该债券每年付息一次，到期一次偿还本金。假定该债券筹措资金全部用于补充企业流动资金。发行债券时编制会计分录如下：

借：银行存款 1 000 000
  贷：应付债券——面值 1 000 000

❂【例 9-3】甲企业于 2018 年 1 月 1 日发行 5 年期债券 1 000 000 元，票面利率为 10%，实际利率为 12%，每年付息一次，实际发行价格为 927 910 元。假定该债券筹措资金全部用于补充企业流动资金。发行债券时编制会计分录如下：

借：银行存款 927 910
  应付债券——利息调整 72 090
  贷：应付债券——面值 1 000 000

❂【例 9-4】甲企业于 2018 年 7 月 1 日发行面值为 100 万元、期限为 5 年的公司债券，共收发行债券价款 120 万元，该债券票面利率为 10%。企业每半年计息一次，到期一次偿还本金和利息。假定该债券筹措资金全部用于补充企业流动资金。发行债券时编制会计分录如下：

借：银行存款 1 200 000
  贷：应付债券——面值 1 000 000

　　　　　　　　　　——利息调整　　　　　　　　　　　　　　　　　　200 000

（二）债券利息费用的核算

　　债券的利息费用由债券票面利息和利息调整两部分组成，利息调整是债券发行时面值与实际收到的款项之间的差额，需要在债券存续期内按实际利率法分期摊销，以确定该期的利息费用。

　　企业债券发行之后，应按期计算应付利息。即债券票面利息，它是按债券面值、票面利率计算的利息，一般按年度或半年度计算。其计算公式为

$$每期票面利息 = 债券面值 × 票面利率$$

　　企业在按期计算债券票面利息的同时，还应按实际利率计算每期利息费用，并将利息调整分期摊销。其计算公式为

$$每期利息费用 = 债券期初账面价值 × 实际利率$$
$$每期利息调整摊销额 = 每期票面利息 - 每期利息费用$$
$$或：每期利息调整摊销额 = 每期利息费用 - 每期票面利息$$

　　每期末，企业应当将发行债券的利息费用按照与长期借款的利息费用处理相一致的原则，计入有关成本、费用，即计入"财务费用"或"在建工程"等账户。

　　对于分期付息一次还本的债券，企业按债券的利息费用借记"在建工程""财务费用"等账户，按债券票面利息贷记"应付利息"账户，按其差额借记或贷记"应付债券——利息调整"账户；对于一次还本付息的债券，企业应按债券利息费用借记"在建工程"、"财务费用"等账户，按债券票面利息贷记"应付债券——应计利息"账户，按其差额借记或贷记"应付债券——利息调整"账户。

　　☆【例9-5】根据【例9-2】资料，甲企业按面值发行债券后，由于所得资金用于流动资金经营周转，债券利息应计入财务费用。有关利息的会计分录如下：

　　（1）2018年12月31日计提利息时：

　　借：财务费用　　　　　　　　　　　　　　　　　　　　　　　　80 000
　　　　贷：应付利息　　　　　　　　　　　　　　　　　　　　　　　80 000

　　（2）2019年1月1日支付利息时：

　　借：应付利息　　　　　　　　　　　　　　　　　　　　　　　　80 000
　　　　贷：银行存款　　　　　　　　　　　　　　　　　　　　　　　80 000

以后各年的会计处理与2018年相同。

　　☆【例9-6】接【例9-3】，2018年末计算利息，利息调整采用实际利率法摊销。先计算每年利息调整摊销额，具体如表9-1所示。

表9-1　　　　　　　　　　　利息调整摊销额计算表　　　　　　　　　单位：元

会计期间	每期票面利息	期初账面价值	每期利息费用	利息调整摊销额
	(1)	(2)	(3)	(4)
2018年12月31日	100 000	927 910	111 349	11 349
2019年12月31日	100 000	939 259	112 711	12 711

续表

会计期间	每期票面利息	期初账面价值	每期利息费用	利息调整摊销额
	（1）	（2）	（3）	（4）
2020 年 12 月 31 日	100 000	951 970	114 236	14 236
2021 年 12 月 31 日	100 000	966 206	115 945	15 945
2022 年 12 月 31 日	100 000	982 151	117 849	17 849
合计	500 000	—	572 090	72 090

注：117 849 = 100 000 + 17 849，该数额由于调整前期误差采用倒挤方法计算求得。

2018 年 12 月 31 日作会计分录如下：

借：财务费用　　　　　　　　　　　　　　　111 349
　　贷：应付利息　　　　　　　　　　　　　　100 000
　　　　应付债券——利息调整　　　　　　　　　11 349

以后各期的账务处理与 2018 年相同。

（三）债券到期的核算

债券到期，发行债券的企业应履行偿付责任。应付债券应在到期日偿还，债券到期时，其利息调整已摊销完毕，债券的账面价值等于面值，企业只需按面值（即本金）偿付或根据发行协议偿付面值和最后一期的利息，借记"应付债券——面值""应付利息"等账户，贷记"银行存款"账户。

☆【例 9-7】根据【例 9-2】资料，若债券到期，甲企业支付债券本金时编制会计分录如下：

借：应付债券——面值　　　　　　　　　　　1 000 000
　　贷：银行存款　　　　　　　　　　　　　　1 000 000

【知识专栏 9-1】

补偿贸易

补偿贸易又称产品返销，指交易的一方在对方提供信用的基础上，进口设备技术，然后以该设备技术所生产的产品，分期抵付进口设备技术的价款及利息。它既是一种贸易方式，也是一种利用外资的形式。与一般贸易方式相比，信贷是进行补偿贸易必不可少的前提条件，而且设备供应方必须同时承诺回购设备进口方的产品或劳务，这是构成补偿贸易的必备条件。但是，在信贷基础上进行设备的进口并不一定构成补偿贸易，补偿贸易不仅要求设备供应方提供信贷，同时还要承诺回购对方的产品或劳务，以使对方用所得货款还贷款。这两个条件必须同时具备，缺一不可。此外，进行补偿贸易，双方须签订补偿贸易协议。

第四节　长期应付款

一、长期应付款概念

长期应付款是指除长期借款和应付债券以外的其他各种长期应付款。包括应付补偿贸易方式下引进国外设备价款、分期付款方式购入固定资产和无形资产发生的账款、应付融资租入固定资产的租赁费等。

二、长期应付款的核算

（一）账户设置

企业应设置"长期应付款"账户，核算长期应付款的增加和偿还等情况。该账户是负债账户，发生长期应付款时记贷方，偿还长期应付款时记借方，期末余额在贷方，反映尚未偿还的长期应付款数额。该账户应按长期应付款的种类和债权人设置明细账，进行明细核算。

（二）长期应付款的核算

以融资租入固定资产为例，简单介绍一下长期应付款的核算。

融资租入固定资产的核算涉及应付融资租赁款，它是指企业融资租入固定资产而发生的应付款，是在租赁开始日承租人应向出租人支付的最低租赁付款额。

融资租入的固定资产，在租赁期开始日，应按租赁准则确定的应计入固定资产成本的金额，借记"固定资产"或"在建工程"账户，按最低租赁付款额，贷记"长期应付款——应付融资租赁款"账户，按发生的初始直接费用，贷记"银行存款"等账户，按其差额，借记"未确认融资费用"账户。

按期支付租赁费用时，借记"长期应付款——应付融资租赁款"账户，贷记"银行存款"账户。租赁期届满，企业取得该项固定资产所有权的，应将该项固定资产从"融资租入固定资产"明细账户转入有关明细账户。

【本章小结】

非流动负债即长期负债，是指偿还期在 1 年以上或者超过 1 年的一个营业周期以上的负债。举借长期负债的目的是满足企业扩大生产经营规模、增加固定资产、对外进行长期投资等资金的需要。它除具有负债的一般特征外，还具有偿还期长、债务数额大、成本高收益大、风险大等特点。

长期负债借款费用的会计处理，有两种方法，一是费用化；二是予以资本化。具体地讲：（1）为购建或生产符合资本化条件的资产而发生的专门借款，在资产尚未达到预定可使用或可销售状态之前发生的借款费用应当予以资本化，计入所购建或生产相关资产的成本；在资产达到预定可使用或可销售状态之后发生的借款费用，作为当期的费用处理，计入财务费用。（2）不是为购建或生产符合资本化条件的资产所发生的借款费用，属于筹建期间发生的，计入管理费用；属于正常生产经营期间的，计入财务费用。

本章重点是长期借款、应付债券的核算，本章难点是溢折价的含义、长期负债借款费用的处理。

【思考题】

1. 什么是非流动负债，有何特点，主要内容包括哪些？
2. 长期借款费用如何处理？
3. 长期借款的核算内容有哪些？如何进行核算？
4. 债券的发行方式有几种，何为债券发行的溢价、折价？
5. 应付债券的核算内容有哪些？

【技能训练】

一、单项选择题

1. 下列属于长期负债的项目有（   ）。
A. 应付债券　　　B. 应付票据　　　C. 应付利润　　　D. 应付账款
2. 下列属于长期应付款的项目有（   ）。
A. 长期借款　　　　　　　　B. 应付债券
C. 应付职工薪酬　　　　　　D. 融资租入固定资产的应付款
3. 企业生产经营期间发生的长期借款利息应计入（   ）账户。
A. 在建工程　　　B. 财务费用　　　C. 开办费　　　D. 销售费用
4. 为购建固定资产取得的专门借款的利息支出，在固定资产达到预计可使用状态前，符合资本化条件的，应计入（   ）科目的借方。
A. 财务费用　　　B. 管理费用　　　C. 在建工程　　　D. 长期借款
5. 根据现行会计准则的规定，应予资本化的专门借款是（   ）。
A. 购建固定资产的专门借款
B. 为取得某项长期股权而取得的专门借款
C. 为增加存货而取得的专门借款
D. 购置或开发无形资产的专门借款
6. A公司2015年1月1日从B银行取得长期借款500万元，期限5年，利率8%，用于建造固定资产项目，该项目于2018年6月30日完工并投入使用。另外，2018年6月30日A公司从C银行取得短期借款100万元，期限6个月，利率5%。则2018年度的利息对当年的损益影响额为（   ）万元。
A. 40　　　　　B. 20　　　　　C. 2.5　　　　　D. 22.5
7. A股份有限公司于2018年1月1日发行票面价值总额为100万元的公司债券，该债券票面利率10%，期限为3年，面值发行，到期一次还本付息。2018年12月31日计提利息后，该公司应付债券的账面价值为（　　）。

A. 100 万元　　　　B. 110 万元　　　　C. 90 万元　　　　D. 112 万元

二、多项选择题

1. "长期借款"账户贷方核算（　　）内容。

A. 借入的长期借款本金　　　　　B. 长期借款应计未付利息

C. 偿还长期借款本金　　　　　　D. 尚未摊销的利息调整

E. 取得长期借款的手续费

2. 长期借款所发生的利息费用，根据长期借款的用途，可以将其直接计入（　　）等项目。

A. 财务费用　　　B. 在建工程　　　C. 营业外支出　　　D. 管理费用

E. 长期待摊费用

3. 企业的长期负债包括（　　）。

A. 长期借款　　　B. 应付债券　　　C. 长期应付款　　　D. 其他应付款

E. 应付账款

4. 因专门借款而发生的借款费用可予以资本化并计入所购建固定资产成本，应具备的条件是（　　）。

A. 资产支出已经发生　　　　　　B. 借款费用已经发生

C. 为使资产达到预定可使用状态所必要的购建活动已经开始

D. 借款合同已经签订　　　　　　E. 款项已借入

5. 下列各项中，属于借款费用核算范围的有（　　）。

A. 借款利息　　　　　　　　　　B. 与借款相关的折价和溢价的摊销

C. 取得借款的辅助费用　　　　　D. 与外币借款有关的汇兑差额

E. 股票的发行费用

6. 公司债券的发行费用，根据不同情况应分别计入（　　）。

A. 在建工程　　　B. 管理费用　　　C. 财务费用　　　D. 生产成本

E. 制造费用

7. "应付债券"科目的贷方反映的内容包括（　　）。

A. 债券溢价　　　　　　　　　　B. 债券折价

C. 债券溢价的摊销　　　　　　　D. 尚未归还的债券本金

E. 债券到期应付的利息

三、判断题（正确的打"✓"，错误的打"×"）

1. 为购建固定资产而发生的借款费用应全部计入所购建固定资产的成本。（　　）

2. 企业发生的所有借款利息都应作为财务费用处理。（　　）

3. 企业长期借款发生的利息费用都必须予以资本化。（　　）

4. 企业计提长期借款利息时，应当借记"在建工程"或"财务费用"等账户，贷记"应付利息"账户。（　　）

5. 对于专门借款的利息支出，在固定资产达到预定可使用状态前，符合资本化条件

的，应予资本化，将其计入固定资产的建造成本；固定资产达到预定可使用状态后，则应作为财务费用处理。 （　　）

6. 固定资产交付使用前所发生的借款费用，全部计入固定资产价值，即使在购建中发生非正常中断时。 （　　）

7. 企业发行债券支付的利息，应计入"财务费用"账户。 （　　）

8. 企业发行债券的票面利率与市场利率有时不一致。 （　　）

9. 溢价发行债券表明企业以后各期会多付利息而事先得到补偿。 （　　）

10. 债券溢价或折价是发行债券企业在债券存续期间内对利息费用的一种调整。

（　　）

四、实务题

实务操作（9-1）

（一）目的：练习长期借款的核算。

（二）资料：A 企业于 2016 年 1 月 1 日从建设银行借入资金 8 000 000 元，期限为 3 年，年利率为 6%，到期一并还本付息。所借款已存入银行。A 企业用该借款于当日建造一栋厂房，该厂房于 2018 年 12 月 31 日完工交付使用。

（三）要求：根据上述经济业务，编制与长期借款有关的会计分录。

实务操作（9-2）

（一）目的：练习发行债券的核算。

（二）资料：

1. 甲企业经批准于 2017 年 1 月 1 日发行 2 年期债券面值 400 万元，票面利率为 6%，发行时市场实际利率为 6%，每半年支付一次利息。该债券所筹集的资金全部用于新生产线的建设，该生产线于 2018 年 12 月末完工并交付使用。债券到期后偿还本金和最后一期利息。

2. 甲企业于 2017 年 1 月 1 日发行 5 年期、面值为 2 500 万元的公司债券，发行价格为 2 000 万元，票面利率为 4.72%，每年年末支付利息，到期一次还本。发行债券所得款项用于补充企业流动资金。实际利率为 10%。

（三）要求：

1. 根据资料 1 的经济业务，作出有关的会计分录。

2. 根据资料 2 计算每年应确认的利息费用及利息调整的摊销金额，并作出有关的会计分录。

【案例分析】

案例一：江南机械制造股份有限公司建造一幢新厂房，2015 年 3 月 1 日从中国银行取得专门借款 1 000 万元，期限 3 年，利率为 6.5%。新厂房的建设从 2016 年 4 月 10 日开工并陆续发生各项支出。2017 年 2 月 5 日，因款项迟迟不能到位，施工方停止了施工，直到 2017 年 8 月 13 日才恢复施工。新厂房于 2017 年 10 月 16 日完工，双方于 2017

年12月31日办完竣工决算手续。2018年5月1日，新厂房投入使用。江南机械制造股份有限公司对这笔专门借款的利息共计195万元，全部计入了工程造价，形成了固定资产的价值。

讨论：（1）江南机械制造股份有限公司对借款利息的会计处理是否正确，为什么？

（2）江南机械制造股份有限公司这样处理的意图是什么？对其利润会产生什么影响？

案例二：E公司是一家民营企业，你拥有该公司20%的普通股权益。假设你是公司总经理，鉴于企业经营规模的扩大，提出了一次扩充厂房设备的建议，其成本预计为100万元。对扩充厂房设备的资金来源，有人提出以下两种可供选择的方案：

方案一：以每股20元的价格发行新股10 000股，股票的面值每股为10元。另按面值发行公司债券80万元。公司债的期限为20年，利率为15%。

方案二：以面值发行公司债券100万元。公司债的期限为20年，利率为15%。

最近一期（20××年12月31日）的简明资产负债表的数据如下：

总资产为800万元，其中流动资产为160万元，流动负债为180万元，股本为30万元，每股面值10元，资本公积为15万元，未分配利润为575万元。该公司过去几年的利润均相对稳定，预计这项扩充计划将使每年的利息费用前和所得税前的利润从80万元增至108万元。假定所得税税率为25%。

案例要求：请你分析和判断以上两种筹资方案哪一种较为有利？并说明其理由。

第十章

所有者权益

【学习目标】

- 了解所有者权益的概念、性质及分类；
- 理解并掌握实收资本、资本公积和留存收益的具体内容；
- 熟练掌握实收资本、资本公积和留存收益的核算方法。

第一节　所有者权益概述

一、所有者权益的性质

所有者权益是指企业资产扣除负债后，由所有者享有的剩余权益。公司的所有者权益又称为股东权益。所有者权益是所有者对企业资产的剩余索取权，是企业资产中扣除债权人权益后应由所有者享有的部分，它既可反映所有者投入资本的保值增值情况，又体现了保护债权人权益的理念。

任何企业的资金有两个来源渠道：一是投资者投入；二是债权人提供。由于投资者、债权人都向企业提供了资产，因此，他们对企业资产都享有要求权，这种要求权在会计上称为"权益"。属于投资者的权益称为所有者权益，属于债权人的权益称为负债。这二者有明显的区别，主要表现在以下几点：

1. 性质不同。债权人对企业资产具有优先索偿权；投资者对企业全部资产减去负债后的声誉资产具有要求权，在顺序上滞后于债权人的要求权。

2. 权利不同。投资者可以参与企业经营决策及收益分配；而债权人与企业只是债券债务关系，没有参与企业经营管理的权利。

3. 偿还期限不同。负债必须按期偿还；而除企业终止经营外，投资者对企业的投资可依法转让，但不能任意抽回，经营期间也无须偿还。

4. 承受风险不同。除企业破产清算外，债权人可按约定的条件取得利息，风险较小；投资者可按投资比例享有利润分配权，所获得收益取决于企业的经营成绩，风险较大。

5. 计量不同。负债在发生时按照规定的方法单独予以计量；所有者权益本身不需单独核算，是对资产和负债计量后形成的结果。

二、所有者权益分类

从构成要素上分析，所有者权益包括所有者投入的资本、企业资产增值及留存于企业的利润；从核算要求角度讲，所有者权益可分为实收资本（股本）、资本公积、其他综合收益、盈余公积和未分配利润。其中，盈余公积和未分配利润统称为留存收益。在资产负债表上，所有者权益应当按照实收资本、资本公积、其他综合收益、盈余公积、未分配利润等项目分项列示。

1. 实收资本。实收资本（或股本）是指企业在设立时按企业章程或合同、协议的规定向工商管理部门登记注册的资本总额。在有限责任公司或国有独资公司，实收资本表现为所有者的注册资本范围内的实际出资额；在股份有限公司，表现为实际发行股票的价值，也称股本。

2. 资本公积。资本公积是指归所有者共有的、非收益转化而形成的资本，主要包括企业收到投资者出资额超出其在注册资本或股本中所占份额的部分，即资本溢价或股本溢价、直接计入所有者权益的利得和损失。资本溢价或股本溢价是指所有者投入资产的公允价值超过其在注册资本中享有份额的差额。

3. 其他综合收益。其他综合收益是指企业根据其他会计准则规定未在当期损益中确认的各项利得和损失扣除所得税影响后的净额。其他综合收益涉及所有者权益的未实现变动。

4. 留存收益。留存收益是企业从历年实现的利润中提取或形成的留存于企业的内部积累，来源于企业在生产经营过程中所实现的利润，主要包括盈余公积和未分配利润。

本章主要讲实收资本（股本）、资本公积和留存收益的核算。

【知识专栏 10 - 1】
注册资本、实收资本和投入资本的区别

注册资本是企业在工商机关登记的投资者缴纳的出资额。我国设立企业采用注册资本制，投资者出资达到法定的注册资本要求是企业设立的先决条件，而且根据注册资本制的要求，企业会计核算中的实收资本即为法定资本，应当与注册资本相一致，企业不得擅自改变注册资本数额或抽逃资金。投入资本是投资者作为资本实际投入到企业的资金数额。在一般情况下，投资者的投入资本即构成企业的实收资本，也正好等于其在登记机关的注册资本。但是，在一些特殊情况下，投资者也会因种种原因超额投入（如溢价发行股票）。

第二节 实收资本（股本）

一、实收资本（股本）概述

企业要从事生产经营活动，必须有一定的本钱。《中华人民共和国企业法人登记管理条例》规定，企业申请开业必须具备符合国家规定并与其生产经营和服务规模相适应的资金数额。实收资本是指投资者按照企业章程或合同约定，实际投入企业的资本，它是所有者权益的主要组成部分。实收资本的构成比例或股东的股份比例，是确定所有者在企业所有者权益中份额的基础，也是企业据以行使表决权、进行利润分配和分配剩余财产的主要依据。

我国目前实行注册资本金制度，除国家另有规定外，要求企业的实收资本与其注册资本应当相一致。所谓注册资本，是指企业在设立时向工商行政管理部门登记的资本总额，也就是全部投资者认定的出资额。注册资本是企业的法定资本，是企业承担民事责任的财力保证。企业实收资本与原注册资本相比增减超过 20% 时，企业应持资金使用证明或验资证明，向原登记主管机关申请变更登记。如果擅自改变注册资金或抽逃资金等，要受到工商行政管理部门的处罚。

投资者的出资方式可以采用货币资金，也可以采用固定资产、材料物资等实物资产，还可以采用专利权、土地使用权等无形资产的方式出资。不论采用哪种方式，投资者都要遵守投资合同的规定如期缴付出资额，否则依法追究其违约责任。

【知识专栏 10 - 2】

公司制企业

我国公司制企业是依照法定程序登记并设立的以盈利为目的的企业。公司制企业按照出资人即股东所负责任的不同，又可分为有限责任公司、国有独资公司和股份有限公司。

有限责任公司由 50 个以下股东出资设立，股东以其出资额对公司承担责任，公司以其全部资产对公司的债务承担责任；国有独资公司，是指国家单独出资、由国务院或者地方人民政府授权本级人民政府国有资产监督管理机构履行出资人职责的有限责任公司，它是有限责任公司的一种特殊形式。

设立股份有限公司，应当有二人以上二百人以下为发起人，其中须有半数以上的发起人在中国境内有住所，其全部资本分为等额股份，股东以其所持股份对公司承担责任，公司以其全部资产对公司的债务承担责任。

公司制企业的特点是所有权与经营权相分离，只对其债务承担有限的偿还责任。

二、实收资本（股本）的核算

（一）一般企业投入资本的核算

一般企业指的是股份有限公司以外的企业，如国有企业、有限责任公司和外商投资企业等企业。非股份有限公司对投入资本的核算应设置"实收资本"账户。该账户属于所有者权益类。贷方登记企业实际收到投资者缴付的资本，借方登记企业按规定程序减资时减少的注册资本数额，期末贷方余额，反映企业实收资本的实有数额。"实收资本"账户按所有者设置明细账户，进行明细核算。

企业收到所有者投入的资本后，据有关原始凭证（如投资清单、银行通知单等），依据不同的出资方式进行会计处理。

1. 接受现金资产投资。企业接受现金资产投资时，按照实际收到的金额，借记"银行存款"科目；按合同或协议约定投资者在企业注册资本中所占的部分，贷记"实收资本"科目。一般企业在创立时，投资者认缴的出资额与注册资本一致，不产生资本溢价。

⭐【例 10-1】2018 年 1 月 10 日，甲、乙、丙三个股东分别出资 40 万元，设立一家有限责任公司，公司注册资本为 120 万元。各股东一次性缴足的投资款已存入银行。编制会计分录如下：

借：银行存款		1200 000
贷：实收资本——甲		400 000
——乙		400 000
——丙		400 000

2. 接受非现金资产投资。企业接受非现金资产投资时，应按投资合同或协议约定价值确定非现金资产价值（但投资合同或协议约定价值不公允的除外）和在注册资本中应享有的份额。非现金资产投资包括实物投资、股权投资和无形资产投资。

⭐【例 10-2】甲公司为一般纳税人，收到 A 公司投入的设备一台，双方协议价为 300 000 元，增值税进项税额 48 000 元，并取得 A 公司开具的增值税专用发票。编制会计分录如下：

借：固定资产	300 000
应交税费——应交增值税（进项税额）	48 000
贷：实收资本——A 公司	348 000

⭐【例 10-3】甲公司收到 C 公司投入原材料一批，协议约定其价值 200 000 元，增值税专用发票上注明增值税进项税额 32 000 元。编制会计分录如下：

借：原材料	200 000
应交税费——应交增值税（进项税额）	32 000
贷：实收资本——C 公司	232 000

⭐【例 10-4】甲公司收到 B 公司投入的一项专利权，双方协议价为 200 000 元，增值税税率 6%。编制会计分录如下：

借：无形资产	200 000
应交税费——应交增值税（进项税额）	32 000
贷：实收资本——B公司	232 000

（二）股份有限公司投入资本的核算

股份有限公司是指将企业的全部资本划分为等额的股份，然后通过发行股票的方式筹集资金而成立的公司。股份有限公司的股本应等于公司的注册资本（总股本等于股票的面值总额，即每股面值与股份总数的乘积），股东以其所持股份对公司承担有限责任，公司以其全部资产对公司债务承担责任。

股票发行有三种方式，一是溢价发行，即股票发行价格大于其面值；二是折价发行，即股票发行价格小于其面值；三是面值发行，即股票发行价格等于其面值。我国规定，股票可采用面值或溢价发行，而不允许折价发行。

为了反映和监督股本的增减变动情况，股份有限公司应设置"股本"账户。该账户属于所有者权益类，公司发行股票按面值总额计入该账户的贷方，按规定程序减少注册资本的公司在实际发还股款时计入该账户的借方，期末贷方余额反映公司所拥有的股本总额。"股本"账户按其种类设置明细账户，进行明细核算。

股份有限公司与一般企业相比，最显著的特点就是将企业的全部资本分为等额的股份，并通过发行股票的方式来募集资本，发行股票取得的收入一般大于股本总额，按实际收到的款项，借记"银行存款"账户，按股票面值总额贷记"股本"账户，实际收到的金额与股本之间的差额贷记"资本公积——股本溢价"账户。

❂【例 10－5】甲股份公司发行普通股票 2 000 万股，每股面值 1 元，发行价格每股 3 元，证券公司按发行价款的 2% 收取手续费，全部股款已收存银行。编制会计分录如下：

甲公司发行股票净溢价（3－1）×2 000×（1－2%）＝3 920（万元）

借：银行存款	59 200 000
贷：股本	20 000 000
资本公积——股本溢价	39 200 000

（三）实收资本（或股本）的增减变动

根据《中华人民共和国公司法》（以下简称《公司法》）规定，在经营期间，企业资本（或股本）除下列情况以外不可随意变更：一是符合增资条件，并经有关部门批准增资；二是企业按照法定程序报经批准减少注册资本。

1. 实收资本（或股本）的增加。企业增加资本的途径主要有以下几种情况：

（1）追加投资。按照规定投资者可以向企业追加投资。企业接受投资者追加投资时，按实际收到的款项或其他资产价值，借记"银行存款"等账户，按增加的实收资本金额，贷记"实收资本"账户，按两者之间的差额，贷记"资本公积——资本溢价"账户。

（2）公积金转增资本（股本）。根据我国《公司法》规定，企业可将资本公积和盈余公积转增资本（或股本）。在转增资本（或股本）时，应按照转增的资本金额，借记

"资本公积——资本（股本）溢价""盈余公积"等账户，贷记"实收资本"（或"股本"）账户。若为股份有限公司或有限责任公司，还应按原投资者各自出资比例，相应增加各投资者的出资额。

（3）发放股票股利。股份有限公司采用发放股利实现增资的，在发放股票股利时，按照股东原来持有的股数分配，如股东所持有的股份按比例分配的股利不足1股时，应采用恰当的方法处理。例如，股东决议按股票面额的10%发放股票股利时（假定新股发行价格及面额与原股相同），对于所持有股票不足10股的股东，将会发生不能领取1股的情况。在这种情况下，有两种办法可供选择：一是将不足1股的股票股利改为现金股利，用现金支付；二是由股东相互转让，凑为整股。股东大会批准的利润分配方案中分配的股票股利，应在办理增资手续后，借记"利润分配"账户，贷记"股本"账户。

（4）增发新股。按照有关规定，股份有限公司在符合条件的情况下，可增发新股。在增发新股时，按实际收到的款项借记"银行存款"等账户，按总面值贷记"股本"账户，按两者的差额贷记"资本公积——股本溢价"账户。

2. 实收资本（或股本）的减少。企业实收资本减少的原因大体有两种：一是资本过剩；二是企业发生重大亏损而需要减少实收资本。企业因资本过剩而减资，一般要返还股款。

一般企业返还投资的会计处理比较简单，按照法定程序报经批准减少注册资本，借记"实收资本"账户，贷记"库存现金""银行存款"等账户。

股份有限公司减少股本应按法定程序报经批准，采用收购本公司股票的方式。按照股票面值和注销股数计算的股票面值总额减冲股本，借记"股本"账户；购回股票支付的价款超过面值总额的部分，依次减少资本公积、盈余公积和未分配利润，借记"资本公积""盈余公积""利润分配——未分配利润"账户，贷记"库存现金"或"银行存款"账户。若购回股票支付的价款低于面值总额的部分，应按股票面值借记"股本"账户，按支付的价款贷记"库存现金"或"银行存款"，按差额贷记"资本公积——股本溢价"账户。

⭐【例10-6】甲股份有限公司经有关机构批准，以收购本公司股票的方式减资。该公司按每股15元的价格收购已发行的面值为10元的普通股100 000股，收购股款以银行存款支付，股票收购后当即注销。该公司原股本溢价为40 000元，且有充裕的盈余公积和未分配利润。该公司应编制如下会计分录：

借：股本　　　　　　　　　　　　　　　　　　　1 000 000
　　资本公积　　　　　　　　　　　　　　　　　　　40 000
　　盈余公积　　　　　　　　　　　　　　　　　　460 000
　　贷：银行存款　　　　　　　　　　　　　　　　1 500 000

第三节　资本公积

一、资本公积概述

（一）资本公积的来源

资本公积是企业收到投资者的超出其在企业注册资本（或股本）中所占份额的部分，以及直接计入所有者权益的利得和损失等。它包括资本溢价（或股本溢价）和直接计入所有者权益的利得和损失等。

资本溢价是指在有限责任公司中，投资者的出资额大于其在企业注册资本中所占份额的差额。股本溢价是指股份有限公司股票的发行价格超过股票面值的差额。

直接计入所有者权益的利得和损失，是指不应计入当期损益、会导致所有者权益发生增减变动的、与所有者投入资本或者向所有者分配利润无关的利得或损失。

（二）资本公积与实收资本（股本）的区别

1. 来源和性质不同。实收资本（股本）是指投资者按照企业章程或合同、协议的约定，实际投入企业并依法进行注册的资本，它体现了企业所有者对企业的基本产权关系；资本公积是投资者的出资中超出注册资本中所占份额的部分，以及直接计入所有者权益的利得和损失，它不直接表明所有者对企业的基本产权关系。

2. 用途不同。实收资本（股本）的构成比例是确定所有者参与企业财务经营决策的基础，也是企业进行利润分配或股利分配的依据。同时还是企业清算时确定所有者对净资产要求权的依据；资本公积的用途主要用于转增资本（股本）。它不体现各所有者的占有比例，也不能作为所有者参与企业财务决策或进行利润分配（或股利分配）的依据。

二、资本公积的核算

为了反映资本公积的增减变动情况，企业应设置"资本公积"账户。该账户属于所有者权益类，贷方登记资本公积的增加数额，借方登记资本公积的减少数额，期末贷方余额反映企业资本公积的结余数额。该账户应设置"资本（或股本）溢价"和"其他资本公积"两个明细账户，进行明细核算。

（一）资本公积形成的核算

1. 资本溢价或股本溢价。形成资本溢价（或股本溢价）的原因有溢价发行股票、投资者超额缴入资本等。一般企业投资者投入的资本中按其投资比例计算的出资额部分，贷记"实收资本"账户，超过注册资本份额的部分，贷记"资本公积——资本溢价"账户。在股份有限公司，股票溢价发行使得实际收到的款项超过面值总额的金额，按股票面值总额，贷记"股本"账户，超出股票面值总额的溢价收入，贷记"资本公积——股本溢价"账户。

❂【例10-7】接【例10-1】，该有限责任公司经营一年后，又有丁投资者要加入该企业，并表示愿意出资65万元，享有与甲、乙、丙三人同等的权利，甲、乙、丙三人表示同意。编制会计分录如下：

借：银行存款　　　　　　　　　　　　　　　　　　　650 000
　　贷：实收资本——丁　　　　　　　　　　　　　　　400 000
　　　　资本公积——资本溢价　　　　　　　　　　　　250 000

❂【例10-8】甲股份有限公司委托某证券公司代理发行普通股股票20万股，每股面值为1元，发行价为每股4元。经双方约定，该证券公司按发行收入的5%收取手续费。

该股份有限公司股票发行总收入为800 000（200 000×4）元，支付手续费为40 000（800 000×5%）元，实际收到的款项为570 000元。编制会计分录如下：

借：银行存款　　　　　　　　　　　　　　　　　　　760 000
　　贷：股本——普通股　　　　　　　　　　　　　　　200 000
　　　　资本公积——股本溢价　　　　　　　　　　　　560 000

2. 其他资本公积。其他资本公积是指除资本溢价（股本溢价）项目以外所形成的资本公积，其中主要指直接计入所有者权益的利得和损失。本教材以被投资单位除净损益、其他综合收益和利润分配以外所有者权益的其他变动产生的利得或损失为例，介绍其他资本公积的核算。

长期股权投资采用权益法核算的情况下，投资企业对于被投资单位除净损益、其他综合收益和利润分配以外所有者权益的其他变动，应当按照持股比例与被投资单位所有者权益的其他变动计算的归属于本企业的部分，相应调整长期股权投资的账面价值，同时增加或者减少资本公积（其他资本公积）。具体账务处理时，借记或贷记"长期股权投资——其他权益变动"账户，贷记或借记"资本公积——其他资本公积"。

（二）资本公积运用的核算

我国《公司法》规定，资本公积可用于转增资本（或股本）。但对于其他资本公积项目，在相关资产处置之前，不能用于转增资本或股本。资本公积不得用于弥补公司的亏损。

经股东大会或类似机构决议，用资本公积转增资本时，应冲减资本公积，同时按照转增前的实收资本（或股本）的结构或比例，将转增的金额计入"实收资本"或"股本"账户下各所有者的明细分类账。

第四节　留存收益

一、留存收益概述

留存收益是指企业从历年实现的利润中提取或形成的留存于企业的内部积累。它属于所有者权益，是从企业经营所得净利润中积累而形成的，但区别于实收资本和资本公积，留存收益来源于企业资本增值（即企业实现的利润），包括盈余公积和未分配利润，而实收资本和资本公积来源于外部投入。

（一）盈余公积

1. 盈余公积的组成部分。盈余公积是指企业按照规定从净利润中提取的积累资金。一般企业和股份有限公司的盈余公积包括以下两种。

（1）法定盈余公积。它是指企业按照规定的比例从净利润中提取的盈余公积。按照我国《公司法》的规定，有限责任公司和股份有限公司应按照净利润的 10% 提取法定盈余公积金，计提的法定盈余公积累计额达到注册资本的 50% 以上时，可以不再提取。企业提取法定盈余公积的目的是确保企业不断积累资本，防范以后经营中发生的风险。

（2）任意盈余公积。它是指企业经股东大会或类似机构批准按照规定的比例从净利润中提取的盈余公积。任意盈余公积的提取比例由企业自行确定，国家有关法规不作强制规定。企业提取任意盈余公积的原因是多样的，如为了控制本期的股利分配不至于过高。

2. 盈余公积的用途。按照《公司法》规定，公司的盈余公积可用于弥补亏损、转增资本、扩大公司生产经营。

（1）弥补亏损。企业发生亏损时，应由企业自行弥补。弥补亏损的渠道主要有三条：一是用以后年度税前利润弥补。按照现行制度规定，企业发生亏损时，可以用以后 5 年内实现的税前利润弥补。二是用以后年度税前利润弥补。企业发生的亏损经过 5 年期间未弥补足额的，尚未弥补的亏损应用所得税后的利润弥补。三是以盈余公积弥补亏损。企业以提取的盈余公积弥补亏损时，应当由公司董事会提议，并经股东大会批准。

（2）转增资本。按照《公司法》规定，法定公积金转为资本时，所留存的该项公积金不得少于转增前公司注册资本的 25%。企业将盈余公积转增资本，必须经股东大会决议批准。在实际将盈余公积转增资本时，要按股东原持股比例结转。

企业的盈余公积无论是用于弥补亏损，还是用于转增资本，只不过是企业所有者权益内部结构上的调整，不增减所有者权益总额。例如企业以盈余公积弥补亏损时，实际是减少盈余公积留存的数额，以此抵减未弥补亏损的数额，并不引起企业所有者权益总额的变动；企业以盈余公积转增资本时，也只是减少盈余公积结存的数额，但同时增加企业实收资本或股本的数额，也并不引起所有者权益总额的变动。

（3）扩大公司生产经营。盈余公积的用途，并不是指其实际占用形态，提取盈余公积也并不是单独将这部分资金从企业资金周转过程中抽出。企业盈余公积的结存数，实际只表现为企业所有者权益的组成部分，表明企业生产经营资金的一个来源而已。其形成的资金可能表现为一定的货币资金，也可能表现为一定的实物资产，如存货和固定资产等，随同企业的其他来源所形成的资金进行循环周转，用于企业的生产经营。

（二）未分配利润

未分配利润是企业留待以后年度进行分配的结存利润，也是企业所有者权益的组成部分。相对于所有者权益的其他组成部分来说，企业对于未分配利润的使用分配具有较大的自主权。

从数量上来讲，未分配利润是期初未分配利润，加上本期实现的税后利润，减去提取的各种盈余公积及向投资者分配的股利及利润后的余额。

二、留存收益的核算

（一）盈余公积的核算

为了反映盈余公积的形成及使用情况，企业应该设置"盈余公积"科目，并按其种类设置"法定盈余公积"和"任意盈余公积"明细账，分别进行核算。该账户贷方反映从税后利润中提取的各项盈余公积；借方反映盈余公积的使用；贷方余额反映提取的盈余公积余额。

1. 提取盈余公积。企业按规定提取盈余公积时，应该借记"利润分配——提取法定盈余公积""利润分配——提取任意盈余公积"账户，贷记"盈余公积——法定盈余公积""盈余公积——任意盈余公积"账户。

⭐【例 10 - 9】某公司 2018 年末实现净利润 200 万元，分别按 10%、6% 提取法定盈余公积和任意盈余公积。编制会计分录如下：

借：利润分配——提取法定盈余公积 　　　　　　　　　　　　　200 000
　　　　　　——提取任意盈余公积 　　　　　　　　　　　　　120 000
　　贷：盈余公积——法定盈余公积 　　　　　　　　　　　　　　　200 000
　　　　　　——任意盈余公积 　　　　　　　　　　　　　　　　120 000

2. 盈余公积的使用。

（1）盈余公积弥补亏损。企业发生的亏损，可在盈利后的五年内用税前利润弥补。对按规定不能用税前利润弥补的亏损，则必须用以后的税后利润或盈余公积弥补。

企业用盈余公积弥补亏损时，按照确定的弥补亏损的数额，借记"盈余公积"账户，贷记"利润分配——盈余公积补亏"账户。

⭐【例 10 - 10】假若甲公司以前年度累计未弥补亏损 460 000 元。2018 年公司经股东大会批准，以法定盈余公积全额弥补亏损（该公司有足够的盈余公积）。编制会计分录如下：

借：盈余公积——法定盈余公积 　　　　　　　　　　　　　　　46 000
　　贷：利润分配——盈余公积补亏 　　　　　　　　　　　　　　460 000

（2）盈余公积转增资本。企业将盈余公积转增股本时，应按照转增股本前的股本结构比例，以及盈余公积转增股本的数额及"股本"科目下各股东的明细账，相应增加各股东对企业的股本投资。

⭐【例 10 - 11】甲公司经股东大会批准，将法定盈余公积 200 000 元用于转增资本。编制会计分录如下：

借：盈余公积——法定盈余公积 　　　　　　　　　　　　　　200 000
　　贷：股本 　　　　　　　　　　　　　　　　　　　　　　200 000

（二）未分配利润的核算

未分配利润在会计处理上通过"利润分配"账户进行核算，该账户应该分别设立"提取法定盈余公积""提取任意盈余公积""盈余公积补亏""应付现金股利""转作股本的股利""未分配利润"几个明细账户，进行明细核算。

1. 期末结转的会计处理。期末结转利润时，企业应将各损益类科目的余额转入"本年利润"科目，结平各损益类科目，结转后"本年利润"账户的贷方余额为当年实现的净利润，借方余额为当年发生的净亏损。年终，应将本年度收支相抵后的本年实现净利润或亏损，转入"利润分配——未分配利润"科目，同时"利润分配"科目所属的其他明细科目的余额，转入"未分配利润"明细科目。结转后，"未分配利润"明细科目的贷方余额，就是未分配利润的金额；如出现借方余额，则表明未弥补亏损的金额。"利润分配"账户所属的其他明细账户应无余额。

2. 分配股利或利润的会计处理。经股东大会或类似机构的决议，分配给股东或投资者的现金股利或利润，借记"利润分配——应付现金股利或利润"科目，贷记"应付股利"科目。经股东大会或类似机构决议，分配给股东的股票股利，应在办理增资手续后，借记"利润分配——转作股东的股利"科目，贷记"股本"科目。

3. 弥补亏损的会计处理。企业生产经营过程中极有可能获得盈利，也有可能发生亏损。企业在当年发生亏损的情况下，与实现利润一样要进行亏损的结转。将亏损金额自"本年利润"账户的贷方，转入"利润分配——未分配利润"账户的借方。结转后，利润分配账户的借方余额即为未弥补的亏损。

企业发生的亏损可以以次年实现的税前利润弥补，在以次年实现的税前利润弥补亏损的情况下，企业当前实现的利润自"本年利润"账户借方，转入"利润分配——未分配利润"账户的贷方，与上年度"利润分配——未分配利润"账户的借方发生额自然抵补。因此，以当前实现净利润弥补以前年度结转的未弥补亏损时，不需要进行专门的账务处理。

由于未弥补亏损、形成的时间长短不同等，以前年度未弥补亏损有的可以以当年实现的税前利润弥补，有的则需用税后利润弥补，两种亏损弥补方式的会计处理是相同的，不同之处在于两者计算交纳所得税的处理不同。在税前利润弥补亏损的情况下，其弥补亏损的数额可以抵减当期企业应纳税所得额，而以税后利润弥补亏损的数额，则不能作应纳税所得的扣除处理。

❄【例 10 - 12】A 股份有限公司（以下简称 A 公司）的股本为 120 000 000 元，每股面值 1 元。2017 年初未分配利润为贷方 100 000 000 元，2017 年实现净利润 80 000 000 元。

假定 A 公司按照 2017 年实现净利润的 10% 提取法定盈余公积，5% 提取任意盈余公积，同时向股东按每股 0.2 元派发现金股利，按每 10 股送 3 股的比例派发股票股利。2018 年 3 月 10 日，A 公司以银行存款支付了全部现金股利，新增股本也已经办理完股权登记和相关增资手续。A 公司的账务处理如下：

（1）2017 年年度终了，公司结转本年实现的净利润时：

借：本年利润　　　　　　　　　　　　　　　　　　　　80 000 000
　　贷：利润分配——未分配利润　　　　　　　　　　　　　　80 000 000
（2）提取法定盈余公积和任意盈余公积时：
借：利润分配——提取法定盈余公积　　　　　　　　　　8 000 000
　　　　　　——提取任意盈余公积　　　　　　　　　　4 000 000
　　贷：盈余公积——法定盈余公积　　　　　　　　　　　　8 000 000
　　　　　　　　——任意盈余公积　　　　　　　　　　　　4 000 000
（3）结转"利润分配"的明细账户时：
借：利润分配——未分配利润　　　　　　　　　　　　12 000 000
　　贷：利润分配——提取法定盈余公积　　　　　　　　　　8 000 000
　　　　　　　　　——提取任意盈余公积　　　　　　　　　4 000 000
A 公司 2017 年底"利润分配——未分配利润"账户的余额为
100 000 000 + 80 000 000 – 12 000 000 = 168 000 000（元）
即贷方余额 168 000 000 元，反映企业的累计未分配利润为 168 000 000 元。
（4）批准发放现金股利时：
应付现金股利 = 120 000 000 × 0.2 = 24 000 000（元）
借：利润分配——应付现金股利　　　　　　　　　　　24 000 000
　　贷：应付股利　　　　　　　　　　　　　　　　　　　24 000 000
（5）2018 年 3 月 1 日，实际发放现金股利时：
借：应付股利　　　　　　　　　　　　　　　　　　　24 000 000
　　贷：银行存款　　　　　　　　　　　　　　　　　　　24 000 000
（6）2018 年 3 月 1 日，发放股票股利时：
股票股利 = 120 000 000 × 1 × 30% = 36 000 000（元）
借：利润分配——转作股本的股利　　　　　　　　　　36 000 000
　　贷：股本　　　　　　　　　　　　　　　　　　　　　36 000 000

【本章小结】

　　所有者权益又称股东权益，是指企业资产扣除负债后所有者享有的剩余权益。它反映企业投资者对企业净资产的所有权。本章主要讲述了实收资本、资本公积和留存收益的具体内容。

　　实收资本是指投资者按照企业章程或合同约定，实际投入企业的资本，它是企业从事生产经营活动的本钱。实收资本的构成比例（或股东的股份比例）是进行利润分配和分配剩余财产的主要依据。资本公积是企业收到投资者的超出其在企业注册资本（或股本）中所占份额的部分，以及直接计入所有者权益的利得和损失等，它可用于转增资本。留存收益是企业从历年实现的利润中提取或形成的留存于企业的内部积累，来源于企业在生产经营过程中所实现的利润，主要包括盈余公积和未分配利润。盈余公积可用于弥补亏损、转增资本和扩大企业经营。未分配利润是企业留待以后年度进行分配的结存利润，企业对于未分配利润的使用分配具有较大的自主权。从数量上等于期初未分配利润加上本期实现的税后利润，减去提取的各种盈余公积及向投资者分配股利（利润）后的余额。

【思考题】

1. 所有者权益与负债的主要区别是什么？
2. 所有者权益的构成内容有哪些？
3. 留存收益包括哪些内容？
4. 按投资主体的不同，实收资本可分为哪几类？
5. 资本公积的来源有哪些？
6. 弥补亏损的渠道有哪些？

【技能训练】

一、单项选择题

1. 所有者权益是指企业的资产扣除负债后由所有者享有的（　　）。
A. 全部资产　　　　B. 全部资产和负债　C. 剩余权益　　　　D. 净负债

2. 企业收到投资者投入的资本超过投资者在企业注册资本中应享有的份额部分应计入（　　）。
A. 资本公积　　　　B. 盈余公积　　　　C. 注册资本　　　　D. 实收资本

3. 企业收到投资者投入的资本时，应按投入资本在注册资本中应享有的份额贷记（　　）账户。
A. 资本公积　　　　B. 盈余公积　　　　C. 利润分配　　　　D. 实收资本

4. 企业实收资本比原注册资本增加（或减少）超过（　　）时，应持有验资证明等，向原登记主管机关申请变更登记。
A. 10%　　　　　B. 20%　　　　　C. 30%　　　　　D. 50%

5. 某企业注册资本为500万元，由4个投资者各自出资125万元构成，现有乙投资者实际出资140万元，取得该企业20%的股权，则企业应增加实收资本（　　）。
A. 140万元　　　B. 160万元　　　C. 125万元　　　D. 120万元

6. 企业接受的实物资产投资，应按所收到的实物资产的（　　）计价。
A. 原始价值　　　　　　　　　　　B. 合同或协议约定的价值
C. 净值　　　　　　　　　　　　　D. 原始价值和公允价值较低者

7. 企业吸收的无形资产投资（不包括土地使用权）一般不得超过注册资本的（　　）。
A. 20%　　　　　B. 10%　　　　　C. 25%　　　　　D. 30%

8. 法定盈余公积按税后利润的10%提取，但此项公积已达注册资本的（　　）时可不再提取。

A. 10%   B. 20%   C. 30%   D. 50%

9. 有限责任公司在增资扩股时，新介入的投资者缴纳的出资额大于其按约定比例计算的其在注册资本中所占份额的部分，应计入（　　）账户。

A. 实收资本   B. 资本公积   C. 盈余公积   D. 股本

10. 企业用盈余公积转增资本不会改变（　　）。

A. 股东权益总额   B. 股东权益结构   C. 实收资本总额   D. 盈余公积总额

11. 法定盈余公积转增股本时，应借记（　　）账户。

A. 资本公积   B. 盈余公积   C. 利润分配   D. 实收资本

12. 企业用盈余公积发放股票股利实质上是将（　　）中的一部分转增资本。

A. 应付股利   B. 货币资金   C. 留存收益   D. 资本公积

二、多项选择题

1. 企业的所有者权益主要由（　　）构成。

A. 投入资本   B. 未分配利润

C. 直接计入所有者权益的利得   D. 盈余公积

E. 直接计入所有者权益的损失

2. 资本公积的来源主要包括（　　）。

A. 股本溢价   B. 直接计入所有者权益的利得和损失

C. 接受捐赠资产   D. 无法偿付的应付款项

E. 所有者投入的资产超过其在注册资本中应享有的份额

3. 留存收益包括的内容有（　　）。

A. 资本公积   B. 法定盈余公积   C. 未分配利润   D. 实收资本

E. 任意盈余公积

4. 公司增加实收资本的主要途径有（　　）。

A. 将资本公积转增资本   B. 发放股票股利

C. 将盈余公积转增资本   D. 销售收入转增资本

E. 其他业务收入转增资本

5. 企业提取的盈余公积主要用于（　　）。

A. 弥补亏损   B. 转增资本   C. 分配现金股利   D. 发放工资

E. 发放福利

6. 企业弥补亏损的渠道主要有（　　）。

A. 用以后年度的税前利润弥补   B. 用以后年度的税后利润弥补

C. 用资本公积弥补   D. 用盈余公积弥补

E. 用实收资本弥补

三、判断题（正确的打"√"，错误的打"×"）

1. 所有者权益是指企业的资产扣除负债后由所有者享有的剩余权益。（　　）

2. 所有者权益和负债都是企业资产的来源，两者在本质上是相同的。（　　）

3. 盈余公积是所有者权益的一部分，只能用来发放现金股利。（　　）

4. 资本公积可用于转增资本。　　　　　　　　　　　　　　　　　（　　　）

5. 企业的实收资本或股本也就是企业的注册资本。　　　　　　　　（　　　）

6. 投资者投入企业的资产中，只有按投入资本在注册资本中所占的份额，才作为实收资本核算。　　　　　　　　　　　　　　　　　　　　　　　　　　（　　　）

7. 股份有限公司设立的募集式的特点是公司股份只能由发起人认购。　（　　　）

8. 我国的股份有限公司在发行股票时，可以采用溢价发行、面值发行和折价发行三种形式。　　　　　　　　　　　　　　　　　　　　　　　　　　　　（　　　）

9. 企业的实收资本一经注册，不得再更改。　　　　　　　　　　　　（　　　）

10. 公司发放股票股利并不影响企业的股东权益，只是改变了股东权益的结构。
　　　　　　　　　　　　　　　　　　　　　　　　　　　　　　　（　　　）

四、实务题

实务操作（10-1）

（一）目的：练习实收资本的核算。

（二）资料：大强公司发生下列有关经济业务：

1. 5月1日，收到甲企业投入的厂房一栋，投资合同中约定的价值为 2 860 000 元，收到的该项投资在注册资本中占的份额为 2 860 000 元。

2. 5月5日，收到华宝公司以专利权向企业投资，投资合同中约定的价值为 500 000 元。收到的该项投资在注册资本中占的份额为 500 000 元。

3. 5月12日，收到国家投入的现金 600 000 元，存入银行，收到的该项投资在注册资本中占的份额为 560 000 元。

4. 5月15日，收到丙企业（假设为一般纳税人）投入的原材料一批。投资合同中约定的原材料价值为 100 万元，增值税进项税额为 16 万元，原材料已验收入库，收到的该项投资在注册资本中占的份额为 116 万元。

（三）要求：作出以上经济业务的会计分录。

实务操作（10-2）

（一）目的：练习资本公积和盈余公积的核算。

（二）要求：根据下列经济业务作出会计分录。

1. 某有限责任公司原有注册资本 1 200 000 元，由 3 位投资者各自出资 400 000 万元组成，留存收益 20 000 元。现有 B 公司准备参与投资，经双方协商，同意 B 公司出资 400 000 元，将注册资本增至 1 500 000 元，B 公司获得 20% 的股权，已收到 B 公司出资 400 000 元存入银行。

2. 某股份有限公司为了扩大生产经营规模，经批准将资本公积 600 000 元和盈余公积 400 000 元转为增股本。

3. 某股份有限公司委托证券公司代理发行普通股股票 500 000 股，每股面值为 1 元，按面值发行，证券公司按发行价款的 2% 收取手续费。

4. 某股份有限公司委托证券公司代理发行普通股股票 100 000 股，每股面值为 10

元，发行价为每股 16 元。经双方约定，该证券公司按发行收入的 5% 收取手续费。

5. 按税后净利润 1 000 000 元的 10% 提取法定盈余公积，按 8% 提取任意盈余公积。

6. 经批准，用法定盈余公积 1 200 000 元转增股本。

7. 用法定盈余公积 550 000 元弥补以前年度亏损。

【案例分析】

人民网股份有限公司 2014 年度利润分配及资本公积金转增股本实施公告：

1. 通过利润分配方案的股东大会届次和日期。人民网股份有限公司（以下简称公司）2014 年度利润分配方案已经公司 2014 年年度股东大会审议通过，股东大会决议公告于 2015 年 6 月 30 日刊登在《证券时报》及上海证券交易所网站。

2. 现金红利分配及资本公积金转增股本方案。（1）发放年度：2014 年度。（2）分配方案：公司拟以总股本 552 845 528 股为基数，向全体股东每 10 股派发现金股利人民币 1.8 元（含税），共计分配现金股利人民币 99 512 195.04 元（含税），剩余未分配利润将结转入下一年度；同时，以资本公积金向全体股东每 10 股转增 10 股，转增后，公司总股本将增至 1 105 691 056 股。

3. 相关日期。股权登记日为 2015 年 7 月 13 日；除权除息日为 2015 年 7 月 14 日；现金红利发放日为 2015 年 7 月 14 日；新增无限售条件流通股份上市日为 2015 年 7 月 15 日。

4. 分派对象。截至 2015 年 7 月 13 日下午 15 时上海证券交易所收市后，在中登上海分公司登记在册的公司全体股东。

案例要求：（1）为人民网股份有限公司本次利润分配及资本公积转增股本作出会计处理；（2）试分析人民网股份有限公司实施资本公积转增股本的意义何在？实施后，对其有何影响？（3）除了资本公积转增之外，股本的增加是否还有其他途径？

第十一章

收入、费用和利润

【学习目标】

● 熟悉收入、费用的概念、特征及分类；
● 熟悉利润的概念及构成内容；
● 掌握营业外收入和支出的内容及核算；
● 熟练掌握商品销收入、费用以及利润形成、分配的核算。

第一节 收 入

一、收入概述

(一) 收入的概念及特征

收入是指企业在日常活动中形成的、会导致所有者权益增加的、与所有者投入资本无关的经济利益的总流入。收入一般应具有以下特征：

1. 收入是从企业的日常活动中形成的经济利益的总流入。日常活动是指企业为完成其经营目标而从事的经常性活动以及与之相关的活动。例如商业企业从事商品销售活动、金融企业从事贷款活动、工业企业制造和销售产品等。虽然有些经济活动并不是经常发生，但因与日常活动有关，也属于收入。有些交易或事项虽然也能为企业带来经济利益，但由于不属于企业的日常经营活动，所以，其流入的经济利益不属于收入，而是利得，如工业企业出售固定资产净收益。

2. 收入会导致企业所有者权益的增加。收入形成的经济利益总流入的形式多种多样，既可能表现为资产的增加，如增加银行存款、形成应收款项；也可能表现为负债的减少，如减少预收账款；还可能表现为二者的组合，如销售实现时，部分冲减预收的货款，部分增加银行存款。根据"资产 - 负债 = 所有者权益"的会计等式，企业取得收入一定能够增加所有者权益。

3. 收入是与所有者投入资本无关的经济利益的总流入。所有者投入资本主要是为谋求享有企业资产的剩余权益，由此形成的经济利益的总流入不构成收入，而应确认为企业所有者权益的组成部分。

（二）收入的分类

收入按照企业从事日常活动在企业的重要性，可以分为主营业务收入和其他业务收入。

主营业务收入是指企业为完成其经营目标所从事的经常性活动实现的收入。在不同行业所包括的内容不同，比如：产品制造业的主营业务收入主要包括销售商品、自制半成品、代制品、代修品、提供工业性劳务等所实现的收入；商品流通企业的主营业务收入主要包括销售商品所实现的收入。主营业务收入一般占企业营业收入的比重较大，对企业的经济效益产生较大的影响。

其他业务收入是指企业为完成其经营目标所从事的与经常性活动相关的活动实现的收入。对产品制造业而言，主要包括销售材料取得的收入，出租包装物、固定资产取得的租金收入等。

二、收入的确认模型

国际会计准则理事会于2014年5月发布了《国际财务报告准则第15号——与客户之间的合同产生的收入》，自2018年1月1日起生效。该准则改革了现有的收入确认模型，突出强调了主体确认收入的方式应当反映其向客户转让商品或服务的模式，确认金额应当反映主体因交付该商品或服务而预期有权获得的金额，并设定了统一的收入确认计量的五步法模型，即识别与客户订立的合同、识别合同中的单项履约义务、确定交易价格、将交易价格分摊至各单项履约义务、履行每一单项履约义务时确认收入。

为进一步规范收入的确认、计量和相关信息披露，切实解决我国现行准则实施中存在的具体问题，并保持我国企业会计准则与国际财务报告准则持续趋同，我国借鉴国际财务报告准则第15号，修订形成了新收入准则《企业会计准则第14号——收入》，取代原《企业会计准则第14号——收入》和《企业会计准则第15号——建造合同》，自2018年1月1日起施行。

我国新收入准则与IFRS15一致，以控制权转移作为收入确认的标准，将原收入和建造合同两项准则纳入统一的收入确认模型，要求采用统一的收入确认模型确认收入。其核心原则是企业应当在履行了合同中的履约义务，即在客户取得相关商品或服务控制权时确认收入；收入确认的金额应是企业因向客户转让商品而预期有权收取的对价金额。新收入准则的收入确认模型由下列五个方面构成：

1. 识别合同。新收入准则对适用该准则的合同进行了界定。一般而言，收入确认模型适用于单个合同，但在满足一定条件的情况下，应将两份或多份合同合并为一份合同处理。

2. 识别履约义务。履约义务，是指合同中企业向客户转让可明确区分商品的承诺。一项合同中可能包含多项履约义务。由于新收入准则的核心原则是在履行了履约义务时确认收入，因此，在合同一开始就需要识别合同所包含的各单项履约义务，并确定各单项履约义务是在某一时段内履行，还是在某一时点履行，然后，在履行各单项履约义务时分别确认收入。

满足下列条件之一的，属于在某一时段内履行履约义务；否则，属于在某一时点履行履约义务：

（1）客户在企业履约的同时即取得并消耗企业履约所带来的经济利益。

（2）客户能够控制企业履约过程中在建的商品。

（3）企业履约过程中所产出的商品具有不可替代用途，且该企业在整个合同期间内有权就累计至今已完成的履约部分收取款项。

3. 确定交易价格。交易价格，是指企业因向客户转让商品而预期有权收取的对价金额。企业代第三方收取的款项以及企业预期将退还给客户的款项，应当作为负债进行会计处理，不计入交易价格。

4. 分摊交易价格。合同中包含两项或多项履约义务的，企业应当在合同开始日，按照各单项履约义务所承诺商品的单独售价的相对比例，将交易价格分摊至各单项履约义务。企业不得因合同开始之后单独售价的变动而重新分摊交易价格。单独售价是指企业向客户单独销售商品的价格。

5. 确认收入。对于在某一时段内履行的履约义务，企业应当在该段时间内按照履约进度确认收入，但履约进度不能合理确定的除外。确定履约进度时，企业应考虑商品的性质，采用产出法或投入法。对于在某一时点履行的履约义务，企业应当在客户取得相关商品控制权时点确认收入。新收入准则也提供了判断控制权转移时应考虑的迹象。

⭐【例11-1】某电信公司向客户推出捆绑计划，客户花4 500元购买某品牌的一款手机，并约定通信服务合约期限为2年，每月保底套餐金额为98元（包括语音220分钟、流量1G），电信公司向客户赠送1 200元话费，获赠话费按月平均返还，即每月返还赠费50元。单独销售手机的市场零售价为4 000元。通信服务的单独售价为2 352元（98×24）。

分析：（1）合同总价=4 500元终端+98元保底×24个月-1 200元赠费=5 652（元）；

（2）手机对价=5 652×4 000/（4 000+2 352）=3 559（元）；

（3）通信服务对价=5 652×2 352/（4 000+2 352）=2 093（元）。

当电信企业将手机交付给客户，客户取得该手机的控制权时，企业可以一次性确认3 559元销售商品收入；而通信服务的合约期限为24个月，2 093元对价需要为客户提供24个月的通信服务，客户在企业履约的同时即取得并消耗企业履约所带来的经济利益，因此可以按照履约进度确认收入，通常按24个月平均分摊，每月确认87.2元通信服务收入。

三、收入的核算

（一）账户设置

收入包括主营业务收入和其他业务收入，为此，收入的核算应设置"主营业务收入""其他业务收入""主营业务成本"和"其他业务成本"等账户。

"主营业务收入"账户。该账户属于损益类账户,用来核算企业销售商品(产品)和提供劳务等确认的收入。贷方登记销售产品(商品)、自制半成品、提供劳务等确认的收入,借方登记发生的销货退回和销售折让冲减的收入以及期末应将销售净收入转入"本年利润"账户的数额,结转后该账户无余额。该账户应按产品(商品)或劳务种类设置明细分类账。

"其他业务收入"账户。该账户属于损益类账户,用以核算企业除主营业务以外的其他经济业务所取得的收入,如销售材料、出租包装物、无形资产等取得的收入。贷方登记企业实现的其他业务收入,借方登记发生的销货退回和销售折让冲减的收入以及期末将本账户余额转入"本年利润"账户的金额,结转后本账户无余额。该账户应按其他业务收入的种类设置明细分类账,进行明细核算。

"主营业务成本"账户。该账户属于损益类账户。用来核算企业销售产品或商品、自制半成品和提供工业性劳务等的成本。借方登记销售产品、商品和提供工业性劳务等的成本,贷方登记期末转入"本年利润"账户的数额。经过结转之后,该账户期末没有余额。

"其他业务成本"账户。该账户属于损益类账户,用以核算企业除商品销售以外的其他销售或其他业务所发生的支出,包括销售成本、提供劳务而发生的相关成本等。企业发生的其他业务成本,借记本账户,期末应将本账户余额转入"本年利润"账户,结转后本账户无余额。

(二)在某一时点履行履约义务

对于在某一时点履行的履约义务,企业应当在客户取得相关商品控制权时点确认收入。

在判断客户是否已取得商品控制权时,企业应当考虑下列迹象:企业就该商品享有现时收款权利,即客户就该商品负有现时付款义务;企业已将该商品的法定所有权转移给客户,即客户已拥有该商品的法定所有权;企业已将该商品实物转移给客户,即客户已实物占有该商品;企业已将该商品所有权上的主要风险和报酬转移给客户,即客户已取得该商品所有权上的主要风险和报酬;客户已接受该商品;其他表明客户已取得商品控制权的迹象。

1. 正常销售。对于企业的商品或服务销售业务,应按照收入确认的原则进行确认和计量,按确认的销售收入金额与应收取的增值税销项税额,借记"银行存款""应收账款""应收票据"等账户;按确认的销售收入金额,贷记"主营业务收入"或"其他业务收入"账户;按应收取的增值税销项税额,贷记"应交税费——应交增值税"账户。

企业销售商品,通常在月份终了编制"商品发出汇总表",汇总结转产品的销售成本。商品的销售成本是指企业已销售产品的生产成本或已销商品的实际采购成本。结转商品的销售成本时,应借记"主营业务成本""其他业务成本"等账户,贷记"库存商品""原材料"等账户。

⭐【例11-2】甲公司于10月5日销售给长虹机器厂A产品3 000件,增值税专用发票上注明的货款为1 500 000元，增值税税额为240 000元，代垫运杂费10 000元，已向银行办妥托收手续。编制会计分录如下：

借：应收账款——长虹机器厂   1 750 000

 贷：银行存款   10 000

  主营业务收入   1 500 000

  应交税费——应交增值税（销项税额）   240 000

甲公司10月末根据"一般商品销售业务商品销售汇总表"（见表11－1）结转产品的销售成本。应编制会计分录如下：

借：主营业务成本   2 478 000

 贷：库存商品   2 478 000

表11－1   一般商品销售业务商品销售汇总表

20××年10月31日

产品名称	数量（件）	单位成本（元）	总成本（元）
A产品	5 400	350	1 890 000
B产品	2 100	280	588 000
合计	7 500		247 800

✪【例11－3】甲公司10月15日销售原材料一批，取得销售收入36 000元，增值税税额为5 760元，该批材料的实际成本为21 000元，款项已收存银行。编制会计分录如下：

借：银行存款   41 760

 贷：其他业务收入   36 000

  应交税费——应交增值税（销项税额）   5 760

同时结转原材料的销售成本：

借：其他业务成本   21 000

 贷：原材料   21 000

2. 销售折让。销售折让是指企业对已售出的商品因质量、品种、规格不符合要求等原因而在售价上给予购货方的扣减。

销售折让若发生在确认销售收入之前，则应在确认销售收入时直接按扣除销售折让后的金额确认；销售折让若发生在确认销售收入之后，应在发生时冲减当期销售商品收入。

✪【例11－4】甲公司于10月16日销售给乙公司一批产品，增值税专用发票上注明的售价为80 000元，增值税税额为12 800元；产品成本为56 000元。在货物发出10天后收到乙公司的通知，因商品质量问题，要求在价格上给予5%的折让。甲公司同意该折让，甲公司作如下会计分录：

（1）销售实现时：

借：应收账款——乙公司   92 800

贷：主营业务收入	80 000
应交税费——应交增值税（销项税额）	12 800

同时结转销售成本：

借：主营业务成本	56 000
贷：库存商品	56 000

（2）发生销售折让时：

借：主营业务收入	4 000
应交税费——应交增值税（销项税额）	640
贷：应收账款——乙公司	4 640

（3）实际收到乙公司款项时：

借：银行存款	88 160
贷：应收账款——乙公司	88 160

3. 销售退回。销售退回是指企业出售的商品由于质量、品种不符合要求等原因而发生的退货。

对于附有销售退回条款的销售，企业应当在客户取得相关商品控制权时，按照因向客户转让商品而预期有权收取的对价金额（即不包含预期因销售退回将退还的金额）确认收入，按照预期因销售退回将退还的金额确认负债；同时，按照预期将退回商品转让时的账面价值，扣除收回该商品预计发生的成本（包括退回商品的价值减损）后的余额，确认为一项资产，按照所转让商品转让时的账面价值，扣除上述资产成本的净额结转成本。

每一资产负债表日，企业应当重新估计未来销售退回情况，如有变化，应当作为会计估计变更进行会计处理。

在账务处理上，在收到退回的商品时，应借记"预计负债""应交税费——应交增值税（销项税额）"账户，贷记"银行存款""应收账款"等账户。同时借记"库存商品"账户，贷记"应收退货成本"账户。

★【例11-5】2018年10月8日，甲公司以500元/台的价格出售100台电子设备，客户在30天内可以无理由退货并获得全额退款，退货率估计为4%。每台设备成本400元。11月6日，收到上月销售的电子设备4件，该4件电子设备因质量不合格而被退货，货款为2 000元，增值税税额为320元。

该企业编制会计分录如下：

10月8日，售出商品时：

借：应收账款	58 000
贷：主营业务收入——电子设备	48 000
应交税费——应交增值税（销项税额）	8 000
预计负债	2 000

结转商品成本：

借：主营业务成本	38 400

应收退货成本		1 600
贷：库存商品		40 000

11 月 6 日，收到退货时：

借：预计负债		2 000
应交税费——应交增值税（销项税额）		320
贷：应收账款		2 320

同时：

借：库存商品		1 600
贷：应收退货成本		1 600

4. 附有客户额外购买选择权的销售。对于附有客户额外购买选择权的销售，企业应当评估该选择权是否向客户提供了一项重大权利。企业提供重大权利的，应当作为单项履约义务，按照本节上面有关交易价格分摊的要求将交易价格分摊至该履约义务，在客户未来行使购买选择权取得相关商品控制权时，或者该选择权失效时，确认相应的收入。

额外购买选择权的情况包括销售激励、客户奖励积分、未来购买商品的折扣券以及合同续约选择权等。

★【例 11 – 6】2018 年 1 月 1 日，甲公司开始推行一项奖励积分计划。根据该计划，客户在甲公司每消费 10 元可获得 1 个积分，每个积分从次月开始在购物时可以抵减 1 元。截至 2018 年 1 月 31 日，客户共消费 100 000 元，可获得 10 000 个积分，根据历史经验，甲公司估计该积分的兑换率为 95%。假定上述金额均不包含增值税等的影响。

本例中，甲公司认为其授予客户的积分为客户提供了一项重大权利，应当作为一项单独的履约义务。客户购买商品的单独售价合计为 100 000 元，考虑积分的兑换率，甲公司估计积分的单独售价为 9 500 元（1 元 × 10 000 个积分 × 95%）。甲公司应按照商品和积分单独售价的相对比例对交易价格进行分摊，具体如下：

分摊至商品的交易价格 = ［100 000 ÷（100 000 + 9 500）］× 100 000 = 91 324（元）；

分摊至积分的交易价格 = ［9 500 ÷（100 000 + 9 500）］× 100 000 = 8 676（元）。

因此，甲公司应当在商品的控制权转移时确认收入 91 324 元，同时确认合同负债 8 676元。

借：银行存款		100 000
贷：主营业务收入		91 324
合同负债		8 676

截至 2018 年 12 月 31 日，客户累计兑换了 4 500 个积分。甲公司对该积分的兑换率进行了重新估计，仍然预计客户总共将会兑换 9 500 个积分。因此甲公司以客户兑换的积分数占预期将兑换的积分总数的比例为基础确认收入。

积分应当确认的收入 = 4 500 ÷ 9 500 × 8 676 = 4110（元）；

剩余未兑换的积分 = 8 676 – 4 110 = 4 566（元）仍然作为合同负债。

借：合同负债 4 110

　　贷：主营业务收入 4 110

截至 2018 年 12 月 31 日，客户累计兑换了 8 500 个积分。甲公司对该积分的兑换率进行了重新估计，预计客户总共将会兑换 9 700 个积分。

积分应当确认的收入 = 8 500 ÷ 9 700 × 8 676 − 4 110 = 3493（元）；

剩余未兑换的积分 = 8 676 − 4 110 − 3493 = 1 073（元）仍然作为合同负债。

借：合同负债 3 493

　　贷：主营业务收入 3 493

（三）在某一时段内履行履约义务

对于在某一时段内履行的履约义务，企业应当在该段时间内按照履约进度确认收入，但是，履约进度不能合理确定的除外。

企业应当考虑商品的性质，采用产出法或投入法确定恰当的履约进度。其中，产出法是根据已转移给客户的商品对于客户的价值确定履约进度；投入法是根据企业为履行履约义务的投入确定履约进度。对于类似情况下的类似履约义务，企业应当采用相同的方法确定履约进度。当履约进度不能合理确定时，企业已经发生的成本预计能够得到补偿的，应当按照已经发生的成本金额确认收入，直到履约进度能够合理确定为止。

★【例 11 – 7】甲公司于 2018 年 11 月 1 日接受了一项安装任务，安装期为 3 个月，合同总收入为 250 000 元，至年底已预收款项 200 000 元，实际发生成本 120 000 元，估计还会发生 40 000 元，有关款项均通过银行存款结算。按实际发生的成本占总成本的比例确定劳务的完成程度。

在资产负债表日，提供劳务的结果能够可靠地估计，应采用完工百分比法确认劳务收入，完工百分比法是指按照劳务的完成程度确认收入和费用的方法。提供劳务的结果能够可靠地估计，需要满足以下条件：（1）劳务总收入和总成本能够可靠地计量；（2）与劳务相关的经济利益能够流入企业；（3）劳务的完成程度能够可靠地确定。

在资产负债表日，如果能够对提供劳务的交易结果作出可靠估计，应按完工百分比法确认收入，同时结转相应成本。采用该方法确认收入时，收入和成本应按以下公式计算：

$$\text{本期确认的收入} = \text{劳务总收入} \times \text{本期末止劳务的完成程度} - \text{以前期间已确认的收入}$$

$$\text{本期确认的成本} = \text{劳务总成本} \times \text{本期末止劳务的完成程度} - \text{以前期间已确认的成本}$$

劳务的完成程度可以采用以下方法确定：（1）已完成工作的测量；（2）已经提供的劳务占应提供劳务总量的比例；（3）已经发生的成本占估计总成本的比例。

在采用完工百分比法确认劳务收入的情况下，确认劳务收入时，应按实际收到的或应收的价款，借记"应收账款""银行存款""合同资产"等账户，贷记"主营业务收入""合同负债"等账户。结转成本时，借记"主营业务成本"账户，贷记"合同履约成本"账户。

$$2017 年末实际发生的成本占总成本的比例 = 120\ 000 \div (120\ 000 + 40\ 000) \times 100\%$$

$$= 75\%$$

$$2017 年确认收入 = 250\ 000 \times 75\% - 0 = 187\ 500(元)$$

$$2017 年结转成本 = (120\ 000 + 40\ 000) \times 75\% - 0$$

$$= 120\ 000(元)$$

甲公司应作如下会计分录:

(1) 实际发生成本时:

借:合同履约成本 120 000

  贷:银行存款 120 000

(2) 预收账款时:

借:银行存款 200 000

  贷:合同负债 200 000

(3) 2017 年 12 月 31 日按完工百分比法确认收入时:

借:合同负债 187 500

  贷:主营业务收入 187 500

(4) 结转成本时:

借:主营业务成本 120 000

  贷:合同履约成本 120 000

第二节 费 用

一、费用概述

(一) 费用的概念及特征

费用是指企业在日常活动中发生的、会导致所有者权益减少的、与向所有者分配利润无关的经济利益的总流出。它具有以下特征:

1. 费用是在企业的日常活动中发生的经济利益的流出。这里提到的日常活动与收入定义中界定的日常活动相一致。将费用界定为日常活动中发生的经济利益的流出,其目的是将其与非日常活动中发生的经济利益的流出区分开。企业在非日常活动中发生的经济利益的流出应确认为损失,而不是费用。企业在组织会计核算时,应严格区分费用和损失的界限。

2. 费用的发生必须能导致企业所有者权益的减少。根据费用的定义,与费用相关的经济利益的流出最终应当会导致所有者权益的减少,不能导致所有者权益减少的经济利益的流出不符合费用的定义，不应确认为费用。

3. 费用与向所有者分配利润无关。向所有者分配利润时会表现为资产的减少，但减少的资产属于所有者权益的递减项目，属于利润分配的内容，因而不应确认为费用。

（二）费用的分类

费用是企业的日常活动所产生的经济利益的总流出，主要指企业为取得营业收入进行商品销售等营业活动所发生的货币资金的流出，具体分为营业成本、税金及附加和期间费用三部分。

营业成本是指销售商品或提供劳务的成本。营业成本按照其销售商品或提供劳务在企业日常活动中所处地位的不同，可以分为主营业务成本和其他业务成本。

税金及附加是指以营业收入为主要计税依据计算交纳的各种税金及附加，包括消费税、城市维护建设税以及教育费附加等。

期间费用是指不能直接归属于某个特定的产品成本，而应直接计入当期损益的各种费用。包括为组织和管理企业的生产经营活动而发生的管理费用，为筹集资金而发生的财务费用，为销售商品产品等而发生的销售费用等。

关于营业成本的核算参见本章第一节内容。

二、税金及附加的核算

企业为了核算应缴纳的消费税、城市维护建设税、资源税等税金及教育费附加的情况，应设置"税金及附加"账户。该账户是损益类账户，用于核算企业经营活动发生的消费税、城市维护建设税、资源税、房产税、土地使用税、车船使用税、印花税、教育费附加等相关税费。其借方登记按照有关的计税依据计算出的各种税金及教育费附加的金额，贷方登记期末转入"本年利润"账户的各种税金及附加额。经过结转之后，该账户期末没有余额。

企业按规定计算出应缴纳的消费税、城市维护建设税等税金及教育费附加时，借记"税金及附加"账户，贷记"应交税费"等账户；期末转入"本年利润"账户时，借记"本年利润"账户，贷记"税金及附加"账户。

❂【例11-8】甲公司经计算，2018年10月销售A、B产品应缴纳的城市维护建设税12 000元，教育费附加3 000元，另外A产品应缴纳的消费税为15 000元（假设A产品为应税消费品）。应编制的会计分录如下：

借：税金及附加   30 000
 贷：应交税费——应交消费税   15 000
     ——应交城市维护建设税   12 000
     ——教育费附加   3 000

三、期间费用的核算

（一）销售费用

销售费用是指企业在销售商品和提供工业性劳务等过程中发生的各项费用以及专设

中级财务会计
ZHONGJI CAIWU KUAIJI

销售机构的各项经费。具体包括的项目有：包装费、运输费、装卸费、保险费、展览费、广告费，以及企业为销售本企业产品而专设的销售机构的费用，包括职工工资、福利费、差旅费、办公费、折旧费、修理费、物料消耗和其他经费。商品流通企业购入商品等过程中所发生的运输费、装卸费、包装费、保险费、运输途中的合理损耗和入库前的挑选整理费用，也属于销售费用。

为了反映和监督销售费用的发生和结转情况，企业应设置"销售费用"账户。该账户属于损益类账户，借方登记企业所发生的各项销售费用，贷方登记冲减的销售费用以及期末转入"本年利润"账户的数额，期末结转后该账户无余额。该账户应按销售费用的费用项目设置明细账，进行明细核算。

企业发生各项销售费用时，借记"销售费用"账户，贷记"库存现金""银行存款""应付职工薪酬"等账户。月终，将借方归集的销售费用全部由"销售费用"账户的贷方转入当期损益，借记"本年利润"账户，贷记"销售费用"账户。

★【例11-9】2018年10月经计算，甲公司销售网点人员的工资39 500元，应提取的福利费5 530元。编制的会计分录如下：

借：销售费用　45 030
　贷：应付职工薪酬——工资　39 500
　　　应付职工薪酬——福利费　5 530

（二）管理费用

管理费用是指企业行政管理部门为组织和管理生产经营活动而发生的各种费用。具体包括的项目有：工资和福利费、折旧费、工会经费、职工教育经费、业务招待费、技术转让费、无形资产摊销、咨询费、诉讼费、开办费摊销、公司经费、劳动保险费、董事会会费以及其他管理费用。

为了核算管理费用的发生和结转情况，企业应设置"管理费用"账户。该账户属于损益类账户。借方登记企业发生的各项管理费用，贷方登记冲减的管理费用以及月末转入"本年利润"账户的数额，月末结转后该账户无余额。该账户应按管理费用的费用项目设置明细账，或按费用项目设置专栏，进行明细核算。

企业发生各项管理费用，借记"管理费用"账户，贷记"库存现金""银行存款""原材料""应付职工薪酬""无形资产""累计折旧"等账户。月终将本账户借方归集的管理费用全部转入"本年利润"账户，借记"本年利润"账户，贷记"管理费用"账户。

★【例11-10】甲公司行政管理人员出差归来报销差旅费2 260元，原借款3 000元，余额退回现金。应编制的会计分录如下：

借：管理费用　2 260
　库存现金　740
　贷：其他应收款——某职工　3 000

★【例11-11】甲公司用银行存款支付本月行政管理部门的水费2 600元、电费2 300元。应编制的会计分录如下：

借：管理费用   4 900

   贷：银行存款   4 900

（三）财务费用

财务费用是指在企业为筹集生产经营所需资金而发生的费用。具体包括的项目有：利息支出（减利息收入）、汇兑损失（减汇兑收益）、金融机构手续费以及为筹集生产经营资金而发生的其他费用等。

为了反映和监督企业财务费用的发生和结转情况，企业应设置"财务费用"账户。该账户的借方登记企业发生的各项财务费用，贷方登记冲减的财务费用以及月末转入"本年利润"账户的数额，月末结转后该账户应无余额。该账户应按财务费用的项目设置明细账户，进行明细核算。

企业发生财务费用，借记"财务费用"账户，贷记"银行存款"等账户；企业发生利息收入、汇兑收益时，借记"银行存款"等账户，贷记"财务费用"账户。月终，将归集的财务费用全部转入"本年利润"账户，借记"本年利润"账户，贷记"财务费用"账户。

❂【例 11-12】甲公司 2018 年末计提长期借款利息 23 000 元，该借款用于公司正常的生产经营，属于到期一次还本付息的长期借款。编制会计分录如下：

借：财务费用   23 000

   贷：长期借款——应计利息   23 000

第三节 利　　润

一、利润的构成

利润是指企业在一定会计期间的经营成果，它是反映企业经济效益的一个重要指标，也是投资者等会计信息使用者进行决策的重要参考。反映企业利润的指标有营业利润、利润总额和净利润。

（一）营业利润

营业利润是企业日常经营活动产生的利润，它是企业利润总额的主要来源。

营业利润用公式表示为

营业利润＝营业收入－营业成本－税金及附加－销售费用－管理费用－财务费用－资产减值损失＋公允价值变动收益＋投资收益＋资产处置收益＋其他收益[①]

营业收入是指企业日常经营活动产生的收入，包括主营业务收入和其他业务收入。

营业成本是指企业日常经营活动为取得营业收入而发生的成本，包括主营业务成本和其他业务成本。

---

① 注：公允价值变动损失、投资损失、资产处置损失以"－"号表示。

（二）利润总额

利润总额用公式表示为

$$利润总额 = 营业利润 + 营业外收入 - 营业外支出$$

（三）净利润

净利润是指企业利润总额减去所得税费用后的金额，即企业的税后利润。用公式表示如下：

$$净利润 = 利润总额 - 所得税费用$$

利润的构成情况如图 11 - 1 所示。

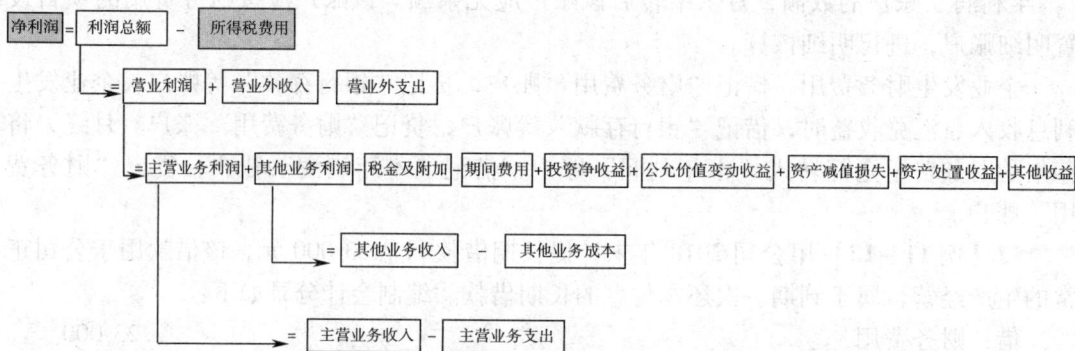

图 11 - 1 利润的构成

二、利润形成的核算

利润总额各构成项目中，有关主营业务收入、主营业务成本、税金及附加、其他业务收入、其他业务成本、期间费用、资产减值损失、公允价值变动损益、投资收益等内容已在前面相关章节作了介绍。下面对有关营业外收入和营业外支出的核算加以说明。

（一）营业外收支的核算

营业外收支是指企业发生的与其日常经营活动无直接关系的各项收支。虽然这些业务与企业的生产经营活动没有多大的关系，但从企业主体考虑，同样会带来收入或形成支出，也是企业利润不可忽视的因素。

营业外收入是指企业发生的营业利润以外的各项利得，主要包括盘盈利得、捐赠利得、与企业日常活动无关的政府补助、债务重组利得等。

营业外支出是指企业发生的营业利润以外的各项损失，主要包括非流动资产毁损报废损失、非常损失、公益性捐赠支出、罚款支出、盘亏损失、债务重组损失等。

营业外收入和营业外支出的核算，要设置"营业外收入"和"营业外支出"账户。

"营业外收入"账户属于损益类账户，本期营业外收入的发生额计入该账户的贷方，期末将本账户余额转入"本年利润"账户时记借方，结转后该账户无余额。该账户按收入项目设置明细账户，进行明细核算。

"营业外支出"账户属于损益类账户，本期营业外支出的发生额计入该账户的借方，期末将本账户余额转入"本年利润"账户时记贷方,结转后该账户无余额。该账户按支出项目设置明细账户,进行明细核算。

⭐【例 11 – 13】甲公司 2018 年 12 月发生下列营业外收支业务,作有关会计分录如下:

(1)结转因自然灾害造成的流动资产净损失 20 000 元。

借:营业外支出——非常损失　　　　　　　　　　　　　　　　　20 000

　　贷:待处理财产损溢——待处理流动资产损溢　　　　　　　　　　 20 000

(2)用银行存款对受灾地区公益性捐赠支出 100 000 元。

借:营业外支出——捐赠支出　　　　　　　　　　　　　　　　　100 000

　　贷:银行存款　　　　　　　　　　　　　　　　　　　　　　　 100 000

(3)盘盈库存现金 500 元,经批转转入营业外收入。

借:待处理财产损溢　　　　　　　　　　　　　　　　　　　　　　 500

　　贷:营业外收入　　　　　　　　　　　　　　　　　　　　　　　　 500

(4)接受捐赠一项固定资产,价值 150 000 元。

借:固定资产　　　　　　　　　　　　　　　　　　　　　　　　150 000

　　贷:营业外收入　　　　　　　　　　　　　　　　　　　　　　　 150 000

(5)用银行存款支付本公司税款滞纳金 28 000 元。

借:营业外支出——罚款支出　　　　　　　　　　　　　　　　　 28 000

　　贷:银行存款　　　　　　　　　　　　　　　　　　　　　　　　 28 000

(二)企业所得税的核算

企业所得税是指企业按照国家税法的有关规定,对企业某一经营年度实现的经营所得和其他所得,按照规定的所得税税率计算缴纳的一种税款。其计算公式为

$$应交所得税 = 应纳税所得额 \times 所得税税率$$

$$应纳税所得额 = 利润总额 + 纳税调增的项目 - 纳税调减的项目$$

为了核算企业所得税费用的发生情况,需要设置"所得税费用"账户。该账户是损益类账户,用来核算企业按照有关规定应在当期损益中扣除的所得税费用。借方登记按照应纳税所得额计算出的所得税费用额,贷方登记期末转入"本年利润"账户的所得税费用额,经过结转之后,该账户期末没有余额。

⭐【例 11 – 14】甲公司本期实现的利润总额为 575 440 元,按照 25% 的税率计算本期的所得税(假设没有纳税调整项目):

$$本期应交所得税 = 575\ 440 \times 25\% = 143\ 860(元)$$

计算出应交的所得税税额之后,一般在当期并不实际缴纳,所以在形成所得税费用的同时也产生了企业的一项负债,应编制的会计分录如下:

借:所得税费用　　　　　　　　　　　　　　　　　　　　　　　143 860

　　贷:应交税费——应交所得税　　　　　　　　　　　　　　　　 143 860

(三)利润形成的核算

企业应设置"本年利润"账户。核算企业一定时期内净利润的形成或亏损的发生情况。

会计期末,企业将"主营业务收入""其他业务收入""营业外收入"等账户的余额分别

转入"本年利润"账户的贷方，将"主营业务成本""其他业务成本""税金及附加""管理费用""销售费用""财务费用""营业外支出""所得税费用""资产减值损失"等账户的余额分别转入"本年利润"账户的借方。企业还应将"投资收益""公允价值变动损益"账户的净收益转入"本年利润"账户的贷方，将"投资收益""公允价值变动损益"账户的净损失转入"本年利润"账户的借方。结转后"本年利润"账户如为贷方余额，表示当年实现的净利润；如为借方余额，表示当年发生的净亏损。

年度终了，企业还应将"本年利润"账户的本年累计余额转入"利润分配——未分配利润"账户。如"本年利润"账户为贷方余额，应借记"本年利润"账户，贷记"利润分配——未分配利润"账户；如为借方余额，作相反的会计分录。经过结转后，"本年利润"账户应无余额。

在实际工作中，将损益类账户转入"本年利润"账户的方法有"账结法"和"表结法"两种。

1. 账结法。账结法是指企业每月结账时，将损益类账户的余额全部转入"本年利润"账户，通过"本年利润"账户结出本月的利润额或亏损总额，以及本年累计损益的金额。

★【例 11 - 15】假设甲公司 2018 年 12 月末结账前损益类账户的余额如下：

主营业务收入	600 000 元	（贷方）
投资收益	50 000 元	（贷方）
其他业务收入	80 000 元	（贷方）
营业外收入	20 000 元	（贷方）
税金及附加	15 000 元	（借方）
主营业务成本	300 000 元	（借方）
管理费用	3 800 元	（借方）
销售费用	20 000 元	（借方）
财务费用	2 000 元	（借方）
其他业务成本	20 000 元	（借方）
营业外支出	8 000 元	（借方）
所得税费用	76 296 元	（借方）

根据上述资料，该企业月末应作会计分录如下：

（1）将收入类账户余额转入"本年利润"账户。

借：主营业务收入	600 000
其他业务收入	80 000
投资收益	50 000
营业外收入	20 000
贷：本年利润	750 000

（2）将费用类账户余额转入"本年利润"账户。

借：本年利润	445 096

贷：税金及附加 15 000
　　主营业务成本 300 000
　　销售费用 20 000
　　其他业务成本 20 000
　　管理费用 3 800
　　财务费用 2 000
　　营业外支出 8 000
　　所得税费用 76 296

甲公司 2018 年的净利润：750 000 − 445 096 = 304 904（元）

2. 表结法。表结法是指企业每月结账时，不需要把损益类各账户的余额转入"本年利润"账户，而是通过结出各损益类账户的本年累计余额，就可以据以逐项填制利润表。通过利润表计算出从年初到本月止的本年累计利润，然后减去上月止本表中的本年累计利润，就是本月的利润或亏损。

企业在采用表结法的情况下，年终仍需采用账结法将损益类各账户的全年累计余额转入"本年利润"账户，在"本年利润"账户集中反映本年的全年利润及其构成情况。

年终，企业按上述步骤和方法计算出净利润后，将净利润从"本年利润"账户转入"利润分配"账户。结转后，"本年利润"账户应无余额。

★【例 11 – 16】将【例 11 – 15】中甲公司本年实现的净利润 304 904 元转入"利润分配——未分配利润"账户。

借：本年利润 304 904
　贷：利润分配——未分配利润 304 904

三、利润分配的核算

（一）利润分配的一般程序

企业实现的净利润，应按照国家的规定和投资者的决议进行合理的分配。根据《公司法》等有关法规的规定，企业当年实现的净利润，首先应弥补以前年度尚未弥补的亏损，对于剩余部分，应按照下列顺序进行分配：

1. 提取法定盈余公积金。法定盈余公积金应按照本年实现净利润的一定比例提取，《公司法》规定公司制企业按净利润的 10% 提取。

2. 提取任意盈余公积金。股份公司按照公司章程或股东大会决议可以提取一定数额的任意盈余公积金。

3. 向投资者分配利润或股利。企业实现的净利润在扣除上述项目后，再加上年初未分配利润和其他转入数，形成可供投资者分配的利润，向投资者分配利润之后，剩余的形成企业未分配利润。未分配利润是企业留待以后年度进行分配的利润或等待分配的利润，它是所有者权益的一个重要组成部分。

（二）账户设置

为了核算企业利润分配业务，需要设置以下几个账户：

1. "利润分配"账户。该账户是所有者权益类账户，用来核算企业一定时期内净利润的分配或亏损的弥补，以及历年结存的未分配利润（或未弥补亏损）。借方登记实际分配的利润额，包括提取的盈余公积金和分配给投资人的利润，以及年末从"本年利润"账户转入的全年累计亏损额；贷方登记年末从"本年利润"账户转入的全年实现的净利润额。年末余额如果在借方，表示未弥补的亏损额；年末余额如果在贷方，表示未分配利润额。"利润分配"账户一般按分配项目设置明细账。

2. "盈余公积"账户。该账户是所有者权益类账户，用来核算企业从税后利润中提取的盈余公积金，包括法定盈余公积、任意盈余公积金。贷方登记提取的盈余公积金，借方登记实际使用的盈余公积金。期末余额在贷方，表示结余的盈余公积金。

3. "应付股利"账户。该账户是负债类账户，用来核算企业分配给投资者的利润。贷方登记应付给投资者的利润，借方登记实际支付给投资者的利润。期末余额在贷方，表示尚未支付的利润。

（三）利润分配的核算

企业按照规定从净利润中提取盈余公积时，借记"利润分配——提取法定盈余公积、提取任意盈余公积"账户，贷记"盈余公积——法定盈余公积、任意盈余公积"账户。应当分配给股东的现金股利或利润，借记"利润分配——应付股利"账户，贷记"应付利润"账户。

★【例 11－17】承【例 11－16】，甲公司本年实现的净利润 304 904 元，经公司董事会决议，按净利润的 10% 提取法定盈余公积金，按净利润的 5% 提取任意盈余公积金。应编制的会计分录如下：

借：利润分配——提取法定盈余公积   30 490. 4
     ——提取任意盈余公积   15 245. 2
 贷：盈余公积——法定盈余公积   30 490. 4
     ——任意盈余公积   15 245. 2

★【例 11－18】承【例 11－16】，甲公司本年实现的净利润 304 904 元，经公司董事会决议，决定分配给股东利润 80 000 元。编制的会计分录如下：

借：利润分配——应付股利   80 000
 贷：应付利润   80 000

★【例 11－19】承【例 11－17】和【例 11－18】，甲公司在年末结转本年已分配的利润。编制的会计分录如下：

借：利润分配——未分配利润   125 735. 6
 贷：利润分配——提取法定盈余公积   30 490. 4
     ——提取任意盈余公积   15 245. 2
     ——应付股利   80 000

假定甲公司年初"利润分配——未分配利润"账户的贷方余额为 350 000 元，本年度结转实现的净利润为 304 904 元，结转已分配的利润为 125 735.6 元，结转完后"利润分配——未分配利润"账户的贷方余额为 529 168.4 元，反映的是该公司已实现但尚未分配，留待以后分配的利润数额。

【本章小结】

利润是指企业在一定会计期间的经营成果，它是反映企业经济效益的一个重要指标。反映企业利润的指标有营业利润、利润总额和净利润三个层次。

正确核算企业利润的关键是正确确认和计量各项收入和费用。按照我国《企业会计准则》的规定，收入和费用的确认必须遵循权责发生制。收入和费用的概念有广义和狭义之分。狭义的收入和费用是指会计要素的收入和费用的内容，是日常活动形成的经济利益的总流入和总流出，把营业外收支排除在外；广义的收入是指营业收入、营业外收入、投资收益等利润的增项，广义的费用是指营业成本、期间费用、营业税金及附加、营业外支出、投资损失等利润的减项。

本章重点讲述了收入的概念、特征、分类及各类收入的具体核算方法；费用的概念、特征、分类及具体核算方法；营业外收支的内容及核算；利润形成的内容及核算；利润分配的程序及核算。难点是商品销售收入的确认、提供劳务收入的核算和利润分配的核算。

【思考题】

1. 收入的特征有哪些？
2. 费用的特征有哪些？费用的分类如何？
3. 利润的构成要素有哪些？
4. 利润形成的核算内容有哪些？
5. 利润分配的一般程序是什么？
6. 如何进行利润分配的核算？

【技能训练】

一、单项选择题

1. 下列各项目中，属于工业企业主营业务收入的是（   ）。

A. 产品销售收入　　B. 原材料销售收入　　C. 包装物出租收入　　D. 利息收入

2. 大强公司 2018 年 3 月 1 日与客户签订了一项工程劳务合同，合同期一年，合同总收入 200 000 元，预计合同总成本 170 000 元，至 2018 年底，实际发生成本 136 000元。甲公司按实际发生成本占预计总成本的百分比确定劳务完成程度。据此计算，大强公司 2018 年度应确认的劳务收入为（   ）元。

A. 200 000　　　　B. 170 000　　　　C. 160 000　　　　D. 136 000

3. 按照《企业会计准则》规定，销货企业发生的销售折让应（   ）。

A. 冲减"主营业务收入"　　　　　　B. 增加"财务费用"

C. 计入"销售折让"科目　　　　　　D. 增加"主营业务成本"

4. 专设销售机构发生的办公费用，应计入下列（   ）账户。

A. 营业外支出　　　　B. 管理费用　　　　C. 销售费用　　　　D. 财务费用

5. 下列各项中，影响利润总额的因素有（　　　）。

A. 产品销售收入　　　B. 销售材料收入　　C. 营业外收入　　　D. 产品销售成本

6. 下列各项中，不计入产品成本的费用是（　　　）。

A. 生产成品的材料费用　　　　　　　　B. 车间管理人员工资

C. 车间厂房折旧费　　　　　　　　　　D. 厂部办公楼折旧费

7. 下列项目中，不属于收入范围的是（　　　）。

A. 材料销售收入　　　　　　　　　　　B. 固定资产出售收益

C. 无形资产转让使用权收入　　　　　　D. 劳务收入

8. 下列项目中，不属于收入范围的是（　　　）。

A. 产成品销售收入　　　　　　　　　　B. 原材料销售收入

C. 出租包装物租金收入　　　　　　　　D. 收到某单位捐赠的款项

9. 工业企业的材料销售收入，属于（　　　）。

A. 主营业务收入　　　B. 其他业务收入　　C. 营业外收入　　　D. 劳务收入

10. 下列支出中不属于费用的是（　　　）。

A. 向投资人分配利润　　　　　　　　　B. 短期借款利息

C. 行政管理人员的工资　　　　　　　　D. 企业所得税

11. 企业在期末结账后，"管理费用"账户（　　　）。

A. 有借方余额　　　　　　　　　　　　B. 有贷方余额

C. 有借方或贷方余额　　　　　　　　　D. 无余额

12. 下列项目中的（　　　）不包括在营业利润中。

A. 主营业务收入　　　B. 其他业务收入　　C. 期间费用　　　　D. 所得税费用

13. 企业进行年终利润结转后，可能有余额的账户是（　　　）。

A. 本年利润　　　　　　　　　　　　　B. 利润分配——未分配利润

C. 利润分配——应付利润　　　　　　　D. 利润分配——提取盈余公积

14. 下列项目中，不通过"利润分配"账户进行核算的内容是（　　　）。

A. 提取法定盈余公积　　　　　　　　　B. 提取任意公积金

C. 本期应交所得税　　　　　　　　　　D. 应分配给投资者利润

二、多项选择题

1. 期间费用包括的内容有（　　　）。

A. 制造费用　　　　　B. 管理费用　　　　C. 财务费用　　　　D. 销售费用

2. 下列项目中不属于营业外收入的是（　　　）。

A. 提供劳务收入　　　　　　　　　　　B. 商品销售收入

C. 销售材料收入　　　　　　　　　　　D. 处理固定资产净收益

3. 收入具有的特征是（　　　）。

A. 从日常活动中产生　　　　　　　　　B. 收入会导致企业所有者权益的增加

C. 收入与所有者投入资本无关　　　　　D. 导致企业所有者权益减少

4. 下列项目中构成利润总额的因素有（   ）。

A. 营业利润　　　　B. 所得税费用　　　C. 投资收益　　　　D. 营业外收入

5. 收入包括的内容有（   ）。

A. 商品销售收入　　B. 材料销售收入　　C. 提供劳务收入　　D. 营业外收入

6. 下列各项中，应计入其他业务收入的有（   ）。

A. 出租包装物收入　　　　　　　　B. 销售商品取得的收入

C. 出售无形资产所取得的收入　　　D. 销售材料产生的收入

7. 下列账户中，期末一般没有余额的是（   ）。

A. 主营业务成本　　B. 财务费用　　　　C. 管理费用　　　　D. 生产成本

8. 下列各项费用中，可以计入当期损益的有（   ）。

A. 无形资产摊销　　　　　　　　　B. 支付厂部管理人员工资

C. 支付车间生产工人的工资　　　　D. 专设销售机构职工的薪酬

9. 下列各项目能构成营业利润的因素有（   ）。

A. 投资收益　　　　　　　　　　　B. 主营业务收入

C. 主营业务成本　　　　　　　　　D. 税金及附加

三、判断题（正确的打"√"，错误的打"×"）

1. 企业销售商品，只要商品的控制权已转移给购货方，即可确认销售收入。

（   ）

2. 收入是从企业的日常活动中产生，而不是从偶发的交易或事项中产生。（   ）

3. 收入可使企业资产增加或负债减少，从而增加企业所有者权益。（   ）

4. 企业出租包装物的租金收入属于其他业务收入。（   ）

5. 销售折让应在实际发生时冲减当期销售收入。（   ）

6. 收入能够导致企业所有者权益增加，但导致所有者权益增加的不一定都是收入。

（   ）

7. 企业在销售收入确认之后发生的销售折让，应在实际发生时冲减发生当期的收入。（   ）

8. 采用预收货款方式销售产品的情况下，应当在收到货款时确认收入实现。

（   ）

9. 企业发生的所有借款利息都作为财务费用处理。（   ）

10. 制造费用与管理费用不同，本期发生的管理费用直接影响本期损益，而本期发生的制造费用不一定影响本期的损益。（   ）

11. 销售费用属于期间费用，直接计入当期损益。（   ）

12. 企业销售机构人员薪酬应计入管理费用。（   ）

13. 企业为组织生产经营活动而发生的一切管理活动的费用，包括车间管理费用和企业管理费用，都应作为期间费用处理。（   ）

14. 管理费用、销售费用、财务费用和制造费用均属于期间费用。（   ）

15. "利润分配——未分配利润"账户的年末余额为历年积存的未分配利润。
（　　）

16. 所有经济利益的流出都属于企业的费用。（　　）

17. 利润是指企业收入减去费用后的净额。（　　）

18. "本年利润"账户是将收入与费用进行配比的账户，它核算企业实现的净利润额。（　　）

四、实务题

实务操作（11-1）

（一）目的：练习商品销售收入的核算。

（二）资料：A企业为增值税一般纳税人，适用的增值税税率为16%，2018年5月发生下列经济业务（假定下列商品销售业务均符合商品销售收入的确认条件）。

1. 5月2日，向B企业销售甲产品500件，每件不含税售价48元，A企业给购货方10%的商业折扣。货款已收存入银行。

2. 5月5日，销售给B企业丙商品2000件，单位不含税售价300元，收到乙企业签发并承兑的面值696000元商业汇票一张。

3. 5月6日，A企业采用托收承付方式向B企业销售乙产品500吨，单位不含税售价300元。A企业已按合同发货，并已向银行办妥了托收手续，规定的现金折扣条件为：2/10，1/20，N/30。B企业5月14日付款。

4. 5月12日，本月2日销售给B企业的甲商品因商品质量问题，B企业要求在价格上给予5%的折让。A企业同意该折让。

5. 5月15日收到上月销售的甲产品5件，该5件甲产品因质量不合格而被退货，货款为2000元，增值税税额320元，以银行存款退回。上月结转该5件甲产品的生产成本为1750元。

6. 5月31日计算并结转产品销售成本，甲产品实际单位生产成本25元，乙产品实际单位生产成本210元，丙商品的实际单位生产成本190元。

（三）要求：根据以上资料，编制相关会计分录。

实务操作（11-2）

（一）目的：练习其他业务及营业外收支的核算。

（二）资料：某企业2018年10月发生下列经济业务：

1. 某企业将积压不用的原材料对外出售，售价20000元，实际成本15000元，增值税税率为16%，货款已收到存入银行。

2. 转让一项专利的使用权，取得转让收入3000元存入银行，应纳营业税的税率为5%。

3. 出租包装物，取得收入200元存入银行，增值税税率为16%。

4. 企业出售设备一台，扣除清理费用后的净收益为6000元。

5. 企业收到外单位因违约而交来的赔款2000元存入银行。

6. 用现金支付电信局逾期罚款 1 000 元。

7. 企业公益性捐赠支出 5 000 元，以银行存款支付。

8. 上月清查中盘亏机器一台，经批准予以转销，其净值为 38 000 元。

（三）要求：根据以上经济业务，作出相关会计分录。

实务操作（11-3）

（一）目的：练习费用的核算。

（二）资料：某企业 2018 年度发生下列经济业务：

1. 以银行存款支付广告费 15 000 元。

2. 支付短期借款利息 12 000 元，其中以前已预提 8 000 元。

3. 以银行存款支付管理部门固定资产修理费 4 000 元。

4. 签发转账支票一张支付办公费 1 300 元，其中，管理部门 600 元，销售部门 400 元，生产车间 300 元。

5. 从仓库领用随同货物销售不单独计价包装箱 30 个，每个 20 元。

6. 以银行存款支付业务招待费 2 000 元。

7. 销售员张超出差归来，报销差旅费 1 700 元，余款 300 元交回现金。

8 用银行存款支付银行承兑汇票手续费 300 元。

9. 计提本月固定资产折旧 8 000 元，其中，管理部门 1 500 元，生产车间 6 000 元，销售部门 500 元。

（三）要求：根据以上经济业务编制会计分录。

实务操作（11-4）

（一）目的：练习利润形成的核算。

（二）资料：

1. 某企业 2018 年末有关账户余额如下（单位：万元）：

主营业务收入	（贷方）	5 000
其他业务收入	（贷方）	200
营业外收入	（贷方）	40
投资收益	（贷方）	30
公允价值变动损益	（借方）	15
主营业务成本	（借方）	2 800
其他业务成本	（借方）	100
税金及附加	（借方）	50
销售费用	（借方）	30
管理费用	（借方）	120
财务费用	（借方）	25
资产减值损失	（借方）	60
营业外支出	（借方）	70

2. 本企业所得税税率为 25%，无纳税暂时性差异及纳税调整项目。

（三）要求：

1. 将有关账户余额结转"本年利润"账户。

2. 计算企业的营业利润、利润总额、所得税费用、净利润。

实务操作（11-5）

（一）目的：练习利润分配的核算。

（二）资料：承实务操作（11-4）的资料及核算结果，本企业年初"利润分配——未分配利润"账户贷方余额 130 万元。

（三）要求：

1. 按当年净利润 10% 的比例计算提取法定盈余公积金。

2. 按当年净利润 5% 的比例计算提取任意盈余公积金。

3. 按当年净利润 15% 的比例计算向股东分配现金股利。

4. 将有关账户余额结转"利润分配——未分配利润"账户，计算年末未分配利润数额。

【案例分析】

大华公司是一家以生产电子科技产品为主的有限责任公司。张红是大华公司刚招聘来的一名会计专业的毕业生。在上班的第一天，财务经理要求小张就本月的收入、费用进行合理的划分，并准确地计算出本月的主营业务收入、其他业务收入、主营业务成本、其他业务成本、期间费用、营业利润和利润总额等指标。以下是大华公司的详细资料：

大华公司本月销售甲产品 1 200 件，单位不含税售价 3 200 元，销售乙产品 2 300 件，单位不含税售价 2 600 元，甲产品的单位生产成本 1 650 元，乙产品的单位生产成本 960 元，销售不用的 A 材料 560 公斤，单位不含税售价 260 元，该材料的实际单位成本 123 元，出租固定资产收取租金 7 800 元，收到某单位捐赠款项 20 000 元，支付罚款支出 2 600 元，本月利息支出 3 200 元，行政管理人员的薪酬 55 000 元，办公费 5 100 元，销售人员的薪酬 22 000 元，行政管理部门固定资产折旧 6 100 元，购买股票的收益 21 000 元。

案例要求：请你代小张将本月发生的收入和费用进行合理划分，并准确地计算出本月的主营业务收入、其他业务收入、主营业务成本、其他业务成本、期间费用、营业利润和利润总额等指标。

第十二章

财务报告

【学习目标】

● 理解财务报告、财务报表的含义；
● 了解财务报表的分类、编制原则及列报的基本要求；
● 熟练掌握资产负债表的含义、理论基础、格式及其编制；
● 熟练掌握利润表的含义、理论基础、格式及其编制；
● 了解现金流量表、所有者权益（或股东权益）变动表的含义与格式。

第一节　财务会计报告概述

一、财务会计报告的概念、目标及作用

（一）财务会计报告的概念

财务会计报告简称财务报告，是指企业对外提供的反映企业某一特定日期财务状况和某一会计期间的经营成果、现金流量等会计信息的文件。财务报告包括财务报表和其他应当在财务会计报告中披露的相关信息和资料。

财务会计报告是财务会计核算工作的最终产品，也是综合反映企业财务状况、经营成果、现金流动情况的载体，以及企业正式对外揭示和传递财务信息的主要手段。

（二）财务会计报告的目标

财务会计报告的目标是向财务会计报告使用者提供与企业财务状况、经营成果和现金流量等有关的会计信息，反映企业管理层受托责任履行情况，有助于财务会计报告使用者作出经济决策。财务会计报告使用者包括投资者、债权人、政府及其有关部门和社会公众等。

（三）财务会计报告的作用

及时、正确、完整的财务会计报告信息，对满足报告使用者的需要具有重要作用，主要表现在以下几个方面：

1. 企业的投资者（包括潜在的投资者）和债权人（包括潜在的债权人）为了进行

正确的投资决策和信贷决策，需要利用财务会计报告了解有关企业经营成果、财务状况及现金流动情况的会计信息。

2. 企业管理者为了考核和分析财务成本计划或预算的完成情况，总结经济工作的成绩和存在的问题，评价经济效益，需要利用财务会计报告掌握本企业有关财务状况、经营成果和现金流动情况的会计信息。

3. 国家有关部门为了加强宏观经济管理，需要各单位提供财务会计报告资料，以便通过汇总分析，了解和掌握各部门、各地区经济计划（预算）完成情况，以及各种财经法律制度的执行情况，并针对存在的问题，及时运用经济杠杆和其他手段，调控经济活动，优化资源配置。

总之，财务会计报告对维护投资者、债权人、政府及其有关部门和社会公众等的知情权，保护投资者和社会公众利益，促进资本市场健康发展，推动建立公开、公平、公正的市场经济秩序发挥重要作用。

二、财务报表的概念及分类

（一）财务报表的概念

财务报表是对企业财务状况、经营成果和现金流量的结构性表述。一套完整的财务报表至少应当包括资产负债表、利润表、现金流量表、所有者权益（或股东权益）变动表以及附注。小企业编制的报表可以不包括现金流量表。

资产负债表、利润表和现金流量表分别从不同角度反映企业的财务状况、经营成果和现金流量。资产负债表反映企业一定时期所拥有的资产、需偿还的负债以及投资者拥有的净资产情况；利润表反映企业在一定会计期间的经营成果及利润或亏损情况，表明企业运用所拥有的资产的获利能力；现金流量表反映企业在一定会计期间的现金和现金等价物流入和流出的情况；所有者权益变动表反映企业所有者权益的各组成部分当期增减变动情况；附注是指对在会计报表中列示项目所作的进一步说明，以及对未能在这些报表中列示项目的说明等。附注应当提供充分、详细、及时的补充信息。

（二）财务报表的分类

财务报表可以根据需要，按照不同的标准进行分类。

1. 财务报表按编制时间不同分类。财务报表按其编报时间的不同，可以分为中期财务报表和年度财务报表。中期财务报表是以短于一个完整会计年度的报告期间为基础编制的财务报表，包括月报、季报和半年度报。月报、季报是指月份和季度终了编制的财务报表；半年度报表是指在每个会计年度的1—6月或7—12月结束后编制的财务报表；年度报表是指每年年度终了编制的财务报表。

2. 财务报表按报送对象不同分类。财务报表按报送对象的不同，可分为外部报表和内部报表。外部报表是企业向外部使用者报送的报表，包括资产负债表、利润表、现金流量表和所有者权益变动表及附注。其格式与编制方法在会计准则中有统一规定。内部报表是企业会计人员为满足内部管理的需要而编制的报表，如产品成本计算表等，其格式、类别及编制方法根据企业自身需要而定。本章主要对外部报表的基本格式、编制方法等问题予以阐述。

3. 财务报表按反映的内容不同分类。财务报表按反映内容的不同，可以分为静态财务报表和动态财务报表。静态财务报表反映的是时点资料。资产负债表是静态报表，反映企业在某一特定时点的财务状况。动态财务报表反映的是时期资料。利润表、现金流量表、所有者权益变动表都属于动态财务报表，反映一定时期企业的盈亏情况、现金流量情况及所有者权益变动情况。

4. 财务报表按编制主体不同分类。财务报表按编制主体的不同，可分为个别财务报表和合并财务报表。个别财务报表是以某一企业为会计主体编制的财务报表，反映该企业本身的财务状况、经营成果和现金流量等情况；合并报表是母公司在合并母公司本身业务及所属子公司业务的基础上编制的财务报表，其编制的主要依据是母公司以及子公司的个别财务报表，反映母子公司形成的企业集团的财务状况、经营成果和现金流量情况等。

【知识专栏 12–1】
财务报表发展简史

我国西周到汉代，主要编制文字叙述式会计报告，唐代至明清主要编制文字数据组合式会计报告。国外会计同样也经历了这样的阶段。公元 10 世纪左右，在意大利出现了一种"平衡账"。这种账的左边列资产，右边列负债、资本和利润。公元1200年左右，法国人编制了一种"余额表"，这些意味着西欧民间会计开始向财务报表的编制时期过渡。

从财务报表的发展历史看，最早的财务报表就是资产负债表，早期称为"账户余额表"。在早期，财务报表是会计信息的公开传输与报道手段，不过，在公开发行证券公司出现以前，会计信息是不需要公开披露的。当一家企业的业主同时是经理时，虽也可编制报表，但其目的仅限于投资人兼经理独自使用；在合伙企业，财务报表的使用范围就扩大为所有的合伙人。在以独资、合伙企业为主的商业社会中，会计信息以商业秘密为由不对外公开。

股份公司出现并公开发行证券以后的一段时间，财务报表逐渐具备了公开性的特征。上市公司的一个重要标志就是所有权与经营权的分离。不参与公司管理的众多分散的投资者需要借助于财务报表作出投资决策。英国 1885 年颁布的《公司法》可能较早要求企业公开资产负债表和利润表。

在商业资本主义时期，人们主要利用会计作为一种内部管理工具，会计报表还没有像今天这样普遍编制、广泛传播或公布。1752 年以前，人们很少按照年度编制会计报表，因为直到 1752 年，美国国会才颁布一项法令，规定 1 月 1 日作为所有年度的开始。

财务报表扩展为财务报告则是在 1978 年 11 月 FASB 发表的第一号财务会计概念公告（SFAC No.1）《财务报告的目标》中正式提出来的。

三、财务报表的编制原则

为了使报表使用者能够清楚全面地了解企业的财务状况、经营成果和现金流量的变动情况，财务报表的编制应当遵循以下原则。

（一）真实可靠

真实可靠原则是指财务报表数字应当如实反映企业的财务状况、经营成果和现金流量。要保证财务报表的真实可靠，需做的准备工作包括：

1. 企业在编制年度财务会计报告前，应当按照规定，全面清查资产、核实债务。

2. 核对各会计账簿记录与会计凭证的内容、金额等是否一致，记账方向是否相符。

3. 依照规定的结账日进行结账，结出有关会计账簿的余额和发生额，并核对各会计账簿之间的余额。

4. 检查相关的会计核算是否按照国家统一的会计制度（含会计准则，下同）的规定进行。

5. 对于国家统一的会计制度没有规定统一核算方法的交易、事项，检查其是否按照会计核算的一般原则进行确认和计量，以及相关账务处理是否合理。

6. 检查是否存在因会计差错、会计政策变更等原因需要调整前期或者本期相关项目。

在前款规定工作中发现问题的，应当按照国家统一的会计制度的规定进行处理。

（二）全面完整

全面完整原则是指财务报表应当反映企业生产经营活动的全貌，全面反映企业的财务状况、经营成果和现金流量。

保证财务报表全面完整的措施：企业应当按照规定的财务报表的格式和内容编制财务报表。企业应按规定编报国家要求提供的各种财务报表，对于国家要求填报的有关指标和项目，应按照有关规定填列。

（三）前后一致

前后一致原则是指企业采用的会计政策，在每一会计期间和前后各期应当保持一致，不得随意变更。但是，满足下列条件之一的，可以变更会计政策：法律、行政法规或者国家统一的会计制度等要求变更；会计政策变更能够提供更可靠、更相关的会计信息。而且企业应当在附注中披露与会计政策变更有关的下列信息：会计政策变更的性质、内容和原因；当期和各个列报前期财务报表中受影响的项目名称和调整金额；无法进行追溯调整的，说明该事实和原因，以及开始应用变更后的会计政策的时点、具体应用情况。

（四）编报及时

编报及时原则是指企业应根据有关规定，及时对外报送财务报表。企业应当依照法律、行政法规和国家统一的会计制度有关财务会计报告提供期限的规定，及时对外提供财务会计报告。

四、财务报表列报的基本要求

根据《企业会计准则第 30 号——财务报表列报》，财务报表列报的基本要求如下。

（一）列报基础

企业应当以持续经营为基础，根据实际发生的交易和事项，按照《企业会计准则——基本准则》和其他各项会计准则的规定进行确认和计量，在此基础上编制财务报表。

如果企业正式决定或被迫在当期或将在下一个会计期间进行清算或停止营业的，则表明以持续经营为基础编制财务报表不再合理。在这种情况下，企业应当采用其他基础编制财务报表，并在附注中声明财务报表未以持续经营为基础编制的事实、披露未以持续经营为基础编制的原因和财务报表的编制基础。

除现金流量表按照收付实现制编制外，企业应当按照权责发生制编制财务报表。

（二）一致性

财务报表项目的列报应当在各个会计期间保持一致，不得随意变更，但下列情况除外：会计准则要求改变财务报表项目的列报；企业经营业务的性质发生重大变化或对企业经营影响较大的交易或事项发生后，变更财务报表项目的列报能够提供更可靠、更相关的会计信息。

（三）重要性

重要性是指在合理预期下，财务报表某项目的省略或错报会影响使用者据此作出经济决策的，该项目具有重要性。重要性应当根据企业所处的具体环境，从项目的性质和金额两方面予以判断，且对各项目重要性的判断标准一经确定，不得随意变更。

判断项目性质的重要性，应当考虑该项目在性质上是否属于企业日常活动、是否显著影响企业的财务状况、经营成果和现金流量等因素；判断项目金额大小的重要性，应当考虑该项目金额占资产总额、负债总额、所有者权益总额、营业收入总额、营业成本总额、净利润、综合收益总额等直接相关项目金额的比重或所属报表单列项目金额的比重加以确定。

性质或功能不同且具有重要性的项目，应当在财务报表中单独列报；性质或功能类似的项目，其所属类别具有重要性的，应当按其类别在财务报表中单独列报；某些项目的重要性程度不足以在资产负债表、利润表、现金流量表或所有者权益变动表中单独列示，但对附注却具有重要性，则应当在附注中单独披露；会计准则规定在财务报表中单独列报的项目，应当单独列报。

（四）比较数据

当期财务报表的列报，至少应当提供所有列报项目上一可比会计期间的比较数据，以及与理解当期财务报表相关的说明，但其他会计准则另有规定的除外。

财务报表项目的列报发生变更的，应当对上期比较数据按照当期的列报要求进行调整，并在附注中披露调整的原因和性质，以及调整的各项目金额。对上期比较数据进行调整不切实可行的，应当在附注中披露不能调整的原因。不切实可行，是指企业在作出所有合理努力后仍然无法采用某项规定。

（五）编报时间

企业至少应当按年编制财务报表。年度财务报表涵盖的期间短于一年的，应当披露年度财务报表的涵盖期间、短于一年的原因以及报表数据不具可比性的事实。

（六）特殊项目

企业应当在财务报表的显著位置至少披露下列各项：编报企业的名称；资产负债表日或财务报表涵盖的会计期间；人民币金额单位；财务报表是合并财务报表的，应当予以标明。

第二节　资产负债表

一、资产负债表的含义及理论基础

资产负债表（Balance Sheet）是指反映企业在某一特定日期的财务状况的会计报表。企业必须按月编制、对外报送，年度终了，还应编制年度资产负债表。

所谓财务状况，按照美国会计原则委员会第 4 号公报，其含义是："（一个企业在特定日期的）资产（经济资源）、负债（经济义务）与业主权益及其相互间的关系，加上在资产负债表日依据一般公认会计原则应加以披露的有关企业的或有事项、承诺及其他财务事项。"[①] 资产负债表首先是反映企业财务状况的会计报表，也称财务状况表，可以提供关于企业资产、负债和所有者权益及其相互关系的财务状况信息，是反映企业财务状况的一种资源存量报表。其次，资产负债表是一张静态报表，是反映企业在某一特定日期的财务状况的会计报表。譬如，年度资产负债表的日期是会计年度的截止日（即年度资产负债表日），它描绘的是一幅在特定时点——会计年度截止日午夜 12 点整的公司财务状况的静止画面，这与利润表的日期——年度形成了对照。利润表、现金流量表、所有者权益变动表（将在本章后三节讲述）反映的是在一个会计年度内发生的需要列报的所有事项。

资产负债表的理论基础是"资产 = 负债 + 所有者权益"或"资产 − 负债 = 所有者权益"这一基本的会计恒等式。换言之，资产负债表是基本会计恒等式的扩展或具体表现，是根据基本会计等式"资产 = 负债 + 所有者权益"，依照规定项目和项目顺序，对企业某一特定日期的资产、负债和所有者权益予以适当排列，以反映企业静态财务状况的一种基本报表。

二、资产负债表的格式

资产负债表的格式分账户式和报告式两种。账户式资产负债表总体框架类似于账

---

① 陈汉文等. 中级财务会计［M］. 北京：北京大学出版社，2008.

户，分左、右两方，左方列示资产项目，右方列示负债与所有者权益项目，左右两方的合计数保持平衡。账户式资产负债表的基本格式如表 12 – 1 所示。账户式资产负债表是按照"资产 = 负债 + 所有者权益"这一会计恒等式展开的。由于账户式资产负债表便于使用者对企业的财务状况进行对比分析，是目前世界上比较流行、占主导地位的一种格式。我国《企业会计准则》规定，我国的资产负债表采用账户式。资产按流动性递减的顺序列示。

表 12 – 1   资产负债表（账户式）

会企 01 表

编制单位：_____年_____月_____日   单位：元

资产	期末余额	年初余额	负债和所有者权益（或股东权益）	期末余额	年初余额
流动资产：			**流动负债**		
货币资金			短期借款		
交易性金融资产			交易性金融负债		
衍生金融资产			衍生金融负债		
应收票据及应收账款			应付票据及应付账款		
预付款项			预收款项		
其他应收款			合同负债		
存货			应付职工薪酬		
合同资产			应交税费		
持有待售资产			其他应付款		
一年内到期的非流动资产			持有待售负债		
其他流动资产			一年内到期的非流动负债		
			其他流动负债		
流动资产合计			流动负债合计		
非流动资产：			**非流动负债：**		
债权投资			长期借款		
其他债权投资			应付债券		
长期应收款			其中：优先股		
长期股权投资			永续债		
其他权益工具投资			长期应付款		
其他非流动金融资产			预计负债		
投资性房地产			递延收益		
固定资产			递延所得税负债		
在建工程			其他非流动负债		
生产性生物资产			非流动负债合计		
油气资产			负债合计		
无形资产			**所有者权益（或股东权益）：**		
开发支出			实收资本（或股本）		
商誉			其他权益工具		

续表

资产	期末余额	年初余额	负债和所有者权益（或股东权益）	期末余额	年初余额
长期待摊费用			其中：优先股		
递延所得税资产			永续债		
其他非流动资产			资本公积		
非流动资产合计			减：库存股		
			其他综合收益		
			盈余公积		
			未分配利润		
			所有者权益（或股东权益）合计		
资产总计			负债和所有者权益（或股东权益）总计		

报告式资产负债表则是将报表项目上下排列，上面列示资产项目，下面列示负债和所有者权益项目。报告式资产负债表的基本格式如表 12-2 所示。报告式资产负债表是按照"资产 - 负债 = 所有者权益"这一会计恒等式展开的。

表 12-2　资产负债表（报告式）

年　月　日　　　　　　　单位：元

项目	金额	项目	金额
资产： 　流动资产 　… 　非流动资产 　… 资产合计		负债： 　流动负债 　… 　非流动负债 负债合计 所有者权益： 　…所有者权益合计	

【知识专栏 12-2】

账户式资产负债表和报告式资产负债表的比较

	账户式资产负债表	报告式资产负债表
依据的会计恒等式	资产 = 负债 + 所有者权益	资产 - 负债 = 所有者权益
项目基本排列方式	按照账户形式排列	自上而下纵向排列
评价	形式和内容统一、形象直观、符合各项目之间的勾稽关系	冗长、不便传递与使用

三、资产负债表列报的具体要求

我国《企业会计准则第 30 号——财务报表列报》规定了资产负债表列报的具体要求：

1. 资产和负债应当分别流动资产和非流动资产、流动负债和非流动负债列示。

（1）资产满足下列条件之一的，应当归类为流动资产：①预计在一个正常营业周期中变现、出售或耗用；②主要为交易目的而持有；③预计在资产负债表日起一年内（含一年，下同）变现；④自资产负债表日起一年内，交换其他资产或清偿负债的能力不受限制的现金或现金等价物。

正常营业周期是指企业从购买用于加工的资产起至实现现金或现金等价物的期间。正常营业周期通常短于一年。因生产周期较长等导致正常营业周期长于一年的，尽管相关资产往往超过一年才变现、出售或耗用，仍应当划分为流动资产。如房地产开发企业开发用于出售的房地产开发产品，造船企业制造用于出售的大型船只等，往往超过一年才变现、出售或耗用，仍应划分为流动资产。正常营业周期不能确定的，应当以一年（12 个月）作为正常营业周期。

（2）流动资产以外的资产应当归类为非流动资产，并应按其性质分类列示。被划分为持有待售的非流动资产，应当归类为流动资产。

（3）负债满足下列条件之一的，应当归类为流动负债：①预计在一个正常营业周期中清偿；②主要为交易目的而持有；③自资产负债表日起一年内到期应予以清偿；④企业无权自主地将清偿推迟至资产负债表日后一年以上。

对于在资产负债表日起一年内到期的负债，企业有意图且有能力自主地将清偿义务展期至资产负债表日后一年以上的，应当归类为非流动负债；不能自主地将清偿义务展期的，即使在资产负债表日后、财务报告批准报出日前签订了重新安排清偿计划协议，该项负债仍应当归类为流动负债。

（4）流动负债以外的负债应当归类为非流动负债，并应按其性质分类列示。

（5）企业在资产负债表日或之前违反了长期借款协议，导致贷款人可随时要求清偿的负债，应当归类为流动负债。贷款人在资产负债表日或之前同意提供在资产负债表日后一年以上的宽限期，企业能够在此期限内改正违约行为，且贷款人不能要求随时清偿，该项负债应当归类为非流动负债。

2. 资产负债表中的资产类至少应当单独列示反映下列信息的项目：（1）货币资金；（2）以公允价值计量且其变动计入当期损益的金融资产；（3）应收款项；（4）预付款项；（5）存货；（6）被划分为持有待售的非流动资产及被划分为持有待售的处置组中的资产；（7）可供出售金融资产；（8）持有至到期投资；（9）长期股权投资；（10）投资性房地产；（11）固定资产；（12）生物资产；（13）无形资产；（14）递延所得税资产。

3. 资产负债表中的资产类至少应当包括流动资产和非流动资产的合计项目。

4. 资产负债表中的负债类至少应当单独列示反映下列信息的项目：（1）短期借款；（2）以公允价值计量且其变动计入当期损益的金融负债；（3）应付款项；（4）预收款项；（5）应付职工薪酬；（6）应交税费；（7）被划分为持有待售的处置组中的负债；（8）长期借款；（9）应付债券；（10）长期应付款；（11）预计负债；（12）递延所得税负债。

5. 资产负债表中的负债类至少应当包括流动负债、非流动负债和负债的合计项目。

6. 资产负债表中的所有者权益类至少应当单独列示反映下列信息的项目：（1）实收资本（或股本）；（2）资本公积；（3）盈余公积；（4）未分配利润。

在合并资产负债表中，应当在所有者权益类单独列示少数股东权益。

7. 资产负债表中的所有者权益类应当包括所有者权益的合计项目。

8. 资产负债表应当列示资产总计项目、负债和所有者权益总计项目。

四、资产负债表的编制

编制资产负债表时，各报表项目的主要填列方法有以下几种。

（一）根据总账账户余额直接填列

通常情况下，"短期借款""应付票据""应付职工薪酬""应交税费""应付利息""应付股利""其他应付款""递延所得税负债""预计负债""实收资本（或股本）""资本公积""库存股""盈余公积""未分配利润"等项目根据总账账户余额直接填列。

（二）根据总账账户余额计算填列

资产负债表某些项目需要根据若干个总账账户的期末余额计算填列。例如，"货币资金"项目就是根据"库存现金""银行存款""其他货币资金"账户的期末余额合计填列。"交易性金融资产""应收票据""应收利息""应收股利""其他应收款""存货""可供出售金融资产""长期股权投资""投资性房地产""固定资产""在建工程""工程物资""生产性生物资产""油气资产""无形资产""开发支出""商誉"等项目，通常是由反映企业期末持有的相应资产的账户余额扣减反映累计折旧（折耗）或累计摊销、累计减值准备的对应账户的账户余额后填列的。

（三）根据明细账户余额计算填列

资产负债表某些项目不能根据总账账户的期末余额或若干个总账账户的期末余额计算填列，需要根据有关账户所属的相关明细账户的期末余额计算填列。例如，"应收账款"项目应根据"应收账款"账户所属各明细账户的期末借方余额合计，加上"预收账款"账户的有关明细账户期末借方余额，再减去"坏账准备"账户中反映应收账款计提的坏账准备的明细账贷方余额计算填列；"预收款项"项目，通常情况下应根据"预收账款"账户所属各明细账户的期末贷方余额合计，再加上"应收账款"账户的有关明细账户期末贷方余额计算填列。"应付账款"项目，应根据"应付账款""预付账款"账户的有关明细账户的期末贷方余额计算编制。

（四）根据总账账户或明细账户余额分析计算填列

资产负债表上某些项目不能根据有关总账账户的期末余额直接或计算填列，也不能根据有关账户所属明细账户的期末余额计算填列，需要根据总账账户和明细账户余额分析计算填列。例如，"长期借款"项目，根据"长期借款"总账账户余额扣除"长期借款"账户所属的明细账户中反映的将于一年内到期的长期借款部分分析计算填列。"持有至到期投资""长期应收款""长期待摊费用""应付债券""长期应付款""专项应付款"等项目，也要分别根据"持有至到期投资""长期应收款""长期待摊费用""应付债券""长期应付款""专项应付款"等总账账户的期末余额，扣除相应账户所属的明细账户中反映的将于一年内到期或摊销的部分分析计算填列。

资产负债表的"年初数"栏各项目数字，应根据上年末资产负债表"期末数"栏内所列数字填列。如果本年度资产负债表规定的各个项目的名称和内容同上年度不一致，应对上年度资产负债表规定的各个项目的名称和数字按照本年度的规定进行调整，填入报表中的"年初数"栏内。资产负债表的"年末数"栏各项目主要是根据有关账户记录编制的。

> **【知识专栏 12 –3】**
>
> ## 编制工作底稿
>
> 　　为避免错误，方便财务报表的编制，会计人员通常编制工作底稿（Work Sheet）。工作底稿用于收集整理编制调整分录、定期财务报表和结账分录所需要的数据。工作底稿不像日记账、分类账、财务报表，它不是正式、永久的会计记录，而是非正式记录，可以用铅笔编制（便于更正）。工作底稿并非强制性步骤，如果企业所用账户不多，调整分录很少，就没有必要编制工作底稿。相反，工作底稿就很有用。

五、资产负债表编制举例

⭐ **【例 12 –1】**

（一）资料

1. 某股份有限公司为增值税一般纳税人，增值税税率为 16%，所得税税率为 25%。2018 年 1 月 1 日，股本总额为 500 万元，发行在外普通股股数为 500 万股。该公司 2018 年 1 月 1 日有关账户的余额如表 12 –3 所示。

表 12 –3　　　　　　　　　　　　　账户余额表　　　　　　　　　　　　　单位：元

账户名称	借方余额	账户名称	贷方余额
库存现金	2 000	短期借款	300 000
银行存款	1 280 000	应付票据	200 000
其他货币资金	124 300	应付账款	953 800
交易性金融资产	15 000	其他应付款	50 000
应收票据	246 000	应付职工薪酬	110 000
应收账款	300 000	应交税费	36 600
坏账准备	–900	应付利息	1 000
预付账款	200 000	长期借款	1 600 000
其他应收款	5 000	其中：一年内到期的长期负债	1 000 000
在途物资	261 950	股本	5 000 000
原材料	550 000	盈余公积	100 000
包装物	38 050	利润分配（未分配利润）	50 000
低值易耗品	50 000		
库存商品	1 680 000		
长期股权投资	250 000		
固定资产	1 500 000		
累计折旧	–400 000		
在建工程	1 500 000		
无形资产	980 000		
累计摊销	–180 000		
合计	8 401 400	合计	8 401 400

2. 该公司 2018 年发生的经济业务如下：

（1）收到银行通知，用银行存款支付到期的商业承兑汇票 100 000 元。

（2）购入原材料一批，买价 150 000 元，增值税税额为 24 000 元。款项全部用银行存款支付，材料尚未收到。

（3）收到原材料一批，实际成本 100 000 元，材料已验收入库，货款已于上月支付。

（4）用银行汇票支付采购材料价款，公司收到开户银行转来银行汇票多余款收账通知，通知上填写的余款 234 元，购入材料买价 99 800 元，支付增值税税额 15 968 元，原材料已验收入库。

（5）销售产品一批，不含税售价 300 000 元，该批产品实际成本 180 000 元，产品已发出，货款未收到。

（6）公司将交易性金融资产（全部为股票投资）15 000 元兑现，收到本金 15 000 元，投资收益 1 500 元，均存入银行。

（7）购入不需安装的设备 1 台，价款 85 470 元，支付运费 1 000 元，增值税进项税额 13 775 元。全部款项均以银行存款支付，设备已交付使用。

（8）计算出应付工程项目施工人员工资 200 000 元。

（9）计提工程项目应负担的借款利息 11 500 元。

（10）基本生产车间 1 台机床报废，原价 200 000 元，已计提折旧 180 000 元，清理费用 500 元，残值收入 800 元，均通过银行存款收支。该项固定资产已清理完毕。

（11）从银行借入 3 年期借款 400 000 元，借款已存入银行账户，该项借款用于购建固定资产。

（12）销售产品一批，销售价款 700 000 元，应收的增值税税额 112 000 元，销售产品的实际成本 420 000 元，货款银行已收妥。

（13）公司将到期的一张面值为 200 000 元的银行承兑汇票，连同解讫通知、进账单交银行办理转账。收到银行盖章退回的进账单一联。款项银行已收妥。

（14）收到现金股利 30 000 元，已存入银行，确认为投资收益。

（15）公司出售一台不需用设备，收到价款 300 000 元。该设备原价 400 000 元，已计提折旧 150 000 元。该项设备已由购入单位运走。

（16）归还短期借款本金 250 000 元，利息 12 500 元，已预提。

（17）提取现金 500 000 元，准备发放工资。

（18）支付工资 500 000 元，其中包括支付给在建工程人员的工资 200 000 元。

（19）分配应支付的职工工资 300 000 元（不包括在建工程负担的工资），其中生产人员工资 275 000 元，车间管理人员工资 10 000 元；行政管理部门人员工资 15 000 元。

（20）基本生产领用原材料，直接用于产品生产的原材料成本 735 000 元，间接用于产品生产的原材料成本 25 000 元；领用低值易耗品，实际成本 50 000 元，采用一次摊销法摊销。

（21）摊销无形资产 60 000 元。

（22）计提固定资产折旧 100 000 元，其中计入制造费用 80 000 元，管理费用20 000 元。

　　（23）收到应收账款 51 000 元，存入银行。

　　（24）用银行存款支付产品展览费 10 000 元。

　　（25）计算并结转本期完工产品成本 1 152 500 元。

　　（26）用银行存款支付广告费 10 000 元。

　　（27）公司采用商业承兑汇票结算方式销售产品一批，价款 250 000 元，增值税税额为 40 000 元，收到面值为 290 000 元的商业承兑汇票 1 张。产品实际成本 150 000 元。

　　（28）公司将上述承兑汇票到银行办理贴现，贴现利息为 20 000 元。

　　（29）从银行提取现金 50 000 元。

　　（30）用库存现金支付职工住院费 50 000 元。

　　（31）公司本期产品销售应交纳的教育费附加为 2 000 元。

　　（32）用银行存款交纳增值税 100 000 元，教育费附加 2 000 元。

　　（33）结转本期产品销售成本 750 000 元。

　　（34）计算应交所得税 106 200 元。

　　（35）用银行存款偿还长期借款 1 000 000 元。

　　（36）用银行存款交纳所得税 106 200 元。

　　（二）根据上述资料编制会计分录

1. 借：应付票据 　　　　　　　　　　　　　　　　　　　　100 000
　　　贷：银行存款 　　　　　　　　　　　　　　　　　　　　　100 000

2. 借：在途物资 　　　　　　　　　　　　　　　　　　　　150 000
　　　应交税费——应交增值税（进项税额）　　　　　　　　24 000
　　　贷：银行存款 　　　　　　　　　　　　　　　　　　　　　174 000

3. 借：原材料 　　　　　　　　　　　　　　　　　　　　　100 000
　　　贷：在途物资 　　　　　　　　　　　　　　　　　　　　　100 000

4. 借：原材料 　　　　　　　　　　　　　　　　　　　　　 99 800
　　　银行存款 　　　　　　　　　　　　　　　　　　　　　　 234
　　　应交税费——应交增值税（进项税额）　　　　　　　　15 968
　　　贷：其他货币资金 　　　　　　　　　　　　　　　　　　　116 002

5. 借：应收账款 　　　　　　　　　　　　　　　　　　　　348 000
　　　贷：主营业务收入 　　　　　　　　　　　　　　　　　　　300 000
　　　　应交税费——应交增值税（销项税额）　　　　　　　　48 000

6. 借：银行存款 　　　　　　　　　　　　　　　　　　　　 16 500
　　　贷：交易性金融资产 　　　　　　　　　　　　　　　　　　 15 000
　　　　投资收益 　　　　　　　　　　　　　　　　　　　　　 1 500

7. 借：固定资产 　　　　　　　　　　　　　　　　　　　　 86 370
　　　应交税费——应交增值税（进项税额）　　　　　　　　13 775
　　　贷：银行存款 　　　　　　　　　　　　　　　　　　　　　100 145

8. 借：在建工程 200 000
　　贷：应付职工薪酬 200 000
9. 借：在建工程 11 500
　　贷：应付利息 11 500
10. 借：固定资产清理 20 000
　　累计折旧 180 000
　　贷：固定资产 200 000
　借：固定资产清理 500
　　贷：银行存款 500
　借：银行存款 800
　　贷：固定资产清理 800
　借：资产处置收益——固定资产处置净收益 19 700
　　贷：固定资产清理 19 700
11. 借：银行存款 400 000
　　贷：长期借款 400 000
12. 借：银行存款 812 000
　　贷：主营业务收入 700 000
　　　应交税费——应交增值税（销项税额） 112 000
13. 借：银行存款 200 000
　　贷：应收票据 200 000
14. 借：银行存款 30 000
　　贷：投资收益 30 000
15. 借：固定资产清理 250 000
　　累计折旧 150 000
　　贷：固定资产 400 000
　借：银行存款 300 000
　　贷：固定资产清理 300 000
　借：固定资产清理 50 000
　　贷：资产处置收益——固定资产处置净收益 50 000
16. 借：短期借款 250 000
　　应付利息 12 500
　　贷：银行存款 262 500
17. 借：库存现金 500 000
　　贷：银行存款 500 000
18. 借：应付职工薪酬 500 000
　　贷：库存现金 500 000
19. 借：生产成本 275 000

	制造费用	10 000
	管理费用	15 000
	贷：应付职工薪酬	300 000
20.	借：生产成本	735 000
	制造费用	2 500
	贷：原材料	737 500
	借：制造费用	50 000
	贷：低值易耗品	50 000
21.	借：管理费用——无形资产摊销	60 000
	贷：累计摊销	60 000
22.	借：制造费用——折旧费	80 000
	管理费用——折旧费	20 000
	贷：累计折旧	100 000
23.	借：银行存款	51 000
	贷：应收账款	51 000
24.	借：销售费用	10 000
	贷：银行存款	10 000
25.	借：生产成本	142 500
	贷：制造费用	142 500
	借：库存商品	1 152 500
	贷：生产成本	1 152 500
26.	借：销售费用——广告费	10 000
	贷：银行存款	10 000
27.	借：应收票据	290 000
	贷：主营业务收入	250 000
	应交税费——应交增值税（销项税额）	40 000
28.	借：财务费用	20 000
	银行存款	272 500
	贷：应收票据	292 500
29.	借：库存现金	50 000
	贷：银行存款	50 000
30.	借：应付职工薪酬	50 000
	贷：库存现金	50 000
31.	借：税金及附加	2 000
	贷：应交税费——应交教育费附加	2 000
32.	借：应交税费——应交增值税（已交税金）	100 000
	——应交教育费附加	2 000

```
          贷：银行存款                                      102 000
33. 借：主营业务成本                           750 000
          贷：库存商品                                      750 000
34. 本年应交所得税：424 800 × 25% = 106 200（元）
    借：所得税费用                              106 200
          贷：应交税费——应交所得税                        106 200
35. 借：长期借款                             1 000 000
          贷：银行存款                                    1 000 000
36. 借：应交税费——应交所得税                 106 200
          贷：银行存款                                      106 200
```

（三）根据上述资料，2018 年 12 月 31 日的账户余额表如表 12 - 4 所示。

表 12 - 4　　　　　　　　　　　　账户余额表　　　　　　　　　　　　单位：元

账户名称	借方余额	账户名称	贷方余额
库存现金	2 000	短期借款	50 000
银行存款	952 334	应付票据	100 000
其他货币资金	7 300	应付账款	953 800
交易性金融资产	0	其他应付款	50 000
应收票据	46 000	应付职工薪酬	60 000
应收账款	600 000	应交税费	92 034
坏账准备	-900	应付股利	
预付账款	200 000	应付利息	0
其他应收款	5 000	长期借款	1 000 000
在途物资	311 950	其中：一年内到期的长期负债	0
原材料	12 300	股本	5 000 000
包装物	38 050	盈余公积	100 000
低值易耗品	0	利润分配——未分配利润	50 000
库存商品	2 082 500	主营业务收入	1 250 000
长期股权投资	250 000	主营业务成本	-750 000
固定资产	986 400	税金及附加	-2 000
累计折旧	-170 000	销售费用	-20 000
在建工程	1 711 500	管理费用	-95 000
无形资产	980 000	财务费用	-20 000
累计摊销	-240 000	投资收益	31 500
		资产处置收益	30 300
		所得税费用	-106 200
合计	7 774 434	合计	7 774 434

（四）编制比较资产负债表（见表 12－5）。

表 12－5　　　　　　　　　　　　　资产负债表

会企 01 表

编制单位：××公司　　　　　　　2018 年 12 月 31 日　　　　　　单位：元

资　产	期末余额	年初余额	负债和所有者权益（或股东权益）	期末余额	年初余额
流动资产：			流动负债：		
货币资金	952 487	1 406 300	短期借款	50 000	300 000
交易性金融资产		15 000	交易性金融负债		
衍生金融资产			衍生金融负债		
应收票据及应收账款	645 100	545 100	应付票据及应付账款	1053 800	1 153 800
预付款项	200 000	200 000	预收款项		
其他应收款	5 000	5 000	合同负债		
存货	2 444 800	2 580 000	应付职工薪酬	60 000	110 000
合同资产			应交税费	92 034	36 600
持有待售资产			其他应付款	50 000	51 000
一年内到期的非流动资产			持有待售负债		
其他流动资产			一年内到期的非流动负债		1 000 000
			其他流动负债		
流动资产合计	4 256 534		流动负债合计	1 305 834	2 651 400
非流动资产：			非流动负债：		
债权投资			长期借款	1 000 000	600 000
其他债权投资			应付债券		
长期应收款			长期应付款		
长期股权投资	250 000	250 000	专项应付款		
投资性房地产			预计负债		
固定资产	816 370	1 100 000	递延所得税负债		
在建工程	1 711 500	1 500 000	其他非流动负债		
无形资产	740 000	800 000	非流动负债合计		
开发支出			负债合计	2 305 834	3 251 400
商誉			所有者权益（或股东权益）：		
长期待摊费用			实收资本（或股本）	5 000 000	5 000 000
递延所得税资产			其他权益工具		
			资本公积		
其他非流动资产			减：库存股		
非流动资产合计	3 517 900		其他综合收益		
			盈余公积	100 000	100 000
			未分配利润	368 600	50 000
			所有者权益（或股东权益）合计	5 468 600	5 150 000
资产总计	7 774 434	8 401 400	负债和所有者权益（或股东权益）总计	7 774 434	8 401 400

第三节　利润表

一、利润表的含义及理论基础

利润表又称收益表或损益表，是指反映企业在一定会计期间的经营成果的会计报表。利润表反映的经营成果是企业一定会计期间的所有收入与所有费用相配比而形成的净收益（收入、费用概念在此是广义的概念），这是重要的财务信息。因而它是一种动态报表。利润表必须按月、年编制，对外报送。

> **【知识专栏 12 - 4】**
>
> ### 利润的性质
>
> 目前关于会计的利润即收益的概念，比较流行的观点主要有两种：收入费用观和资产负债观。
>
> 根据收入费用观，利润就是企业收入和费用配比的结果，即把特定时期内相关联的收入和费用进行比较，如果收入大于费用即为利润，反之即为亏损。
>
> 根据资产负债观，利润就是企业在某一期间内净资产的变动额，即企业在投入资本得到保全的前提下其资产的净增加额。

利润表的理论基础是"收入 - 费用 = 利润"这一会计等式。换言之，利润表是"收入 - 费用 = 利润"这一会计等式的扩展或具体表现，是根据"收入 - 费用 = 利润"这一会计等式，依照规定项目和项目顺序，对企业某一会计期间的收入、费用和利润予以适当排列，以反映企业在一定会计期间的经营成果的会计报表。

利用利润表可以评价一个企业的经营成果和投资效率，分析企业的盈利能力，以及预测未来一定时期内的盈利趋势。

二、利润表的格式

利润表的基本结构，总的说来是净利润计算公式的表格化。目前国际上通行的格式主要有多步式和单步式两种。

多步式利润表是指按企业最终损益（收益）形成的主要环节，依次分步计算，最终得出损益（收益）的表达式。其优点是，能全面反映企业损益及其构成项目的形成情况，便于不同企业之间进行比较，更重要的是有助于正确评估企业管理业绩和预测未来收益及盈利能力。

我国《企业会计准则第 30 号——财务报表列报》规定，企业应采用多步式利润表。编制多步式利润表分以下三个步骤：

第一步：计算营业利润：

营业利润＝营业收入－营业成本－税金及附加－销售费用－管理费用－财务费用－资产减值损失＋公允价值变动收益＋投资收益＋资产处置收益＋其他收益

第二步：计算利润总额：

利润总额＝营业利润＋营业外收入－营业外支出

第三步：计算净利润：

净利润＝利润总额－所得税费用

多步式利润表的格式如表12－6所示。

表12－6　　　　　　　　　　　　　　　　利润表

会企02表

编制单位：　　　　　　　　　　_____年_____月　　　　　　　　　　单位：元

项目	本期金额	上期金额
一、营业收入		
减：营业成本		
税金及附加		
销售费用		
管理费用		
研发费用		
财务费用		
其中：利息费用		
利息收入		
资产减值损失		
信用减值损失		
加：其他收益		
投资收益（损失以"－"号填列）		
其中：对联营企业和合营企业的投资收益		
公允价值变动收益（损失以"－"号填列）		
资产处置收益（损失以"－"号填列）		
二、营业利润（亏损以"－"号填列）		
加：营业外收入		
减：营业外支出		
其中：非流动资产处置损失		
三、利润总额（亏损总额以"－"号填列）		
减：所得税费用		
四、净利润（净亏损以"－"号填列）		
（一）持续经营净利润（净亏损以"－"号填列）		
（二）终止经营净利润（净亏损以"－"号填列）		
五、其他综合收益的税后净额		
六、综合收益总额		
七、每股收益		
（一）基本每股收益		
（二）稀释每股收益		

单步式利润表是指通过全部收入和全部费用相对比，一次计算求得最终损益（收益）的表达式。这种格式比较简单，便于编制，但不便于分析企业利润的构成情况。

三、利润表列报的具体要求

我国《企业会计准则第 30 号——财务报表列报》规定了利润表列报的具体要求：

1. 费用应当按照功能分类，分为从事经营业务发生的成本、管理费用、销售费用和财务费用等。

2. 利润表至少应当单独列示反映下列信息的项目：（1）营业收入；（2）营业成本；（3）营业税金；（4）管理费用；（5）销售费用；（6）财务费用；（7）投资收益；（8）公允价值变动损益；（9）资产减值损失；（10）非流动资产处置损益；（11）所得税费用；（12）净利润；（13）其他综合收益各项目分别扣除所得税影响后的净额；（14）综合收益总额。

综合收益，是指企业在某一期间除与所有者以其所有者身份进行的交易之外的其他交易或事项所引起的所有者权益变动。综合收益总额项目反映净利润和其他综合收益扣除所得税影响后的净额相加后的合计金额。

其他综合收益，是指企业根据其他会计准则规定未在当期损益中确认的各项利得和损失。

四、利润表的编制

（一）利润表项目的简要说明

1. "营业收入"项目，反映企业经营主要业务和其他业务所确认的收入总额。

2. "营业成本"项目，反映企业经营主要业务和其他业务发生的实际成本总额。

"税金及附加"项目，反映企业经营业务应负担的消费税、城市维护建设税、资源税、房产税、土地使用税、车船使用税、印花税、教育费附加等相关税费。

"销售费用"项目，反映企业在销售商品过程中发生的包装费、广告费等费用，以及为销售本企业商品而专设的销售机构的职工薪酬、业务费等经营费用。

"管理费用"项目，反映企业为组织和管理生产经营发生的管理费用。

"财务费用"项目，反映企业为筹集生产经营所需资金等而发生的筹资费用。

"资产减值损失"项目，反映企业各项资产发生的减值损失。

3. "公允价值变动收益"项目，反映企业交易性金融资产、交易性金融负债，以及采用公允价值模式计量的投资性房地产等公允价值变动形成的应计入当期损益的利得或损失。

"投资收益"项目，反映企业以各种方式对外投资所取得的收益。其中，"对联营企业和合营企业的投资收益"项目，反映采用权益法核算的对联营企业和合营企业投资在被投资单位实现的净损益中应享有的份额（不包括处置投资形成的收益）。

4. "营业外收入""营业外支出"项目，反映企业发生的与其经营活动无直接关系的各项收入和支出。其中，处置非流动资产损失应当单独列示。

5．"所得税费用"项目，反映企业根据所得税准则确认的应从当期利润总额中扣除的所得税费用。

6．"基本每股收益"和"稀释每股收益"项目，应当反映根据每股收益准则的规定计算的金额。

（二）编制方法

编制一般企业利润表时，各报表项目的填列方法如下：

1．"营业收入"项目根据"主营业务收入"和"其他业务收入"账户当期贷方累计发生额减去借方累计发生额后的贷方净额合计数填列。

2．"营业成本"项目根据"主营业务成本"和"其他业务成本"账户当期借方累计发生额减去贷方累计发生额后的借方净额合计数填列。

3．"税金及附加"项目根据"税金及附加"账户当期借方发生净额填列。

4．"销售费用"项目根据"销售费用"账户当期借方发生净额填列。

5．"管理费用"项目根据"管理费用"账户当期借方发生净额填列。

6．"财务费用"项目根据"财务费用"账户当期借方累计发生额减去贷方累计发生额后的借方净额填列。

7．"资产减值损失"项目根据"资产减值损失"账户当期借方累计发生额减去贷方累计发生额后的借方净额填列。

8．"公允价值变动收益"项目根据"公允价值变动收益"账户当期贷方累计发生额减去借方累计发生额后的贷方净额填列。如果出现公允价值变动损失（即计算出的为借方净额），应以负数表示。

9．"投资收益"项目根据"投资收益"账户当期贷方累计发生额减去借方累计发生额后的贷方净额填列。如果出现投资净损失（即计算出的为借方净额），应以负数表示。

10．"营业外收入"项目根据"营业外收入"账户当期贷方发生净额填列。

11．"营业外支出"项目根据"营业外支出"账户当期借方发生净额填列。

12．"所得税费用"项目根据"所得税费用"账户当期借方发生净额填列。

13．"基本每股收益"和"稀释每股收益"项目，应当根据每股收益准则的规定计算填列。

五、利润表的编制举例

☺【例 12 - 2】

（一）根据上节资产负债表编制举例的资料，该公司 20×× 年度有关损益类账户的资料如表 12 - 7 所示。

表 12 - 7　　　　　损益类账户发生额　　　　　单位：元

账户名称	借方发生额	贷方发生额
主营业务收入		1 250 000
主营业务成本	750 000	

续表

账户名称	借方发生额	贷方发生额
税金及附加	2 000	
销售费用	20 000	
管理费用	95 000	
财务费用	20 000	
投资收益		31 500
资产处置收益		30 300
所得税费用	106 200	

（二）根据上述资料，编制利润表如表12－8所示。

表12－8　　　　　　　　　　　利润表

会企02表

编制单位：　　　　　　　　　　2018年　　　　　　　　　　单位：元

项目	本年金额	上年金额（略）
一、营业收入	1 250 000	
减：营业成本	750 000	
税金及附加	2 000	
销售费用	20 000	
管理费用	95 000	
研发费用		
财务费用	20 000	
资产减值损失		
加：其他收益		
公允价值变动收益（损失以"－"号填列）	31 500	
投资收益（损失以"－"号填列）		
资产处置收益（损失以"－"号填列）	30 300	
二、营业利润（亏损以"－"号填列）	424 800	
加：营业外收入		
减：营业外支出		
其中：非流动资产处置损失		
三、利润总额（亏损总额以"－"号填列）	424 800	
减：所得税费用	106 200	
四、净利润（净亏损以"－"号填列）	318 600	
五、其他综合收益扣除所得税影响后的净额		
六、综合收益总额	318 600	
七、每股收益：		
（一）基本每股收益	0.06	
（二）稀释每股收益		

【知识专栏 12 -5】

1340 年左右的意大利热那亚的会计账簿闻名世界。……意大利商人的总公司要求分店（代理店）定期结账（通常是每年结一次），……编制了损益表和资产负债表，以便于分配利润。这一结论是从现存于世的达蒂尼商会和银行的出色簿记记录中得出的。14 世纪马尔科·达蒂尼商会巴塞罗那办事处的余额表和损益表（1399 年）是迄今仍有魅力的古代文件。

名为《1673 年 3 月的条例》的《萨瓦里法典》（法国人雅克·萨瓦里制定）规定应保存会计账簿，涉及整个商业。……根据《萨瓦里法典》，在法案公布以后 6 个月内，所有的批发商和零售商应编制财产目录表，以后每两年应编制一次财产目录表。财产目录表是标明日期并署名的资产负债表的基础。利润通过比较两张资产负债表决出。

第四节　现金流量表

一、现金流量表概述

（一）现金流量表的含义与作用

现金流量表是反映企业在一定会计期间的现金和现金等价物流入和流出情况的报表。编制现金流量表的目的是为财务报表使用者提供企业在一定会计期间现金和现金等价物流入和流出的信息，其作用主要表现为以下几个方面：

1. 现金流量表提供的现金流量信息有助于评价企业产生现金和现金等价物的能力，有助于评价企业支付能力、偿债能力和周转能力，有助于财务报表使用者设计决策模型，以评价和比较不同企业未来现金流量的现值，并据以作出相关决策。

2. 现金流量表提供的现金流量信息可提高不同企业所报告的经营业绩的可比性，有助于分析企业收益质量及影响现金净流量的因素。因为它消除了不同企业对同样交易和事项采用不同的会计处理方法所造成的影响。

3. 现金流量表按活动分类来提供现金流量信息，不仅有助于财务报表使用者评价相应活动对企业财务状况及现金和现金等价物金额的影响，同时还有助于评价这些活动之间的相互关系。

4. 现金流量表虽然提供的是企业过去的现金流量信息，但它有助于预测企业未来现金流量。

5. 现金流量表提供的信息与其他财务报表提供的信息结合起来，将给信息使用者提供评价企业净资产变动情况、评价企业的财务结构（包括其资产流动性和偿债能力），以及企业为适应外部经济环境变化而对现金流量的金额和确定性进行调整的能力。

（二）现金及现金等价物

现金流量表中提及的现金是广义的现金概念，它包括库存现金、可以随时用于支付的存款以及现金等价物。现金及现金等价物就构成了现金流量表的编制基础。

在市场经济条件下，作为支付手段，现金经常被视做企业的血液，企业的现金流转情况在很大程度上影响着企业的生存和发展。

在西方，现金是个广义的概念，包括企业的库存现金和银行活期存款。在我国，作为《企业会计准则第 31 号——现金流量表》核心概念之一的现金也是个广义的概念。该准则规定，现金是指企业库存现金以及可以随时用于支付的存款。不能随时用于支付的存款不属于现金。它包括库存现金、银行存款和其他货币资金，与资产负债表中的货币资金基本一致。其中，库存现金指的是企业持有的、可随时用于支付的现金，亦即"库存现金"账户核算的现金（即狭义的现金）；银行存款指的是企业存放在金融机构、随时可用于支付的存款（如结算户存款、通知存款等），它与"银行存款"账户核算的银行存款基本一致；其他货币资金指的是企业存放在金融机构有特定用途的资金，亦即"其他货币资金"账户核算的银行存款，如银行汇票存款、银行本票存款、外埠存款、信用证保证金存款、存出投资款等。

在西方，那些能直接变现或快速变现的一些短期投资，在资本市场上几乎可等同于现金使用。在会计上，将这部分短期投资称为"现金等价物"。

在我国，作为《企业会计准则第 31 号——现金流量表》核心概念之二的现金等价物是指企业持有的期限短、流动性强、易于转换为已知金额现金、价值变动风险很小的投资。期限短，一般是指从购买日起三个月内到期。现金等价物通常包括三个月内到期的债券投资等。权益性投资变现的金额通常不确定，因而不属于现金等价物。现金等价物虽然不是现金，但其支付能力与现金差别不大，可视为现金。企业应当根据具体情况，确定现金等价物的范围，一经确定不得随意变更。

本节内容提及现金时，除非同时提及现金等价物，均包括现金和现金等价物。

（三）现金流量的分类

现金流量是指一定会计期间内现金和现金等价物的流入和流出。通常按照企业经营业务发生的性质将企业在一定期间内产生的现金流量分为三类：投资活动产生的现金流量、筹资活动产生的现金流量和经营活动产生的现金流量。

1. 投资活动产生的现金流量。投资活动是指企业长期资产的购建和不包括在现金等价物范围的投资（因为已经将包括在现金等价物范围内的投资视为现金，所以将之排除在外）及其处置活动。投资活动主要包括取得和收回投资、购建和处置固定资产、无形资产和其他长期资产等。长期资产是指固定资产、在建工程、无形资产、其他资产等持有期限在一年或一个营业周期以上的资产。由于现金等价物已经包含在广义的现金之中，有关现金等价物的购买或出售等行为，均不包括在投资活动之中。

投资活动产生的现金流量包括：收回投资收到的现金；取得投资收益收到的现金；处置固定资产、无形资产和其他长期资产收回的现金净额；处置子公司及其他营业单位收到的现金净额；购建固定资产、无形资产和其他长期资产支付的现金；投资支付的现金；取得子公司及其他营业单位支付的现金净额；等等。

2. 筹资活动产生的现金流量。筹资活动是指导致企业资本及债务规模和构成发生变化的活动，包括吸收投资、发行股票、分配利润等。

筹资活动产生的现金流量包括：吸收投资收到的现金；取得借款收到的现金；偿还债务支付的现金；分配股利、利润或偿付利息支付的现金；等等。

3. 经营活动产生的现金流量。经营活动是指企业投资活动和筹资活动以外的所有交易和事项。就工商企业来说，经营活动主要包括：销售商品、提供劳务、经营租赁、购买商品、接受劳务、广告宣传、推销产品、交纳税款等。各类企业由于行业特点不同，对经营活动的认定也存在一定差异，因此在编制现金流量表时，应根据企业的实际情况，对现金流量进行合理的归类。

经营活动产生的现金流量有：销售商品、提供劳务收到的现金；收到的税费返还；收到其他与经营活动有关的现金；购买商品、接受劳务支付的现金；支付给职工以及为职工支付的现金；支付的各项税费；等等。

二、现金流量表及其附注披露的格式

我国《企业会计准则第 31 号——现金流量表》应用指南规定了企业现金流量表及其附注披露的格式。

（一）现金流量表的格式

一般企业现金流量表格式如表 12 - 9 所示。

表 12 - 9 现金流量表

会企 03 表

编制单位： _____年_____月 单位：元

项目	本期金额	上期金额
一、经营活动产生的现金流量		
销售商品、提供劳务收到的现金		
收到的税费返还		
收到其他与经营活动有关的现金		
经营活动现金流入小计		
购买商品、接受劳务支付的现金		
支付给职工以及为职工支付的现金		
支付的各项税费		
支付其他与经营活动有关的现金		
经营活动现金流出小计		
经营活动产生的现金流量净额		
二、投资活动产生的现金流量		
收回投资收到的现金		

项目	本期金额	上期金额
取得投资收益收到的现金		
处置固定资产、无形资产和其他长期资产收回的现金净额		
处置子公司及其他营业单位收到的现金净额		
收到其他与投资活动有关的现金		
投资活动现金流入小计		
购建固定资产、无形资产和其他长期资产支付的现金		
投资支付的现金		
取得子公司及其他营业单位支付的现金净额		
支付其他与投资活动有关的现金		
投资活动现金流出小计		
投资活动产生的现金流量净额		
三、筹资活动产生的现金流量		
吸收投资收到的现金		
取得借款收到的现金		
收到其他与筹资活动有关的现金		
筹资活动现金流入小计		
偿还债务支付的现金		
分配股利、利润或偿付利息支付的现金		
支付其他与筹资活动有关的现金		
筹资活动现金流出小计		
筹资活动产生的现金流量净额		
四、汇率变动对现金及现金等价物的影响		
五、现金及现金等价物净增加额		
加：期初现金及现金等价物余额		
六、期末现金及现金等价物余额		

（二）现金流量表附注披露格式

1. 现金流量表补充资料披露格式。企业应当采用间接法在现金流量表附注中披露将净利润调节为经营活动现金流量的信息。现金流量表补充资料披露格式如表 12 – 10 所示。

表 12 – 10 　　　　　　　　　　现金流量表补充资料

补充资料	本期金额	上期金额
1. 将净利润调节为经营活动现金流量：		
净利润		
加：资产减值准备		

补充资料	本期金额	上期金额
固定资产折旧、油气资产折耗、生产性生物资产折旧		
无形资产摊销		
长期待摊费用摊销		
处置固定资产、无形资产和其他长期资产的损失（收益以"－"号填列）		
固定资产报废损失（收益以"－"号填列）		
公允价值变动损失（收益以"－"号填列）		
财务费用（收益以"－"号填列）		
投资损失（收益以"－"号填列）		
递延所得税资产减少（增加以"－"号填列）		
递延所得税负债增加（减少以"－"号填列）		
存货的减少（增加以"－"号填列）		
经营性应收项目的减少（增加以"－"号填列）		
经营性应付项目的增加（减少以"－"号填列）		
其他		
经营活动产生的现金流量净额		
2. 不涉及现金收支的重大投资和筹资活动：		
债务转为资本		
一年内到期的可转换公司债券		
融资租入固定资产		
3. 现金及现金等价物净变动情况：		
现金的期末余额		
减：现金的期初余额		
加：现金等价物的期末余额		
减：现金等价物的期初余额		
现金及现金等价物净增加额		

2. 企业应当按下列格式（见表 12-11）披露当期取得或处置子公司及其他营业单位的有关信息。

表 12-11　　　　取得或处置子公司及其他营业单位有关信息的披露格式

项目	金额
一、取得子公司及其他营业单位的有关信息	
1. 取得子公司及其他营业单位的价格	
2. 取得子公司及其他营业单位支付的现金和现金等价物	
减：子公司及其他营业单位持有的现金和现金等价物	
3. 取得子公司及其他营业单位支付的现金净额	

项目	金额
4. 取得子公司的净资产	
流动资产	
非流动资产	
流动负债	
非流动负债	
二、处置子公司及其他营业单位的有关信息	
1. 处置子公司及其他营业单位的价格	
2. 处置子公司及其他营业单位收到的现金和现金等价物	
减：子公司及其他营业单位持有的现金和现金等价物	
3. 处置子公司及其他营业单位收到的现金净额	
4. 处置子公司的净资产流动资产	
流动资产	
非流动资产	
流动负债	
非流动负债	

3. 现金和现金等价物的披露格式如表 12 – 12 所示。

表 12 – 12   现金和现金等价物的披露格式

项目	本期金额	上期金额
一、现金		
其中：库存现金		
可随时用于支付的银行存款		
可随时用于支付的其他货币资金		
二、现金等价物		
其中：三个月内到期的债券投资		
三、期末现金及现金等价物余额		
其中：母公司或集团内子公司使用受限制的现金和现金等价物		

  需要注意的是现金流量表中相关项目间的勾稽关系。正表第一项经营活动产生的现金流量净额应等于补充资料第一项经营活动产生的现金流量净额；正表第五项现金及现金等价物净增加额应等于补充资料第三项中的现金及现金等价物净增加额，尽管它们的计算依据不同：正表的数字是流入与流出的差额，补充资料中的数字是期末数与期初数的差额。

三、现金流量表列报的具体要求

  我国《企业会计准则第 31 号——现金流量表》规定了现金流量表列报的具体要求。

1. 现金流量表应当分别经营活动、投资活动和筹资活动列报现金流量。企业应当采用直接法列示经营活动产生的现金流量。直接法，是指通过现金收入和现金支出的主要类别列示经营活动的现金流量。经营活动产生的现金流量至少应当单独列示反映下列信息的项目：销售商品、提供劳务收到的现金；收到的税费返还；收到其他与经营活动有关的现金；购买商品、接受劳务支付的现金；支付给职工以及为职工支付的现金；支付的各项税费；支付其他与经营活动有关的现金。

投资活动产生的现金流量至少应当单独列示反映下列信息的项目：收回投资收到的现金；取得投资收益收到的现金；处置固定资产、无形资产和其他长期资产收回的现金净额；处置子公司及其他营业单位收到的现金净额；收到其他与投资活动有关的现金；购建固定资产、无形资产和其他长期资产支付的现金；投资支付的现金；取得子公司及其他营业单位支付的现金净额；支付其他与投资活动有关的现金。

筹资活动产生的现金流量至少应当单独列示反映下列信息的项目：吸收投资收到的现金；取得借款收到的现金；收到其他与筹资活动有关的现金；偿还债务支付的现金；分配股利、利润或偿付利息支付的现金；支付其他与筹资活动有关的现金。

2. 现金流量应当分别按照现金流入和现金流出总额列报。但是，下列各项可以按照净额列报：

（1）代客户收取或支付的现金。

（2）周转快、金额大、期限短项目的现金流入和现金流出。

（3）金融企业的有关项目，包括短期贷款发放与收回的贷款本金、活期存款的吸收与支付、同业存款和存放同业款项的存取、向其他金融企业拆借资金，以及证券的买入与卖出等。

3. 自然灾害损失、保险索赔等特殊项目，应当根据其性质，分别归并到经营活动、投资活动和筹资活动现金流量类别中单独列报。

4. 外币现金流量以及境外子公司的现金流量，应当采用现金流量发生日的即期汇率，或按照系统合理的方法确定的、与现金流量发生日即期汇率近似的汇率折算。汇率变动对现金的影响额应当作为调节项目，在现金流量表中单独列报。

5. 披露。

（1）企业应当在附注中披露将净利润调节为经营活动现金流量的信息。

（2）企业应当在附注中披露不涉及当期现金收支，但影响企业财务状况或在未来可能影响企业现金流量的重大投资和筹资活动。

（3）企业应当在附注中披露的其他信息。

四、现金流量表的编制

（一）现金流量表项目的简要说明

1. 经营活动产生的现金流量各项目的内容。

（1）"销售商品、提供劳务收到的现金"项目，反映企业本期销售商品、提供劳务收到的现金，以及前期销售商品、提供劳务本期收到的现金（包括销售收入和应向购买者收取的增值税销项税额）和本期预收的款项，减去本期销售、本期退回商品和前期销售、本期退回商品支付的现金。企业销售材料和代购代销业务收到的现金也在本项目反映。

（2）"收到的税费返还"项目，反映企业收到返还的所得税、增值税、营业税、消费税、关税和教育费附加等各种税费返还款。

（3）"收到其他与经营活动有关的现金"项目，反映企业经营租赁收到的租金等其他与经营活动有关的现金流入，金额较大的应当单独列示。

（4）"购买商品、接受劳务支付的现金"项目，反映企业本期购买商品、接受劳务实际支付的现金（包括增值税进项税额），以及本期支付前期购买商品、接受劳务的未付款项和本期预付款项，减去本期发生的购货退回收到的现金。企业购买材料和代购代销业务支付的现金也在本项目反映。

（5）"支付给职工以及为职工支付的现金"项目，反映企业本期实际支付给职工的工资、奖金、各种津贴和补贴等职工薪酬（包括代扣代缴的职工个人所得税）。

（6）"支付的各项税费"项目，反映企业本期发生并支付、以前各期发生本期支付以及预交的各项税费，包括所得税、增值税、营业税、消费税、印花税、房产税、土地增值税、车船使用税、教育费附加等。

（7）"支付其他与经营活动有关的现金"项目，反映企业经营租赁支付的租金、支付的差旅费、业务招待费、保险费、罚款支出等其他与经营活动有关的现金流出，金额较大的应当单独列示。

2. 投资活动产生的现金流量各项目的内容。

（1）"收回投资收到的现金"项目，反映企业出售、转让或到期收回除现金等价物以外的对其他企业的权益工具、债务工具和合营中的权益。

（2）"取得投资收益收到的现金"项目，反映企业除现金等价物以外的对其他企业的权益工具、债务工具和合营中的权益投资分回的现金股利和利息等。

（3）"处置固定资产、无形资产和其他长期资产收回的现金净额"项目，反映企业出售、报废固定资产、无形资产和其他长期资产所取得的现金（包括因资产毁损而收到的保险赔偿收入），减去为处置这些资产而支付的有关费用后的净额。

（4）"处置子公司及其他营业单位收到的现金净额"项目，反映企业处置子公司及其他营业单位所取得的现金减去相关处置费用，以及子公司及其他营业单位持有的现金和现金等价物后的净额。

（5）"购建固定资产、无形资产和其他长期资产支付的现金"项目，反映企业购买、建造固定资产，取得无形资产和其他长期资产所支付的现金（含增值税税款等），以及用现金支付的应由在建工程和无形资产负担的职工薪酬。

（6）"投资支付的现金"项目，反映企业取得除现金等价物以外的对其他企业的权益工具、债务工具和合营中的权益所支付的现金，以及支付的佣金、手续费等附加费用。

（7）"取得子公司及其他营业单位支付的现金净额"项目，反映企业购买子公司及其他营业单位购买出价中以现金支付的部分，减去子公司及其他营业单位持有的现金和现金等价物后的净额。

（8）"收到其他与投资活动有关的现金""支付其他与投资活动有关的现金"项目，反映企业除上述（1）至（7）项目外收到或支付的其他与投资活动有关的现金流入或流出，金额较大的应当单独列示。

3. 筹资活动产生的现金流量各项目的内容。

（1）"吸收投资收到的现金"项目，反映企业以发行股票、债券等方式筹集资金实际收到的款项，减去直接支付给金融企业的佣金、手续费、宣传费、咨询费、印刷费等发行费用后的净额。

（2）"取得借款收到的现金"项目，反映企业举借各种短期、长期借款而收到的现金。

（3）"偿还债务支付的现金"项目，反映企业以现金偿还债务的本金。

（4）"分配股利、利润或偿付利息支付的现金"项目，反映企业实际支付的现金股利、支付给其他投资单位的利润或用现金支付的借款利息、债券利息。

（5）"收到其他与筹资活动有关的现金""支付其他与筹资活动有关的现金"项目，反映企业除上述（1）至（4）项目外，收到或支付的其他与筹资活动有关的现金流入或流出，金额较大的应当单独列示。

4. "汇率变动对现金的影响"项目。"汇率变动对现金的影响"项目反映下列项目之间的差额：

（1）企业外币现金流量折算为记账本位币时，所采用的现金流量发生日的即期汇率或按照系统合理的方法确定的、与现金流量发生日即期汇率近似的汇率折算的金额（编制合并现金流量表时还包括折算境外子公司的现金流量，应当比照处理）；

（2）"现金及现金等价物净增加额"中外币现金净增加额按期末汇率折算的金额。

5. 现金流量表补充资料项目的内容。

（1）"将净利润调节为经营活动的现金流量"项目。

①"资产减值准备"项目，反映企业本期计提的坏账准备、存货跌价准备、长期股权投资减值准备、持有至到期投资减值准备、投资性房地产减值准备、固定资产减值准备、在建工程减值准备、无形资产减值准备、商誉减值准备、生产性生物资产减值准备、油气资产减值准备等资产减值准备。

②"固定资产折旧""油气资产折耗""生产性生物资产折旧"项目，分别反映企业本期计提的固定资产折旧、油气资产折耗、生产性生物资产折旧。

③"无形资产摊销""长期待摊费用摊销"项目，分别反映企业本期计提的无形资产摊销、长期待摊费用摊销。

④"处置固定资产、无形资产和其他长期资产的损失"项目，反映企业本期处置固定资产、无形资产和其他长期资产发生的损失。

⑤"固定资产报废损失"项目，反映企业本期固定资产盘亏发生的损失。

⑥"公允价值变动损失"项目，反映企业持有的采用公允价值计量，且其变动计入

当期损益的金融资产、金融负债等的公允价值变动损益。

⑦"财务费用"项目，反映企业本期发生的应属于投资活动或筹资活动的财务费用。

⑧"投资损失"项目，反映企业本期投资所发生的损失减去收益后的净损失。

⑨"递延所得税资产减少"项目，反映企业资产负债表"递延所得税资产"项目的期初余额与期末余额的差额。

⑩"递延所得税负债增加"项目，反映企业资产负债表"递延所得税负债"项目的期初余额与期末余额的差额。

"存货的减少"项目，反映企业资产负债表"存货"项目的期初余额与期末余额的差额。"经营性应收项目的减少"项目，反映企业本期经营性应收项目（包括应收票据、应收账款、预付款项、长期应收款和其他应收款中与经营活动有关的部分及应收的增值税销项税额等）的期初余额与期末余额的差额。

"经营性应付项目的增加"项目，反映企业本期经营性应付项目（包括应付票据、应付账款、预收款项、应付职工薪酬、应交税费、应付利息、应付股利、长期应付款、其他应付款中与经营活动有关的部分及应付的增值税进项税额等）的期初余额与期末余额的差额。

（2）"不涉及现金收支的重大投资和筹资活动"项目，反映企业一定期间内影响资产或负债但不形成该期现金收支的所有投资和筹资活动的信息：

①"债务转为资本"项目，反映企业本期转为资本的债务金额。

②"一年内到期的可转换公司债券"项目，反映企业一年内到期的可转换公司债券的本息。

③"融资租入固定资产"项目，反映企业本期融资租入固定资产的最低租赁付款额扣除应分期计入利息费用的未确认融资费用的净额。

（3）"现金及现金等价物净增加额"项目与现金流量表中的"现金及现金等价物净增加额"项目的金额应当相等。

（二）经营活动产生的现金流量的列示方法

经营活动产生的现金流量是一项重要的指标，它可以说明企业在不动用外部筹得资金的情况下，通过经营活动产生的现金流量是否足以偿还负债、支付股利和投资。经营活动产生的现金流量可以采用直接法和间接法两种方法列示。

直接法是指通过现金收入和现金支出的主要类别列示经营活动的现金流量。按类别列示经营活动现金流量的各项流入和流出更能体现编制现金流量表的目的，有助于信息使用者预测企业未来的经营活动现金流量，更能提示企业从经营活动中产生足够的现金来偿付其债务的能力、进行再投资的能力以及支付股利的能力。在实务中，一般是以利润表中的营业收入为起算点，调整与经营活动各项目有关的增减变动，然后分别计算出经营活动各类别的现金流量。

间接法是指通过反映将净利润调节为经营活动现金流量的过程，列示经营活动的现金流量。间接法以本期净利润为起算点，调整不涉及现金的收入、费用、营业外收支等有关项目的增减变动，据此计算出经营活动产生的现金流量。采用间接法将净利润调节为经营活动现金流量时，需要调整的项目可分为四大类：（1）实际没有支付现金的费用；（2）实际没有收到现金的收益；（3）不属于经营活动的损益；（4）经营性应收应付项目的增减变动。具体包括：资产减值准备、固定资产折旧、油气资产折耗、生产性生物资产折旧、无形资产摊销、长期待摊费用摊销、处置固定资产、无形资产和其他长期资产损失、固定资产报废损失、公允价值变动损失、财务费用、投资损失、递延所得税资产减少、递延所得税负债增加、存货的减少、经营性应收项目的减少、经营性应付项目的增加、其他。间接法提供的信息有助于分析企业本期净利润与经营活动产生现金流量的差异及其原因，从而可从现金流量角度分析企业净利润的质量。

直接法和间接法既是经营活动产生的现金流量的列示方法，又是经营活动产生的现金流量的计算方法。

（三）现金流量表编制方法

在具体编制现金流量表时，可以采用工作底稿法和 T 形账户法编制，也可以直接根据企业的会计记录分析填列。

1. 工作底稿法。采用工作底稿法编制现金流量表，是以工作底稿为手段，以利润表和资产负债表数据为基础，对每一项目进行分析，并编制调整分录，从而编制出现金流量表。

在直接法下，整个工作底稿纵向分成三段：第一段是资产负债表项目，其中又分为借方项目和贷方项目两部分；第二段是利润表项目；第三段是现金流量表项目。

工作底稿横向分为五栏，在资产负债表部分，第一栏是项目栏，填列资产负债表各项目名称；第二栏是期初数栏，用来填列资产负债表项目的期初数；第三栏是调整分录的借方；第四栏是调整分录的贷方；第五栏是期末数，用来填列资产负债表项目的期末数。

在利润表和现金流量表部分，第一栏也是项目栏，用来填列利润表和现金流量表项目名称；第二栏空置不填；第三、第四栏分别是调整分录的借方和贷方；第五栏是本期数，利润表部分这一栏的数字应和本期利润表数字核对相符，现金流量表部分这一栏的数字可直接用来编制正式的现金流量表。

工作底稿法的程序是：

第一步，将资产负债表的期初数和期末数过入工作底稿的期初数栏和期末数栏。

第二步，对当期业务进行分析，并编制调整分录。

调整分录大体有这样几类：第一类涉及利润表中的收入、成本和费用项目，以及资产负债表中的资产、负债及所有者权益项目，通过调整，将权责发生制下的收入费用转换为现金基础；第二类涉及资产负债表和现金流量表中的投资、筹资项目，反映投资和筹资活动的现金流量；第三类涉及利润表和现金流量表中的投资和筹资项目，目的是将利润表中有关投资和筹资方面的收入和费用列入现金流量表投资和筹资活动的现金流量中去。此外，还有一些调整分录并不涉及现金收支，只是为了核对资产负债表项目的期末数变动。

在调整分录中，有关现金和现金等价物的事项，并不直接借记或贷记现金，而是分别计入"经营活动产生的现金流量""投资活动产生的现金流量""筹资活动产生的现金流量"有关项目，借记表示现金流入，贷记表示现金流出。

第三步，将调整分录过入工作底稿中的相应部分。

第四步，核对调整分录，借贷合计应当相等，资产负债表项目期初数加减调整分录中的借贷金额以后，应当等于期末数。

第五步，根据工作底稿中的现金流量表项目部分，编制正式的现金流量表。

2. T形账户法。T形账户法是以T形账户为手段，以利润表和资产负债表数据为基础，对每一项目进行分析并编制调整分录，从而编制出现金流量表。

采用T形账户法编制现金流量表的程序如下：

第一步，为所有的非现金项目（包括资产负债表项目和利润表项目）分别开设T形账户，并将各自的期末期初变动数过入各该账户。

第二步，开设一个大的"现金及现金等价物"T形账户，每边分为经营活动、投资活动和筹资活动三个部分，左边记现金流入，右边记现金流出。与其他账户一样，过入期末期初变动数。

第三步，以利润表项目为基础，结合资产负债表分析每一个非现金项目的增减变动，并据此编制调整分录。

第四步，将调整分录过入各T形账户，并进行核对，该账户借贷相抵后的余额与原先过入的期末期初变动数应当一致。

第五步，根据大的"现金及现金等价物"T形账户，编制正式的现金流量表。

五、现金流量表编制举例

☻【例12-3】根据表12-5资产负债表和表12-9利润表中的资料，按照工作底稿法编制现金流量表的程序如下：

第一步，将资产负债表的期初数和期末数过入工作底稿的期初数栏和期末数栏。

第二步，对当期业务进行分析并编制调整分录。编制调整分录时，要以利润表项目为基础，从"营业收入"开始，结合资产负债表项目逐一进行分析。本例调整分录如下：

（1）分析调整营业收入：

借：经营活动现金流量——销售商品收到的现金　　　　　　1 350 000

　　应收账款　　　　　　　　　　　　　　　　　　　　　300 000

　贷：营业收入　　　　　　　　　　　　　　　　　　　　　　1 250 000

　　应收票据　　　　　　　　　　　　　　　　　　　　　　　200 000

　　应交税费　　　　　　　　　　　　　　　　　　　　　　　200 000

（2）分析调整营业成本：

借：营业成本　　　　　　　　　　　　　　　　　　　　　750 000

　　应付票据　　　　　　　　　　　　　　　　　　　　　100 000

贷：经营活动现金流量——购买商品支付的现金　　　　　　714 800

　存货　　　　　　　　　　　　　　　　　　　　　　135 200

应付票据减少100 000元，表明本期用于购买存货的现金支出增加100 000元；存货减少135 200元，表明本期消耗的存货中有135 200元是原库存的，即说明购买商品支付的现金应减少了135 200元。

（3）调整本年税金及附加：

借：税金及附加　　　　　　　　　　　　　　　　　　　　2 000

　贷：应交税费　　　　　　　　　　　　　　　　　　　　2 000

（4）计算付现的销售费用：

借：销售费用　　　　　　　　　　　　　　　　　　　　20 000

　贷：经营活动现金流量——支付的其他与经营活动有关的现金　　20 000

本例中利润表中所列销售费用与按现金制确认数相同。

（5）调整管理费用：

借：管理费用　　　　　　　　　　　　　　　　　　　　95 000

　贷：经营活动现金流量——支付的其他与经营活动有关的现金　　95 000

管理费用中包含不涉及现金支出的项目，此笔分录先将管理费用转入经营活动现金流量——支付的其他与经营活动有关的现金，至于不涉及现金支出的项目，再分别进行调整。

（6）分析调整财务费用：

借：财务费用　　　　　　　　　　　　　　　　　　　　20 000

　贷：经营活动现金流量——销售商品收到的现金　　　　　　20 000

本期增加的财务费用20 000元是票据贴现利息，由于在调整应收票据时已全额计入"经营活动现金流量——销售商品收到的现金"，所以要从"经营活动现金流量——销售商品收到的现金"项目中冲回，不能作为现金流出。

（7）分析调整投资收益：

借：投资活动现金流量——取得投资收益收到的现金　　　30 000

　　投资活动现金流量——收回投资收到的现金　　　　　16 500

　贷：投资收益　　　　　　　　　　　　　　　　　　　31 500

　　交易性金融资产　　　　　　　　　　　　　　　　　15 000

投资收益应从利润表项目中调整出来，列入投资活动现金流量中。本例投资收益由两部分组成：一是分得现金股利30 000元，二是出售交易性金融资产获利1 500元。

（8）分析调整所得税费用：

借：所得税费用　　　　　　　　　　　　　　　　　　106 200

　贷：应交税费　　　　　　　　　　　　　　　　　　　106 200

（9）分析调整资产处置收益：

借：投资活动现金流量——处置固定资产收到的现金　　300 300

　　累计折旧　　　　　　　　　　　　　　　　　　　330 000

　　贷：资产处置收益　　　　　　　　　　　　　　　　　　　　　　30 300
　　　　固定资产　　　　　　　　　　　　　　　　　　　　　　　600 000

　　编制现金流量表时，需对资产处置收益进行分析，以列入现金流量表的不同部分。本例中资产处置收益 30 300 元是处置固定资产的利得，处置过程中收到的现金应列入投资活动现金流量中。

　　（10）分析调整固定资产：

　　借：固定资产　　　　　　　　　　　　　　　　　　　　　　　　86 370
　　　　应交税费　　　　　　　　　　　　　　　　　　　　　　　　13 775
　　　　贷：投资活动现金流量——购建固定资产支付的现金　　　　100 145

　　本期固定资产的增加是购入设备，支付 100 145 元。

　　（11）分析调整累计折旧：

　　借：经营活动现金流量——支付其他与经营活动有关的现金　　　20 000
　　　　经营活动现金流量——购买商品支付的现金　　　　　　　　80 000
　　　　贷：累计折旧　　　　　　　　　　　　　　　　　　　　　100 000

　　假设本期计提的折旧 100 000 元中，计入管理费用 20 000 元，计入制造费用 80 000元，应作补充调整。

　　（12）分析调整在建工程：

　　借：在建工程　　　　　　　　　　　　　　　　　　　　　　　211 500
　　　　贷：应付利息　　　　　　　　　　　　　　　　　　　　　 11 500
　　　　　　应付职工薪酬　　　　　　　　　　　　　　　　　　　200 000

　　本期在建工程增加的原因：一是以现金支付工资 200 000 元；二是借款利息资本化11 500 元。

　　（13）分析调整无形资产：

　　借：经营活动现金流量——支付的其他与经营活动有关的现金　　60 000
　　　　贷：无形资产　　　　　　　　　　　　　　　　　　　　　 60 000

　　无形资产摊销时已计入管理费用，所以应作补充调整。

　　（14）分析调整短期借款：

　　借：短期借款　　　　　　　　　　　　　　　　　　　　　　　250 000
　　　　贷：筹资活动现金流量——偿还债务所支付的现金　　　　　250 000

　　偿还短期借款应列入筹资活动的现金流量。

　　（15）分析调整应付职工薪酬：

　　借：应付职工薪酬　　　　　　　　　　　　　　　　　　　　　550 000
　　　　贷：经营活动现金流量——支付给职工以及为职工支付的现金　300 000
　　　　　　　　　　　　　　——支付的其他与经营活动有关的现金　50 000
　　　　　　投资活动现金流量——购建固定资产支付的现金　　　　200 000
　　借：经营活动现金流量——购买商品支付的现金　　　　　　　　285 000
　　　　经营活动现金流量——支付的其他与经营活动有关的现金　　15 000

贷：应付职工薪酬　　　　　　　　　　　　　　　　300 000

（16）分析调整应交税费：

借：应交税费　　　　　　　　　　　　　　　　　248 168

贷：经营活动现金流量——支付各项税费　　　　102 000

经营活动现金流量——支付各项税费　　　　106 200

经营活动现金流量——购买商品支付的现金　　39 968

这里的调整分录，是调整实际以现金交纳的增值税税款、所得税以及购货时支付的增值税进项税额。为便于分析，企业在日常核算中，应按应交税费的种类分设明细账，以便取得分析所需的数据。

（17）分析调整应付利息：

借：应付利息　　　　　　　　　　　　　　　　　12 500

贷：筹资活动现金流量——分配股利、利润或偿付利息支付的现金　　12 500

本期以现金支付利息12 500元。

（18）分析调整长期借款：

借：长期借款　　　　　　　　　　　　　　　　1 000 000

贷：筹资活动现金流量——偿还债务支付的现金　　1 000 000

本期以现金偿还长期借款1 000 000元。

借：筹资活动现金流量——取得借款收到的现金　　400 000

贷：长期借款　　　　　　　　　　　　　　　400 000

本期举借长期借款400 000元。

（19）结转净利润：

借：净利润　　　　　　　　　　　　　　　　　318 600

贷：未分配利润　　　　　　　　　　　　　　318 600

（20）最后调整现金净变化额：

借：现金净减少额　　　　　　　　　　　　　　453 813

贷：货币资金　　　　　　　　　　　　　　　453 813

第三步，将调整分录过入工作底稿的相应部分，具体如表12-13所示。

表12-13　　　　　　　　　现金流量表工作底稿　　　　　　　　单位：元

项目	期初数	调整分录		期末数
		借方	贷方	
一、资产负债表项目				
借方项目：				
货币资金	1 406 300		(20) 453 813	952 487
交易性金融资产	15 000		(7) 15 000	0
应收票据	246 000		(1) 200 000	46 000
应收账款	299 100	(1) 300 000		599 100

续表

项目	期初数	调整分录 借方	调整分录 贷方	期末数
预付款项	200 000			200 000
其他应收款	5 000			5 000
存货	2 580 000		(2) 135 200	2 444 800
长期股权投资	250 000			250 000
固定资产	1 100 000	(9) 330 000 (10) 86 400	(9) 600 000 (11) 100 000	816 370
工程物资	0			0
在建工程	1 500 000	(12) 211 500		1711 500
无形资产	800 000		(13) 60 000	740 000
借方项目合计:	8 401 400			7 765 257
贷方项目:				
短期借款	300 000	(14) 250 000		50 000
应付票据	200 000	(2) 100 000		100 000
应付账款	953 800			953 800
其他应付款	50 000			50 000
应付利息	1 000	(17) 12 500	(12) 11500	0
应付职工薪酬	110 000	(15) 550 000	(12) 200 000 (15) 300 000	60 000
应付股利	0			0
应交税费	36 600	(10) 13 775 (16) 248 168	(1) 200 000 (3) 2 000 (8) 106 200	82 857
长期借款	1 600 000	(18) 1 000 000	(18) 400 000	1 000 000
实收资本	5 000 000			5 000 000
盈余公积	100 000			100 000
未分配利润	50 000		(19) 318 600	368 600
贷方项目合计	8 401 400			7 765 257
二、利润表项目	—			本期数
营业收入			(1) 1 250 000	1 250 000
营业成本		(2) 750 000		750 000
营业税金及附加		(3) 2 000		2 000
销售费用		(4) 20 000		20 000

项目	期初数	调整分录		期末数
		借方	贷方	
管理费用		（5）95 000		95 000
财务费用		（6）20 000		20 000
投资收益			（7）31 500	31 500
资产处置收益			（9）30 300	30 300
所得税费用		（8）106 200		106 200
净利润		（19）318 600		318 600
三、现金流量表项目				
（一）经营活动产生的现金流量				
销售商品、提供劳务收到的现金		（1）1 350 000	（6）20 000	1 330 000
现金收入小计				1 330 000
购买商品、接受劳务支付的现金		（11）80 000 （15）285 000	（2）714 800 （16）39 968	389 768
支付给职工以及为职工支付的现金			（15）300 000	300 000
支付的各项税费			（16）102 000 （16）106 200	208 200
支付其他与经营活动有关的现金		（11）20 000 （13）60 000 （15）15 000	（4）20 000 （15）50 000 （5）95 000	70 000
现金支出小计				967 968
经营活动产生现金流量净额				362 032
（二）投资活动产生的现金流量				
收回投资收到的现金		（7）16 500		16 500
取得投资收益收到的现金		（7）30 000		30 000
处置固定资产、无形资产和其他长期资产收回的现金净额		（9）300 300		300 300
投资活动现金收入小计				346 800
购建固定资产支付的现金			（10）100 145 （15）200 000	300 145
投资活动产生的现金流量净额				46 655
（三）筹资活动产生的现金流量				
取得借款收到的现金		（18）400 000		400 000
现金收入小计				400 000
偿还债务所支付现金			（14）250 000 （18）1 000 000	1 250 000

项目	期初数	调整分录		期末数
		借方	贷方	
分配股利、利润和偿还利息支付的现金			(17) 12 500	12 500
现金支出小计				1 262 500
筹资活动产生现金流量净额				– 862 500
(四) 现金及现金等价物净减少额		(20) 453 813		453 813
调整分录借贷合计	—	7 424 726	7 424 726	—

第四步，核对调整分录，借方、贷方合计数均已经相等，资产负债表项目期初数加减调整分录中的借贷金额以后，也已等于期末数。

第五步，根据工作底稿中的现金流量表项目部分编制正式的现金流量表，具体如表 12 – 14 所示。

表 12 – 14   现金流量表

会企 03 表

编制单位：   2018 年度   单位：元

项目	本年金额	上年金额
一、经营活动产生的现金流量：		
销售商品、提供劳务收到的现金	1 330 000	
收到的税费返还		
收到其他与经营活动有关的现金		
经营活动现金流入小计	1 330 000	
购买商品、接受劳务支付的现金	389 768	
支付给职工以及为职工支付的现金	300 000	
支付的各项税费	208 200	
支付其他与经营活动有关的现金	70 000	
经营活动现金流出小计	967 968	
经营活动产生的现金流量净额	362 032	
二、投资活动产生的现金流量：		
收回投资收到的现金	16 500	
取得投资收益收到的现金	30 000	
处置固定资产、无形资产和其他长期资产收回的现金净额	300 300	
处置子公司及其他营业单位收到的现金净额		
收到其他与投资活动有关的现金		
投资活动现金流入小计	346 800	

续表

项目	本年金额	上年金额
购建固定资产、无形资产和其他长期资产支付的现金	300 145	
投资支付的现金		
取得子公司及其他营业单位支付的现金净额		
支付其他与投资活动有关的现金		
投资活动现金流出小计	300 000	
投资活动产生的现金流量净额	46 655	
三、筹资活动产生的现金流量：		
吸收投资收到的现金		
取得借款收到的现金	400 000	
收到其他与筹资活动有关的现金		
筹资活动现金流入小计	400 000	
偿还债务支付的现金	1 250 000	
分配股利、利润或偿付利息支付的现金	12 500	
支付其他与筹资活动有关的现金		
筹资活动现金流出小计	1 262 500	
筹资活动产生的现金流量净额	−862 500	
四、汇率变动对现金的影响		
五、现金及现金等价物净增加额	−453 813	
加：期初现金及现金等价物余额		
六、期末现金及现金等价物余额		

第五节　所有者权益变动表

一、所有者权益变动表概述

所有者权益是指企业资产扣除负债后由所有者享有的剩余权益。公司的所有者权益又称为股东权益。所有者权益的来源包括所有者投入的资本、直接计入所有者权益的利得和损失、留存收益等。所有者权益变动表应当反映构成所有者权益的各组成部分当期的增减变动情况。

综合收益和与所有者（或股东）的资本交易导致的所有者权益的变动，应当分别列示。与所有者的资本交易，是指企业与所有者以其所有者身份进行的、导致企业所有者权益变动的交易。

261

二、所有者权益变动表的格式

我国《企业会计准则第 30 号——财务报表列报》应用指南规定了企业所有者权益变动表的格式。一般企业所有者权益变动表格式如表 12 – 15 所示。

表 12 – 15 　　　　　　　　所有者权益（股东权益）变动表

会企 04 表

编制单位：　　　　　　　　　　　　　年度　　　　　　　　　　　　　单位：元

项目	本年金额										上年金额									
	实收资本（或股本）	其他权益工具			资本公积	减：库存股	其他综合收益	盈余公积	未分配利润	所有者权益合计	实收资本（或股本）	其他权益工具			资本公积	减：库存股	其他综合收益	盈余公积	未分配利润	所有者权益合计
		优先股	永续债	其他								优先股	永续债	其他						
一、上年年末余额																				
加：会计政策变更																				
前期差错更正																				
其他																				
二、本年年初余额																				
三、本年增减变动金额（减少以"–"号填列）																				
（一）综合收益总额																				
（二）所有者投入和减少资本																				
1. 所有者投入的普通股																				
2. 其他权益工具持有者投入资本																				
3. 股份支付计入所有者权益的金额																				
4. 其他																				
（三）利润分配																				
1. 提取盈余公积																				
2. 对所有者（或股东）的分配																				
3. 其他																				

续表

项目	本年金额										上年金额									
	实收资本（或股本）	其他权益工具			资本公积	减：库存股	其他综合收益	盈余公积	未分配利润	所有者权益合计	实收资本（或股本）	其他权益工具			资本公积	减：库存股	其他综合收益	盈余公积	未分配利润	所有者权益合计
		优先股	永续债	其他								优先股	永续债	其他						
（四）所有者权益内部结转																				
1. 资本公积转增资本（或股本）																				
2. 盈余公积转增资本（或股本）																				
3. 盈余公积弥补亏损																				
4. 设定受益计划变动额结转留存收益																				
5. 其他综合收益结转留存收益																				
6. 其他																				
四、本年年末余额																				

三、所有者权益变动表列报的具体要求

我国《企业会计准则第 30 号——财务报表列报》规定了所有者权益变动表列报的具体要求：

（一）当期损益、直接计入所有者权益的利得和损失，以及与所有者（或股东，下同）的资本交易导致的所有者权益的变动，应当分别列示。

（二）所有者权益变动表至少应当单独列示反映下列信息的项目：

1. 综合收益总额，在合并所有者权益变动表中还应单独列示归属于母公司所有者的综合收益总额和归属于少数股东的综合收益总额；

2. 会计政策变更和前期差错更正的累积影响金额；

3. 所有者投入资本和向所有者分配利润等；

4. 按照规定提取的盈余公积；

5. 所有者权益各组成部分的期初和期末余额及其调节情况。

四、所有者权益变动表的编制

所有者权益（或股东权益）变动表反映企业所有者权益（或股东权益）变动的情

况。本表应在一定程度上体现企业综合收益的特点，除列示直接计入所有者权益的利得和损失外，同时包含最终属于所有者权益变动的净利润。

所有者权益（或股东权益）变动表各项目应当根据当期净利润、直接计入所有者权益的利得和损失项目、所有者投入资本和提取盈余公积、向所有者分配利润等情况分析填列。

第六节　会计报表附注

一、会计报表附注的含义和形式

附注是对在资产负债表、利润表、现金流量表和所有者权益变动表等报表中列示项目的文字描述或明细资料，以及对未能在这些报表中列示项目的说明等。

附注是财务报表的重要组成部分。报表使用者要了解企业的财务状况、经营成果和现金流量，应当全面阅读附注，附注相对于报表而言，同样具有重要性。附注应当按照一定的结构进行系统合理的排列和分类，有顺序地披露信息。

报表附注是为了帮助会计信息使用者理解和运用会计报表，而以旁注或脚注等形式对基本会计报表中的有关问题进行的补充说明或解释。旁注是在会计报表的有关项目后用括号加注说明的一种附注形式。主要适用于有关报表项目的名称或金额受到限制而需要简单补充的情形。脚注是在基本会计报表后面以文字或数字补充说明的一种附注形式。

二、附注披露的具体要求

我国《企业会计准则第30号——财务报表列报》规定了附注披露的具体要求：

（一）附注应当披露财务报表的编制基础，相关信息应当与资产负债表、利润表、现金流量表和所有者权益变动表等报表中列示的项目相互参照。

（二）附注一般应当按照下列顺序披露：

1. 企业的基本情况；

2. 财务报表的编制基础；

3. 遵循企业会计准则的声明；

4. 重要会计政策和会计估计；

5. 会计政策和会计估计变更以及差错更正的说明；

6. 报表重要项目的说明；

7. 或有和承诺事项、资产负债表日后非调整事项、关联方关系及其交易等需要说明的事项；

8. 有助于财务报表使用者评价企业管理资本的目标、政策及程序的信息。

（三）企业应当在附注中披露在资产负债表日后、财务报告批准报出日前提议或宣布发放的股利总额和每股股利金额（或向投资者分配的利润总额）。

三、一般企业报表附注的内容

附注是财务报表的重要组成部分。企业应当按照规定披露附注信息，主要包括下列内容：

（一）企业的基本情况

1. 企业注册地、组织形式和总部地址。

2. 企业的业务性质和主要经营活动。

3. 母公司以及集团最终母公司的名称。

4. 财务报告的批准报出者和财务报告批准报出日。

（二）财务报表的编制基础

企业应当以持续经营为基础，根据实际发生的交易和事项，按照会计准则的规定进行确认和计量，在此基础上编制财务报表。以持续经营为基础编制财务报表不再合理的，企业应当采用其他基础编制财务报表，并在附注中披露这一事实。

（三）遵循企业会计准则的声明

企业应当声明编制的财务报表符合企业会计准则的要求，真实、完整地反映了企业的财务状况、经营成果和现金流量等有关信息。

（四）重要会计政策和会计估计

企业应当披露采用的重要会计政策和会计估计，不重要的会计政策和会计估计可以不披露。在披露重要会计政策和会计估计时，应当披露重要会计政策的确定依据和财务报表项目的计量基础，以及会计估计中所采用的关键假设和不确定因素。

（五）会计政策和会计估计变更以及差错更正的说明

企业应当按照《企业会计准则第 28 号——会计政策、会计估计变更和差错更正》及其应用指南的规定，披露会计政策和会计估计变更以及差错更正的有关情况。

（六）重要报表项目的说明

企业对报表重要项目的说明，应当按照资产负债表、利润表、现金流量表、所有者权益变动表及其项目列示的顺序，采用文字和数字描述相结合的方式进行披露。报表重要项目的明细金额合计应当与报表项目金额相衔接。

例如，货币资金的披露格式如表 12－16 所示。

表 12－16　货币资金

项目	期末余额	年初余额
库存现金		
银行存款		
其他货币资金		
合计		

（七）或有事项

企业应当在附注中披露与或有事项有关的下列信息：

1. 预计负债的种类、形成原因以及经济利益流出不确定性的说明；各类预计负债的期初、期末余额和本期变动情况；与预计负债有关的预期补偿金额和本期已确认的预期补偿金额。

2. 或有负债（不包括极小可能导致经济利益流出企业的或有负债）的种类及其形成原因，包括已贴现商业承兑汇票、未决诉讼、未决仲裁、对外提供担保等形成的或有负债；经济利益流出不确定性的说明；或有负债预计产生的财务影响，以及获得补偿的可能性；无法预计的，应当说明原因。

3. 企业通常不应当披露或有资产。但或有资产很可能会给企业带来经济利益的，应当披露其形成的原因、预计产生的财务影响等。

4. 在涉及未决诉讼、未决仲裁的情况下，披露全部或部分信息预期对企业造成重大不利影响的，企业无须披露这些信息，但应当披露该未决诉讼、未决仲裁的性质，以及没有披露这些信息的事实和原因。

（八）资产负债表日后事项

1. 每项重要的资产负债表日后非调整事项的性质、内容，及其对财务状况和经营成果的影响。无法作出估计的，应当说明原因。

2. 资产负债表日后，企业利润分配方案中拟分配的以及经审议批准宣告发放的股利或利润。

（九）关联方关系及其交易

1. 企业无论是否发生关联方交易，均应当在附注中披露与母公司和子公司有关的下列信息：

（1）母公司和子公司的名称。母公司不是该企业最终控制方的，还应当披露最终控制方名称。母公司和最终控制方均不对外提供财务报表的，还应当披露母公司之上与其最相近的对外提供财务报表的母公司名称。

（2）母公司和子公司的业务性质、注册地、注册资本（或实收资本、股本）及其变化。

（3）母公司对该企业或者该企业对子公司的持股比例和表决权比例。

2. 企业与关联方发生关联方交易的，应当在附注中披露该关联方关系的性质、交易类型及交易要素。交易要素至少应当包括：

（1）交易的金额。

（2）未结算项目的金额、条款和条件，以及有关提供或取得担保的信息。

（3）未结算应收项目的坏账准备金额。

（4）定价政策。

3. 关联方交易应当分别对关联方以及交易类型予以披露。类型相似的关联方交易，在不影响财务报表阅读者正确理解关联方交易对财务报表影响的情况下，可以合并披露。

4. 企业只有在提供确凿证据的情况下，才能披露关联方交易是公平交易。

【本章小结】

财务会计报告是企业对外提供的反映企业某一特定日期财务状况和某一会计期间的

经营成果、现金流量等会计信息的文件，是财务会计核算工作的最终产品。财务会计报告包括会计报表及其附注（又称财务报表）和其他应当在财务会计报告中披露的相关信息和资料。会计报表至少应当包括资产负债表、利润表、现金流量表等报表。

资产负债表是指反映企业在某一特定日期的财务状况的会计报表。利润表是指反映企业在一定会计期间的经营成果的会计报表。现金流量表是指反映企业在一定会计期间的现金和现金等价物流入和流出的会计报表。所有者权益变动表是反映企业所有者权益的各组成部分当期增减变动情况的会计报表。附注是指对在会计报表中列示项目所作的进一步说明，以及对未能在这些报表中列示项目的说明等。附注应当提供充分、详细、及时的补充信息。

财务会计报告的目标是向财务会计报告使用者提供与企业财务状况、经营成果和现金流量等有关的会计信息，反映企业管理层受托责任履行情况，有助于投资者、债权人、政府及其有关部门和社会公众等财务会计报告使用者作出经济决策。企业的财务会计报告是经济决策的重要信息源，因此，财务会计报告和编制这些报告所采用的会计规则受到了广泛的关注。

【思考题】

1. 会计信息质量要求有哪些？

2. 财务报表的编制要求有哪些？

3. 在多步式利润表中，净利润是通过哪几步计算出来的？

4. 资产负债表列报的具体要求有哪些？

5. 资产负债表各报表项目的主要填列方法有哪些？

6. 按照经济业务性质的不同，现金流量可以分为哪几类？其主要内容是什么？

【技能训练】

一、单项选择题

1. 下列属于静态报表的是（　　）。

A. 资产负债表　　　　B. 现金流量表　　　　C. 利润表　　　　D. 股东权益变动表

2. 资产负债表和利润表项目的数据直接来源于（　　）。

A. 原始凭证　　　　B. 记账凭证　　　　C. 日记账　　　　D. 账簿记录

3. 资产负债表中的"存货"项目，是指（　　）等账户的期末余额。

A. "材料采购""原材料"　　　　　　　B. "库存商品"

C. "生产成本"　　　　　　　　　　　D. 以上都是

4. 编制资产负债表中应付账款项目时，应考虑（　　）的期末余额。

A. "应付账款"总账户

B. "应付账款"各明细账户

C. "应付账款"各明细账户与"预付账款"各明细账户

D. "应付账款"与"预付账款"总账户

5. 如果企业本月利润表中的营业利润为 1 000 元，其他业务利润为 500 元，营业外收入为 100 元，营业外支出为 50 元，利润总额应填（　　）。

A. 850 元　　　　　B. 1 500 元　　　　　C. 1 050 元　　　　D. 1 350 元

6. 如果企业年末"固定资产"账户余额为 200 万元，"累计折旧"账户余额为 40 万元，"固定资产减值准备"账户余额为 60 万元，则企业资产负债表中"固定资产"项目应填列（　　）。

A. 100 万元　　　　B. 60 万元　　　　　C. 140 万元　　　　D. 160 万元

7. 资产负债表中需要计算填列的有（　　）。

A. 交易性金融资产　B. 货币资金　　　　C. 实收资本　　　D. 应付职工薪酬

8. 企业利润表是通过分步计算确认当期实现的净利润的，依次是（　　）。

A. 营业利润、投资净收益、营业外收支净额、净利润

B. 营业利润、利润总额、净利润

C. 主营业务利润、营业利润、利润总额、净利润

D. 主营业务利润 、销售毛利、利润总额、净利润

9. 企业会计信息的内部使用者有（　　）

A. 股东　　　　　　B. 供应商　　　　　C. 政府机关　　　D. 经理

10. 某企业本期实际支付工资 100 万元，各种奖金 20 万元，其中经营人员工资 74 万元，奖金 15 万元，在建工程人员工资 26 万元，奖金 5 万元。现金流量表上本期支付给职工的工资为（　　）万元。

A. 120　　　　　　B. 89　　　　　　　C. 100　　　　　D. 115

11. 企业待摊费用有期末余额的，应在（　　）项目中反映。

A. "货币资金"　　B. "预收款项"　　C. "应收账款"　D. "预付款项"

12. 处置固定资产的净收入属于（　　）。

A. 经营活动的现金流量　　　　　　　　B. 投资活动的现金流量

C. 筹资活动的现金流量　　　　　　　　D. 不影响现金流量

13. 下列不属于流动负债的有（　　）。

A. 应付票据　　　　B. 预付账款　　　　C. 预收账款　　　D. 应交税费

14. 下列不属于非流动负债的有（　　）。

A. 应付债券　　　　B. 长期借款　　　　C. 长期应付款　　D. 应付票据

15. 企业在销售商品过程中发生的包装费、广告费等费用和为销售本企业商品而专设的销售机构的职工薪酬、业务费等经营费用应在资产负债表中的（　　）项目列示。

A. 销售费用　　　　B. 管理费用　　　　C. 营业费用　　　D. 财务费用

16. 企业应当以（　　）为基础，根据实际发生的交易和事项，按照会计准则的规定进行确认和计量，并在此基础上编制财务报表。

A. 现金制　　　　　B. 权责发生制　　　C. 清算　　　　　D. 持续经营

17. 中期财务报告至少应当包括资产负债表、利润表、现金流量表和（　　）。

A. 股东权益变动表　B. 所有者权益变动表　C. 利润分配表　　D. 附注

18.（　　）是在基本会计报表后面以文字或数字补充说明的一种附注形式。

A. 旁注　　　　　　　B. 补充资料　　　　　C. 脚注　　　　　　　D. 附注

19.“应付票据”“应付职工薪酬”“应交税费”“应付利息”“应付股利”等项目，通常反映企业期末尚未偿还的各项负债的（　　）。

A. 账面价值　　　　　B. 账面净值　　　　　C. 账面余额　　　　　D. 公允价值

20. 资产负债表的“年末数”栏各项目主要是根据（　　）编制的。

A. 原始凭证　　　　　B. 记账凭证　　　　　C. 明细账　　　　　　D. 账户记录

二、多项选择题

1. 财务报表的使用者一般包括（　　）。

A. 企业管理人员　　　　　　　　　　　B. 政府有关部门

C. 银行及其他债权人　　　　　　　　　D. 债权人　　　　　E. 社会公众

2.（　　）属于资产负债表的项目。

A. 预付款项　　　　　B. 应交税费　　　　　C. 未分配利润　　　D. 所得税费用

E. 固定资产

3. 资产负债表的项目中，需要根据明细账户的期末余额计算分析填列的有(　　)。

A. 存货　　　　　　　B. 货币资金　　　　　C. 应收账款　　　　D. 应付账款

E. 预付款项

4. 下列属于长期负债的有（　　）。

A. 应付债券　　　　　B. 长期借款　　　　　C. 长期应付款　　　D. 应付股利

E. 应付账款

5. 下列属于流动负债的有（　　）。

A. 应付票据　　　　　B. 预付账款　　　　　C. 预收账款　　　　D. 应交税费

E. 预提费用

6. 有关利润表说法正确的是（　　）。

A. 是总括反映企业在一定时期经营过程与结果的会计报表

B. 是动态报表

C. 表体形式有单步式和多步式

D. 报表右边的金额数字包括本期金额和上期金额

E. 投资损失和利润总额为亏损均以“－”号填列

7. 编制资产负债表中的“预收账款”项目，应依据（　　）等账户分析填列。

A. 预收账款　　　　　B. 应付账款　　　　　C. 预付账款　　　D. 应收账款

E. 其他应收款

8.“税金及附加”项目，反映企业经营业务应负担的（　　）等。

A. 营业税　　　　　　B. 城市维护建设税　　C. 消费税　　　　D. 资源税

E. 所得税

9. 现金流量表中的现金是指广义的现金，它包括（　　）。

A. 库存现金　　　　　B. 银行存款　　　　　C. 其他货币资金　D. 现金及现金等价物

E. 应收账款

10. 资产负债表所提供的是企业特定日期的财务状况，主要包括（　　）内容。

A. 企业所拥有的各种经济资源（资产）

B. 企业所负担的债务（负债）

C. 企业所有者在企业里所享有的权益（所有者权益）

D. 企业未来财务状况的变动趋势

E. 企业的获利能力

11. 报表使用者利用现金流量表，可以评估企业（　　）方面的事项。

A. 企业在未来会计期间产生净现金流量的能力

B. 企业偿还债务及支付企业所有者的投资报酬（如股利）的能力

C. 企业的利润与经营活动所产生的净现金流量发生差异的原因

D. 会计年度内影响或不影响现金的投资活动与筹资活动

E. 企业在某一特定日期资产和权益变动的结果

12. 将净利润调节为经营活动的现金流量需要调整的项目有（　　）。

A. 计提的资产减值准备　　　　　　　B. 公允价值变动损失

C. 财务费用　　　　　　　　　　　　D. 递延所得税

E. 经营性应收项目的增加或减少

13. 下列各项中，不属于筹资活动产生的现金流量的是（　　）。

A. 收回债券投资所收到的现金　　　　B. 吸收权益性投资所收到的现金

C. 发行债券所收到的现金　　　　　　D. 借入资金所收到的现金

E. 取得投资收益所收到的现金

14. 在会计报表附注中，应当披露（　　）。

A. 财务报表的编制基础　　　　　　　B. 遵循企业会计准则的声明

C. 财务报表项目的计量基础　　　　　D. 会计政策的确定依据

E. 会计政策和会计估计变更以及差错更正的说明

15. 费用应当按照功能分类，分为（　　）等。

A. 营业成本　　　B. 管理费用　　　C. 生产成本　　　D. 销售费用

E. 财务费用

16. 资产满足下列（　　）条件的，应当归类为流动资产。

A. 预计在一个正常营业周期中变现

B. 主要为交易目的而持有

C. 预计在资产负债表日起一年内变现

D. 自资产负债表日起一年内，交换其他资产或清偿负债的能力不受限制的现金或现金等价物

E. 预计在一个正常营业周期中出售或耗用

17. 下列说法正确的是（　　）。

A. 财务报表某项目的省略或错报会影响使用者据此作出经济决策的，该项目具有

重要性

　　B. 重要性应当根据企业所处环境，从项目的性质和金额大小两方面予以判断

　　C. 判断项目性质的重要性，应当考虑该项目的性质是否属于企业日常活动等因素

　　D. 判断项目金额大小的重要性，应当通过单项金额占资产总额、负债总额、所有者权益总额、营业收入总额、净利润等直接相关项目金额的比重加以确定

　　E. 性质或功能不同且具有重要性的项目，应当在财务报表中单独列报

　　18. 负债满足（　　　）条件的，应当归类为流动负债。

　　A. 预计在一个正常营业周期中清偿

　　B. 主要为交易目的而持有

　　C. 自资产负债表日起一年内到期应予以清偿

　　D. 企业无权自主地将清偿推迟至资产负债表日后一年以上

　　E. 主要为长期投资目的而持有

　　19. 资产负债表中的资产类至少应当单独列示反映下列信息的项目有（　　　）。

　　A. 交易性投资　　　　　　　　　　B. 坏账准备

　　C. 应收及预付款项　　　　　　　　D. 存货

　　E. 累计折旧

　　20. 资产负债表中的负债类至少应当单独列示反映下列信息的项目（　　　）。

　　A. 预收款项　　　　　　　　　　　B. 应交税费

　　C. 应付职工薪酬　　　　　　　　　D. 预计负债

　　E. 应付债券

三、判断题（正确的打"√"，错误的打"×"）

　　1. 在资产负债表中，对于"一年内到期的长期负债"进行单独报告，这一做法实际上是明晰性原则的体现。　　　　　　　　　　　　　　　　　　　（　　）

　　2. 存货发出计价方法的选择直接影响资产负债表中资产总额的多少，而与利润表中净利润的大小无关。　　　　　　　　　　　　　　　　　　　　　　（　　）

　　3. 利润表中的营业收入反映的是主营业务收入净额。　　　　　　　　（　　）

　　4. 内部报表一般不需要规定统一的格式，但外部报表通常有统一的格式和规定的指标体系。　　　　　　　　　　　　　　　　　　　　　　　　　　　（　　）

　　5. 在资产负债表中的"预收款项"项目，应根据"预收账款"明细科目贷方余额填列。　　　　　　　　　　　　　　　　　　　　　　　　　　　　　　　（　　）

　　6. 会计账簿是整个会计核算的中心环节，因此会计对外提供信息的主要方式就是会计账簿。　　　　　　　　　　　　　　　　　　　　　　　　　　　　（　　）

　　7. 编制会计报表是会计工作的最终环节，报表报出后，会计工作就已结束。　　　　　　　　　　　　　　　　　　　　　　　　　　　　　　　　　（　　）

　　8. 会计报表中有重要的会计信息，是企业的商业秘密，因此报表不能对外公布。　　　　　　　　　　　　　　　　　　　　　　　　　　　　　　　　（　　）

　　9. 编制和披露会计报表附注，可以促使会计信息的充分披露、提高会计信息的可比

性、增进会计信息的可理解性。 （　　）

10. 企业购入 1 个月到期的国债，不会减少企业投资活动产生的现金流量。 （　　）

11. 经营活动产生的现金流量包括销售商品、接受劳务、分配利润等活动产生的现金流入流出。 （　　）

12. 资产负债表反映企业在一定期间经营成果的报表，所以它是动态报表。 （　　）

13. 虽然资产负债表中的项目有些是根据账簿记录直接填列，有些是根据账簿记录计算填列，但它们的共同之处都是来源于账簿的期末余额。 （　　）

14. 利润表中的项目主要是根据损益类账户的余额分析计算填列。 （　　）

15. 建立现金流量表的理论依据是"现金流入 - 现金流出 = 现金净增加额"。 （　　）

16. 企业为职工支付的养老、失业等社会保险基金、补充养老保险、住房公积金、支付给职工的住房困难补助、企业为职工交纳的商业保险金，以及企业支付给职工或为职工支付的其他福利费用等，应当在现金流量表"经营活动产生的现金流量——支付给职工以及为职工支付的现金"项目中反映。 （　　）

17. 实际支付的耕地占用税、矿产资源补偿费、印花税、房产税、土地增值税等税费都在"经营活动产生的现金流量——支付的各项税费"项目中反映。 （　　）

18. 我国《企业会计准则》规定，在资产负债表上，无形资产应当分别列示原始成本、累计摊销额和账面净值。 （　　）

四、实务题

实务操作（12 - 1）

（一）目的：练习资产负债表的编制。

（二）资料：

1. 某股份有限公司为增值税一般纳税人，增值税税率为 16%，所得税税率为 25%。2018 年 12 月 31 日，有关科目的余额如下表所示。

科目余额表 单位：元

科目名称	借方余额	科目名称	贷方余额
库存现金	12 000	短期借款	600 000
银行存款	1 580 000	预收账款	500 000
其他货币资金	124 300	应付账款	953 800
交易性金融资产	115 000	其他应付款	60 000
应收票据	246 000	应付职工薪酬	210 000
应收账款	900 000	应交税费	36 600
坏账准备	-900	预提费用	1 000
预付账款	100 000	长期借款	2 200 000
其他应收款	5 000	其中：一年内到期的长期负债	800 000
材料采购	225 000	股本	5 000 000

续表

科目名称	借方余额	科目名称	贷方余额
原材料	850 000	盈余公积	100 000
包装物	38 050	利润分配（未分配利润）	50 000
低值易耗品	50 000		
库存商品	1 680 000		
材料成本差异	36 950		
待摊费用	100 000		
长期股权投资	250 000		
固定资产	1 800 000		
累计折旧	−700 000		
在建工程	1 500 000		
无形资产	980 000		
累计摊销	−380 000		
长期待摊费用	200 000		
合计	9 711 400	合计	9 711 400

2. 2018 年 12 月 31 日，"应收账款"账户所属各明细账户的期末借方余额合计为 720 000 元，所属各明细账户的期末贷方余额合计为 120 000 元；"预收账款"账户的有关明细账户期末借方余额为 20 000 元，有关明细账户期末贷方余额为 520 000 元；"坏账准备"账户中应收账款计提的坏账准备贷方余额为 900 元。

3. 2018 年 12 月 31 日，"应付账款"账户所属各明细账户的期末借方余额合计为 70 000 元，所属各明细账户的期末贷方余额合计为 1 023 800 元；"预付账款"账户的有关明细账户期末借方余额为 160 000 元，有关明细账户期末贷方余额为 60 000 元。

（三）要求：根据上述资料编制资产负债表（年初数据略）。

资产负债表（账户式）

会企 01 表

编制单位：　　　　　　　　年　　　　月　　　　日　　　　　　　　单位：元

资　产	期末余额	年初余额	负债和所有者权益（或股东权益）	期末余额	年初余额
流动资产：			流动负债：		
货币资金			短期借款		
交易性金融资产			交易性金融负债		
衍生金融资产			衍生金融负债		
应收票据及应收账款			应付票据及应付账款		
预付款项			预收款项		
其他应收款			合同负债		
存货			应付职工薪酬		

续表

资 产	期末余额	年初余额	负债和所有者权益（或股东权益）	期末余额	年初余额
合同资产			应交税费		
持有待售资产			其他应付款		
一年内到期的非流动资产			持有待售负债		
其他流动资产			一年内到期的非流动负债		
			其他流动负债		
流动资产合计			流动负债合计		
非流动资产：			非流动负债：		
债权投资			长期借款		
其他债权投资			应付债券		
长期应收款			其中：优先股		
长期股权投资			永续债		
其他权益工具投资			长期应付款		
其他非流动金融资产			预计负债		
投资性房地产			递延收益		
固定资产			递延所得税负债		
在建工程			其他非流动负债		
生产性生物资产			非流动负债合计		
油气资产			负债合计		
无形资产			所有者权益（或股东权益）：		
开发支出			实收资本（或股本）		
商誉			其他权益工具		
长期待摊费用			其中：优先股		
递延所得税资产			永续债		
其他非流动资产			资本公积		
非流动资产合计			减：库存股		
			其他综合收益		
			盈余公积		
			未分配利润		
			所有者权益（或股东权益）合计		
资产总计			负债和所有者权益（或股东权益）总计		

实务操作（12－2）

（一）目的：练习利润表的编制。

（二）资料：某公司 2018 年 12 月 31 日，股本总额为 600 万元，发行在外普通股股数为 600 万股。2018 年度有关损益类账户的资料如下表所示。

损益类账户发生额 单位：元

账户名称	借方发生额	贷方发生额
主营业务收入		2 880 000
主营业务成本	2 000 000	
税金及附加	8 000	
其他业务收入	200 000	
其他业务成本	130 000	
销售费用	50 000	
管理费用	250 000	
财务费用	66 000	
资产减值损失	100 000	
公允价值变动收益	– 50 000	
投资收益		90 000
营业外收入		70 000
营业外支出	120 000	
所得税费用	153 780	

（三）要求：根据上述资料编制利润表（上期数据略）。

利润表

会企 02 表

编制单位： _____年_____月 单位：元

项目	本期金额	上期金额
一、营业收入		
减：营业成本		
税金及附加		
销售费用		
管理费用		
研发费用		
财务费用		
资产减值损失		
信用减值损失		
加：其他收益		
投资收益（损失以"－"号填列）		
其中：对联营企业和合营企业的投资收益		
公允价值变动收益（损失以"－"号填列）		

续表

项目	本期金额	上期金额
资产处置收益（损失以"-"号填列）		
二、营业利润（亏损以"-"号填列）		
加：营业外收入		
减：营业外支出		
其中：非流动资产处置损失		
三、利润总额（亏损总额以"-"号填列）		
减：所得税费用		
四、净利润（净亏损以"-"号填列）		
（一）持续经营净利润（净亏损以"-"号填列）		
（二）终止经营净利润（净亏损以"-"号填列）		
五、其他综合收益的税后净额		
六、综合收益总额		
七、每股收益：		
（一）基本每股收益		
（二）稀释每股收益		

【案例分析】

刘伟和朱丽是某市某大学会计学专业四年级学生，朱丽的父亲是该市一家生物制药公司的会计主管。最近两人来到朱丽父亲所在公司实习。朱丽父亲热情地接待了两个"大孩子"，又带两人参观了公司的采购部门、仓库、生产车间、销售部。回到会计部，朱丽父亲又让他们观摩会计人员制单、审核、记账……

一天，刘伟和朱丽聊起了财务报表。刘伟说："企业的投资者、管理者非常关注企业的业绩，在四张报表中，利润表应该是最重要的。"朱丽听后，想到父亲经常为企业现金存量不足而屡屡发愁，觉得刘伟说得不对，就辩驳道："企业最关键的会计指标应该是现金存量和现金流量，即使企业每年都盈利，但是如果收不回现金的话，一样可能破产。而且，现金是企业流动性最强的资产，因此在企业资产中处于最重要地位。所以，我说呀，财务报表中，现金流量表最重要。"两位同学谁也没有办法说服对方，于是，两人找到朱丽父亲。

假设您是朱丽父亲，您会给出什么高见？

主要参考文献

［1］财政部会计资格评价中心．初级会计实务［M］．北京：中国财政经济出版社，2015.

［2］财政部会计资格评价中心．中级会计实务［M］．北京：中国财政经济出版社，2015.

［3］朱小平，徐泓．初级会计学（第六版）［M］．北京：中国人民大学出版社，2012.

［4］刘峰等．会计学基础［M］．广州：中山大学出版社，2010.

［5］［荷］海渥．会计史［M］．文硕等译．北京：中国商业出版社，1991.

［6］葛家澍，林志军．现代西方会计理论［M］．厦门：厦门大学出版社，2011.

［7］［英］克里斯托弗·诺比斯，罗伯特·帕克．比较国际会计［M］．薛清梅译．大连：东北财经大学出版社，2010.

［8］财政部会计准则委员会网站，http：//www.casc.gov.cn.

［9］董惠良，李莹．会计学［M］．北京：高等教育出版社，2004.

［10］杨有红．中级财务会计（第三版）［M］．北京：中央广播电视大学出版社，2011.

［11］王宗江，张洪波．财务会计（第四版）［M］．北京：高等教育出版社，2014.